货车电子不停车收费系统(ETC)技术指南

交通运输部路网监测与应急处置中心　组织编写

人民交通出版社股份有限公司

北　京

内 容 提 要

电子不停车收费(ETC)系统大大提高了收费站车辆的通行效率,有效地减缓了道路的拥堵情况。全国高速公路不停车收费联网及客车ETC的成熟应用,为货车ETC的研究、应用及推广,奠定了理论、技术和实践基础。

货车ETC车道设计遵循先进性与实用性相结合的原则,在技术上保持一定的前瞻性,满足未来3~5年技术发展的需要,尽量降低运营方的建设成本(与现有计重收费车道相比)和运营维护成本。本书可以为相关行业提供可操作性参考。

图书在版编目(CIP)数据

货车电子不停车收费系统(ETC)技术指南 / 交通运输部路网监测与应急处置中心组织编写. — 北京 : 人民交通出版社股份有限公司, 2021.11

ISBN 978-7-114-17583-1

Ⅰ.①货… Ⅱ.①交… Ⅲ.①高速公路—公路收费系统—中国—指南 Ⅳ.①U412.36-62

中国版本图书馆CIP数据核字(2021)第177865号

Huoche Dianzi Butingche Shoufei Xitong(ETC) Jishu Zhinan

书　　名: 货车电子不停车收费系统(ETC)技术指南
著 作 者: 交通运输部路网监测与应急处置中心
策划编辑: 邵　江
责任编辑: 王　丹
责任校对: 席少楠
责任印制: 张　凯
出版发行: 人民交通出版社股份有限公司
地　　址: (100011)北京市朝阳区安定门外外馆斜街3号
网　　址: http://www.ccpcl.com.cn
销售电话: (010)59757973
总 经 销: 人民交通出版社股份有限公司发行部
经　　销: 各地新华书店
印　　刷: 北京交通印务有限公司
开　　本: 787×1092　1/16
印　　张: 13.25
字　　数: 312千
版　　次: 2021年11月　第1版
印　　次: 2021年11月　第1次印刷
书　　号: ISBN 978-7-114-17583-1
定　　价: 98.00元

编　委　会

前言

2018 年初,为进一步促进物流降本增效,平衡客车 ETC 与货车 ETC 发展平衡,充分释放物流运输的市场活力,由交通运输部路网监测与应急处置中心(简称"部路网中心")牵头,联合 18 个试点省(区、市)收费公路联网结算管理机构、高速公路运营管理单位、科研院所及相关行业单位共同开展货车 ETC 系统设计试验及试点研究工作。

2018 年 5 月 11 日,部路网中心组织交通运输部公路科学研究院和北京、河北、江苏、浙江等 18 个省(市)的高速公路联网运营管理单位召开了货车 ETC 系统设计试验及试点研究课题推进会,正式启动课题研究并印发了《货车 ETC 系统设计试验及试点研究工作实施方案》。为有序推进课题研究,部路网中心按计划对 29 个省(区、市)高速公路联网运营管理单位进行了货车 ETC 相关问题的书目调研工作,并赴辽宁、江苏、浙江、山东开展了实地调研,主要针对货车 ETC 试点车道和计重收费车道的运营情况、多种称重技术的研究情况、货车 ETC 发行安装场景、服务需求及货车收费政策进行了调研。

课题历时一年,依据各地实际情况及试点经验,课题组完成了《货车电子不停车收费系统(ETC)技术指南》的编制工作。本书的特色及创新之处主要表现在以下四个方面:

1. 系统介绍了货车 ETC 收费系统的硬件构成、软件构成、工作原理、车道功能;对车道布局方式进行了约定,对车道系统及主要外设提出了指标要求。

2. 对货车 ETC 车道的标志、标线、提示信息等做了统一要求,对 PC-RSU 接口规范做了统一要求,对计重系统通信协议做了统一要求。

3. 在遵循货车 ETC 车道基本技术要求的前提下，规范了入口省级治超联网管理信息系统（简称治超系统）的系统构成、车道布局及布设方式、业务流程和设备接口规范。

4. 对货车前装电子标签的功能、安装规范、可靠性、环境适应性等提出了要求，提出了货车 ETC 联网运营服务指南。

编　者

2021 年 8 月

目录

第1章 概　　述

1.1 编写目的

为推进货车ETC系统设计试验及试点研究课题工作，按照《货车ETC系统设计试验及试点研究工作实施方案》的工作要求，根据课题多次研讨会的会议精神及课题组研究成果，编制完成本方案，以指导货车ETC车道系统建设。

1.2 设计依据

本方案编写严格遵从以下规范和技术标准：

(1)现行《道路交通标志和标线》(GB 5768)。

(2)《信息交换用汉字编码字符集　基本集》(GB 2312—1980)。

(3)《电子衡器安全要求》(GB 14249.1—1993)。

(4)《外壳防护等级(IP代码)》(GB/T 4208—2017)。

(5)《电子收费　专用短程通信》(GB/T 20851.1～5—2019)。

(6)《动态公路车辆自动衡器》(GB/T 21296—2020)。

(7)《公路收费用费额显示器》(GB/T 27879—2011)。

(8)《公路收费车道控制机》(GB/T 24968—2010)。

(9)《电子收费集成电路(IC)卡读写器技术要求》(GB/T 31441—2015)。

(10)《道路交通反光膜》(GB/T 18833—2012)。

(11)《电子收费车道配套设施技术要求》(GB/T 28968—2012)。

(12)《收费专用键盘》(GB/T 24724—2009)。

(13)《道路交通标线质量要求和检测方法》(GB/T 16311—2009)。

(14)《称重传感器》(GB/T 7551—2008)。

(15)《固定式电子衡器》(GB/T 7723—2017)。

(16)《电子称重仪表》(GB/T 7724—2008)。

(17)《衡器术语》(GB/T 14250—2008)。

(18)《公路交通标志和标线设置规范》(JTG D82—2009)。

(19)《公路工程技术标准》(JTG B01—2014)。

(20)《高速公路交通工程及沿线设施设计通用规范》(JTG D80—2006)。

(21)《路面标线涂料》(JT/T 280—2004)。

(22)《汽车号牌视频自动识别系统》(JT/T 604—2011)。

(23)《收费用电动栏杆》(GB/T 24973—2010)。

(24)《收费公路联网电子不停车收费技术要求》(交通运输部2011年第13号公告)。

(25)《收费公路联网收费技术要求》(交通部2007年第35号公告)。

(26)《汽车外廓尺寸检测仪》(JT/T 1012—2015)。

(27)《车辆、船和内燃机 无线电骚扰特性 用于保护车载接收机的限值和测量方法》(GB/T 18655—2018)。

(28)《道路车辆 由传导和耦合引起的电骚扰》(GB/T 21437.1 ~3)。

(29)《道路车辆 电气/电子部件对静电放电抗扰性的试验方法》(GB/T 19951—2019)。

(30)《道路车辆 电气/电子部件对窄带辐射电磁能的抗扰性试验方法》(GB/T 33014.1—2016)。

(31)《道路车辆 窄带辐射电磁能量的电干扰元部件试验方法 第8部分:分磁场抗扰性》(ISO 11452.8—2015)。

(32)《道路车辆 电气电子部件对窄带辐射电磁能的抗扰性试验方法 第9部分:便携式发射机模拟法》(ISO 11452.9—2012)。

(33)《道路车辆 电气及电子设备的环境条件和试验 第2部分:电气负荷》(GB/T 28046.2—2019)。

1.3 术语及缩略语

1.3.1 公路货车不停车计重收费系统

对进入称量控制区的行驶车辆,以不停车称量方式确定车辆总质量及轴组、轴数、轴重并计算、征收车辆通行费的公路货车收费系统。

1.3.2 收费车道

在收费广场用收费岛或其他设施隔离出来并用于收费目的的车道称为收费车道。

1.3.3 电子收费(ETC)

应用先进的技术手段,自动完成电子收费交易,实现在不停车条件下自动收取道路通行费。

1.3.4 车载单元(OBU)

又称为电子标签、车载设备。安装在车辆内部(挡风玻璃或仪表台上)并支持利用专用短程通信与路侧设备进行信息交换的设备。

1.3.5 通行费

公路使用者为获取行驶收费公路的通行权而支付的费用。

1.3.6 交易

在道路收费设施(路侧设备)与用户(车载设备)之间通过专用短程通信进行的,为完成一次电子收费操作所必需的全部信息交换过程。

1.3.7 计重收费系统

计重收费系统是指利用设置在收费车道的计重设备,获得车辆的重量等信息,再由收费计算机根据对应费率计算通行费,对通过的货车实现计重收费。

1.3.8 称量速度

动态称量中,指在称量时载荷通过衡器的速度。

1.3.9 最高称量速度(v_{max})

动态称量中按设计规定载荷通过衡器的最高速度,超过此速度时称量结果可能会出现过大的相对误差。

1.3.10 称量速度范围

在动态称量载荷时,由最低和最高称量速度所限定的范围。

1.3.11 称量(称重)

对被称物体(载荷)的质量(重量)所进行的测量过程,也叫作称重。

按照称量时被称物的力学状态可分为静态称量和动态称量。

按照对被称物的称量方式可分为整体称量和局部称量。

注:在我国,经常称"物体的质量"为"物体的重量"。

1.3.12 称量时间

从将载荷放置于称重平台上称量,到读取准确结果所需的时间。

稳定称量时间:从将载荷放置于称重平台上称量,到衡器指示值充分接近其最终称量值时,达到稳定平衡时所需的时间。

1.3.13 整车称量

将车辆的全部(整体)处于称重平台上确定车辆质量的称量。

1.3.14 缩略语

MTBF 英文全称 Mean Time Between Failure,中文为平均无故障时间。

VIN 英文全称 Vehicle Identification Number,中文为车辆识别码。

CAN 英文全称 Controller Area Network,中文为控制器局域网络。

第 2 章　总体技术要求

货车 ETC 车道总体技术方案遵循先进性与实用性相结合的原则，既要在技术上保持一定的前瞻性，满足未来 3～5 年技术发展的需要，尽量降低运营方的建设成本（与现有计重收费车道相比）和运营维护成本。统一整体车道布局和软硬件接口，确保设备的可互换性；同时要确保货车 ETC 车道运行的可靠性和可维护性，满足我国不同地区不同气候环境、同一地区不同季节的运行需求。

货车 ETC 车道的设计总体上应符合以下要求：

（1）满足 ETC 车道的基本功能；

（2）货车 ETC 专用车道宜采用单天线双栏杆的方式，货车 ETC 和 MTC 混用车道宜采用单天线单栏杆的方式；

（3）交易开始的触发模式应通过车道软件触发；

（4）货车的通行速度为 0～10km/h；

（5）车道软件应能够处理通信区域和自动栏杆之间货车通行形成的各种队列逻辑；

（6）考虑到取消高速公路省界收费站后，货车单次通行里程增加，各省（区、市）可在省界虚拟站、标识站、服务区周围设置动态称重检测点，检测数据可在情报板上显示，并同步上传至上级主管部门。

上述设计要求适用于普通货车 ETC 车道出口及入口，对于有入口治超需求的货车 ETC 车道，其设计要求请参照“第 10 章入口治超货车 ETC 技术要求”。

第3章　系 统 构 成

3.1　货车 ETC 收费系统的主要构成

3.1.1　硬件构成

3.1.1.1　货车 ETC 车道系统组成

货车 ETC 车道系统主要硬件由车道控制机、计重设备、自动栏杆机、RSU(路侧单元)、车道摄像机、非接触 IC 卡读写器、费额显示器(带报警器)、车牌自动识别设备、线圈检测器、发光二级管(LED)情报板、字符叠加器组成,其中非接触 IC 卡读写器和字符叠加器为选配设备,字符叠加器可通过摄像机上的字符叠加功能实现。

货车 ETC 系统具体组成如图 3-1 所示。

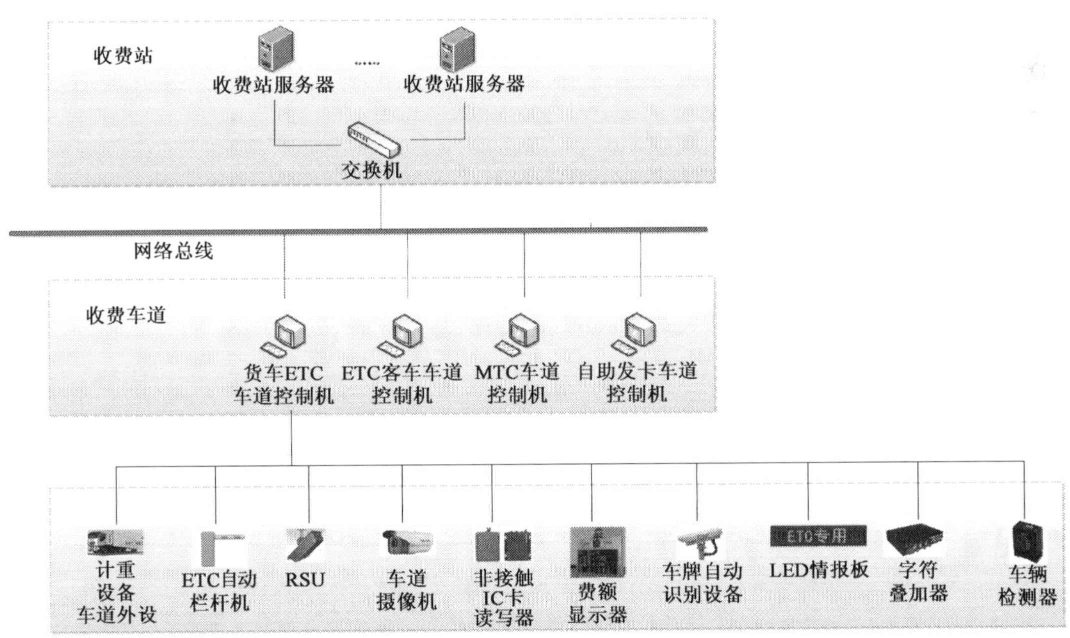

图 3-1　货车 ETC 系统组成图

货车 ETC 车道控制机：是整个货车 ETC 车道系统核心部件，与各外设进行交互，完成整个货车 ETC 交易流程。

计重设备：由光栅、秤台、传感器等共同组成，实现货车的计重。

RSU（路侧单元）：与车载单元（OBU）进行数据通信，接收车道系统的操作指令，通过 OBU 完成 IC 卡信息读写功能。

车道摄像机：实现货车 ETC 车道的交通视频监控，监控视频参照网络安全法要求保留一定期限。

非接触 IC 卡读写器：非接触 IC 卡读写器用于读写 IC 卡。

费额显示器：在车道为交易车辆提供信息提示功能，对非法车辆提示异常信息。

车牌自动识别设备：对车辆车牌进行抓拍。

车道摄像机：车道视频拍摄。

线圈检测器：检测车辆的分离。

LED 情报板：用于提示车道类型，如“ETC 专用”“人工收费”等。车道开通状态时显示黄色的“货车 ETC”字样；车道关闭状态时显示红色的“车道关闭”字样。

字符叠加器：将交易信息叠加到视频信息上。

3.1.1.2 物理外设

物理外设见表 3-1。

物理外设　　表 3-1

设备名称	布设环境	接口
计重设备	收费亭外	网口/串口
RSU（路侧单元）	收费亭外	网口/串口
车道摄像机	收费亭外	网口
非接触 IC 卡读写器（选配）	收费亭内	串口
费额显示器	收费亭外	串口
车牌自动识别设备	收费亭外	网口
线圈检测器	收费亭外	IO 口
LED 情报板	收费亭外	网口/串口
字符叠加器（选配）	可选	串口

3.1.2 软件构成

3.1.2.1 软件层级结构

分层架构是系统开发最常见的架构，分层架构的特点就是关注分离。在层中的组件只负责本层的逻辑。组件的划分很容易让它们实现自己的角色和职责，也比较容易开发、测试管理和维护。

货车 ETC 车道软件系统应该由四部分层级组成，包括数据访问层、业务逻辑层、应用服务层、展示层，如图 3-2 所示。

图 3-2　分层结构图

1)数据访问层

提供整个项目的数据访问与持久化功能。主要包括以下功能：

(1)有缓存、日志、异常处理、数据查询及数据事务等功能；

(2)无缝对接数据访问技术；

(3)对外只开放接口,隐藏具体实现,这样就可以解耦业务层与数据访问层。

2)业务逻辑层

其作用主要集中在业务规则的制定、业务流程的实现等与业务需求有关的系统设计,负责系统领域业务的处理。

3)应用服务层

专门处理非业务逻辑的一些功能,如缓存、异常处理、组织多个应用逻辑等。其主要作用是:

(1)解耦 UI 层与业务逻辑的强耦合;

(2)减少业务逻辑调用次数;

(3)层次更加分明,代码简洁。

4)展示层

展示层负责处理所有的界面展示,用于显示数据和接收用户输入的数据,为用户提供一种交互式操作的界面。展示层只作为一个外壳,不包含任何业务逻辑处理过程。

3.1.2.2　软件架构

软件架构是指在一定的设计原则基础上,从不同角度对组成系统的各部分进行搭配和安排,形成系统的多个结构而组成架构。它包括该系统的各组件,组件的外部可见属性及组件之间的相互关系。组件的外部可见属性是指其他组件对该组件所做的假设。货车 ETC 车道软件架构如图 3-3 所示。

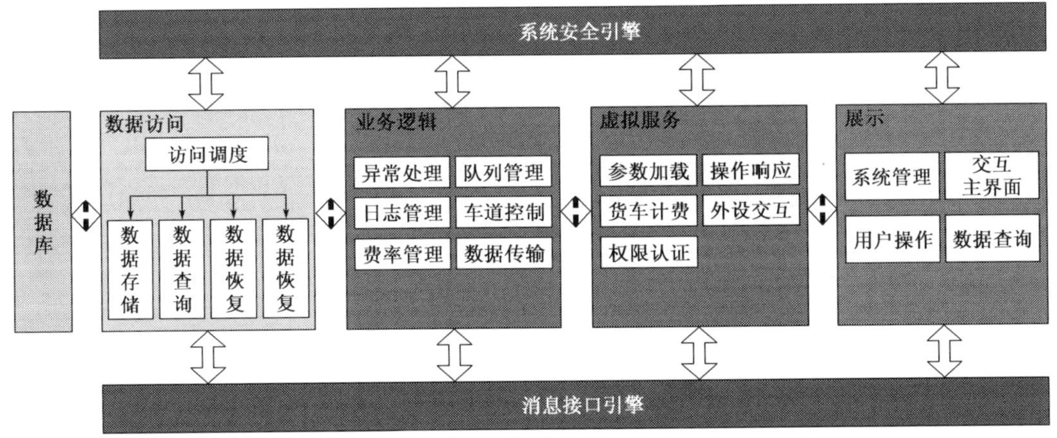

图 3-3　货车 ETC 车道软件架构图

3.2 系统工作原理

3.2.1 工作原理

货车 ETC 车道系统应用了电子、微波通信和计算机网络技术，主要包含 RSU 和 OBU 两部分，即货车车辆进入货车自动缴费车道，RSU 与 OBU 之间交互通信，完成车道系统与货车车辆之间的信息交换，自动完成不停车收费交易。主要流程如下：

（1）货车车辆进入自动收费车道，计重设备在货车车辆前行经过秤台时获取车辆的重量等相关信息，并发送给车道控制机。

（2）货车前行中，软件触发打开 RSU，连续发出微波信号，等待和 OBU 进行通信。

（3）OBU 检测到微波信号之后被激活，开始与 RSU 进行通信。

（4）RSU 将 OBU 和 IC 卡中的数据传送到车道控制机，由车道控制机鉴别 OBU 和 IC 卡的合法性，验证成功后对获取的数据进行处理。

（5）RSU 发出微波信号，由 OBU 接收，并且完成对 IC 卡写入口信息或扣款操作。操作完成后，再由 OBU 将操作结果（成功或失败）返回给 RSU。

（6）RSU 将操作结果发送给车道控制机，车道控制机判断整个交易过程的完整性和正确性。如交易成功，则车道费额显示器显示相关信息，车道栏杆抬起；如不成功，则车道费额显示器显示报警信息，并进行拦截报警。

（7）车道控制机通过网络发送交易的数据到收费站。

3.2.2 车道功能

货车 ETC 车道系统主要功能包括：

（1）车道系统支持全国联网 IC 卡的收费交易。

（2）车道系统结合计重设备的信号及 RSU 的信号，判断来车是否安装 OBU 和 IC 卡、车辆驶入或驶离车道的方向。

（3）能够识别全国联网 IC 卡，并依据卡号依次查找黑名单表，判断通行车辆使用的卡类型和能否通行。

（4）车道系统能够根据全国联网 IC 卡的卡号及卡类型查找相关折扣率，正确计算收费金额，对卡片进行扣款，并按照约定格式保存收费数据到相关数据库。

（5）车道系统实现车道数据采集、设备控制等正常收费功能。

（6）车道系统能够以独立作业的方式工作，当收费站计算机不工作或网络出现问题时，作业参数、数据记录均存储在本地。

（7）车道系统可与站级系统之间进行数据通信。在通信中断的情况下，车道系统能够维持正常收费作业，通信恢复后积压数据自动上传。

（8）定期从收费站获取计费或运行相关参数表、黑名单及其他信息。

(9)货车 ETC 车道自动完成 ETC 相关功能。

(10)具备货车 ETC 异常特殊情况处理功能。

(11)能够实现货车计重,并根据计重结果收费。

3.3 计重设备

3.3.1 整车式计重设备

整车式计重设备由整车式称重平台、光栅分离器、车辆检测线圈、轮胎识别器、自动栏杆机(选配)、通行信号灯(配件)和必要辅材组成。

整车式计重设备主要有以下特点:

(1)整车式计重设备,具备传统静态秤高称重精度的优势,解决了传统整车式收费系统通行效率低下的问题,支持动态过车,整车称重精度达到或优于《动态公路车辆自动衡器》(GB/T 21296—2020)整车总重量准确度 2 级(通行速度≤10km/h),系统从源头上实现了高称重精度和高通行效率的完美结合。

(2)能检测车辆通过称重检测区时的速度,并能检测车辆前进/后退的状态。

(3)能对各种有意或无意的不规则行驶状态,如行驶、倒车、侧边行驶、加减速、振动等进行正确计重。

(4)能够对动态过车实现准确称重,无需等待前车下秤,实现一秤多车。

(5)适应室外全天候工作,适应风、雨、雪、雾、沙尘、冷、热、干燥、潮湿、电磁干扰、雷等各种恶劣环境,施工及日常维护简单方便,具备故障应急处理措施。

3.3.2 轴组式计重设备

轴组式计重设备由称重平台、称重传感器、称重控制器、车辆分离器、轮轴识别器、车辆检测器及辅件等组成。

(1)称重平台:由秤台和称重传感器组成。主要完成车辆的轴重检测、速度检测、车辆行驶方向判断。

(2)车辆分离器:由成对配置的红外发射器和接收器、控制器等构成,实现车辆的分离及提供开始、结束等信号。

(3)车辆检测器:由埋于称重台前后的环形线圈、线圈检测器、信号电缆等构成,主要用于在车辆分离器出现故障时,对车辆辅助收尾和分离。

(4)称重终端处理器:主要由称重数据采集器、数据处理器、电源、防雷装置、显示屏、电缆连接等构成;处理并计算来自各传感器、车辆分离器、线圈检测器、轮轴识别器等信号,把相关数据通过串口通信方式传递给收费计算机。

(5)轮轴识别器:主要完成车辆轴数识别、轴型判断等工作,统计驶入秤台轴数等工作,统计驶出秤台的轴数。

3.4 车牌识别系统

车牌识别系统(Vehicle License Plate Recognition,VLPR)是计算机视频图像识别技术在车辆牌照识别中的一种应用。车牌识别是ETC车道系统中的重要组成部分之一,应用十分广泛。它以数字图像处理、模式识别、计算机视觉等技术为基础,对摄像机所拍摄的车辆图像或者视频序列进行分析,得到每一辆汽车唯一的车牌号码,从而完成识别过程。车牌自动识别技术是一项利用车辆的动态视频或静态图像进行牌照号码、牌照颜色自动识别的模式识别技术。其硬件基础一般包括触发设备(监测车辆是否进入视野)、摄像设备、照明设备、图像采集设备、识别车牌号码的处理机(如计算机)等,其软件核心包括车牌定位算法、车牌字符分割算法和光学字符识别算法等。在车辆来车过程中,车辆检测可以采用埋地线圈检测、红外检测、雷达检测技术、视频检测等多种方式。

3.5 车道布局布设方式

车道布局是整个货车ETC的基础,良好的布局决定了货车ETC车道的高效通行。在充分调研各省份货车通行需求,并结合现有ETC设备,现设定以下几种布局。

3.5.1 单天线双栏杆布局

对于货车ETC车道而言,采用单天线布局,由于必须首先完成称重过程,称重数据上传系统,完成通行费计算后才可进行扣款交易。因此货车ETC车道的单天线双栏杆布局中,RSU必须置于秤台之后,栏杆放置于收费岛岛尾(简称岛尾)。这样当交易失败,可采用人工交易,避免ETC交易失败后车道拥堵的发生。此布局为货车ETC专用车道,不支持客车ETC。

1)设备组成

单天线双栏杆布局由车道控制机、计重设备、收费岛岛头(简称岛头)自动栏杆机、岛尾自动栏杆机、RSU、车道摄像机、非接触IC卡读写器(可选)、费额显示器(带报警器)、车牌自动识别设备、LED情报板、字符叠加器(可选)、线圈检测器等组成。

2)布局特点

此布局中岛头和岛尾各有一台自动栏杆机,岛头自动栏杆机用来限制跟车和减速;秤台位于收费岛前部,避开了收费亭下方的员工通道。车辆进入收费岛,车身驶入秤台,进行称重,称重数据上传车道系统,车辆继续驶入RSU工作区域,RSU采用触发方式激活,以避免信号干扰;系统识别车辆身份信息及行驶里程等信息,根据称重系统上传的称重数据计算费用进行扣款交易,交易成功后抬杆放行。车道摄像机位于岛尾自动栏杆机前方。RSU与岛尾自动栏杆机保持一定距离,用作异常交易车辆的缓冲带。

单天线双栏杆布局效果如图3-4所示。

3.5.2 单天线单栏杆布局

此布局支持货车ETC车道与MTC车道收费混用。

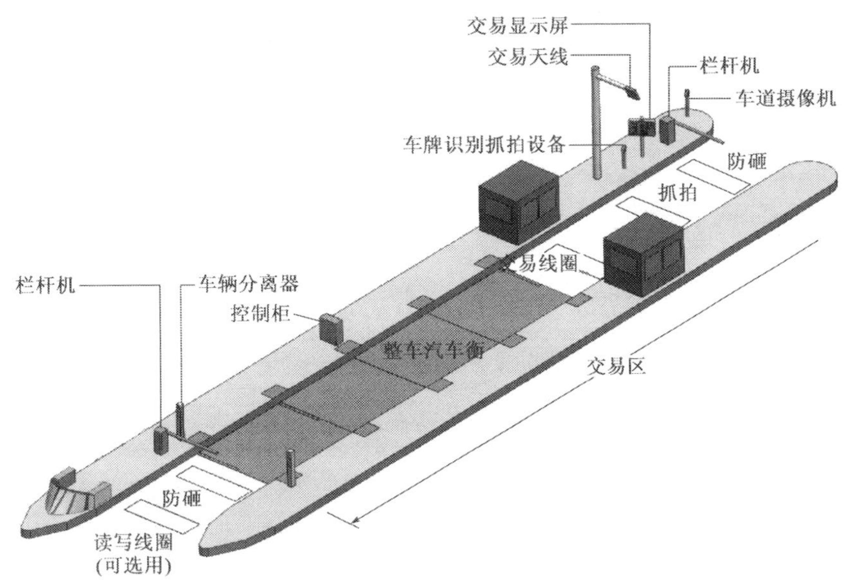

图 3-4 单天线双栏杆布局效果示意图

设备组成:单天线单栏杆布局由车道控制机、计重设备、岛尾自动栏杆机、RSU、车道摄像机、非接触 IC 卡读写器(可选)、费额显示器(带报警器)、车牌自动识别设备、LED 情报板、字符叠加器(可选)、线圈检测器等组成。

布局特点:此布局中秤台位于收费岛前部,避开了收费亭下方的员工通道。车辆进入收费岛,车身驶入秤台,进行称重,称重数据上传车道系统,车辆继续驶入 RSU 工作区域,RSU 采用触发方式激活,以避免信号干扰;岛尾设有一台自动栏杆机;系统识别车辆身份信息及行驶里程等信息,根据称重系统上传的称重数据计算费用进行扣款交易,交易成功后抬杆放行。车道摄像机位于岛尾自动栏杆机前方。RSU 与岛尾自动栏杆机保持一定距离,用作异常交易车辆的缓冲带。

单天线单栏杆布局效果如图 3-5 所示。

3.5.3 其他布局(双天线双栏杆布局)

双天线双栏杆布局方案是对单天线方案的一种升级,与单天线方案相比,双天线方案在单天线布局的设备基础上增加了前置 RSU。其优点是前置 RSU 可用于车辆定位与预读车载 OBU 内的货车信息,如果车辆未安装 OBU 则前栏杆不抬起,前显示屏显示错误信息,引导车辆走人工收费车道。合法车辆进入计重区域后,前栏杆落下,保证后车无法进入,待计重结束且交易成功后,岛尾栏杆抬起放行。根据计重设备的不同,使用轴组秤和整车秤的双天线布局也有所不同。

前置天线的作用:

(1)识别车辆是否有 OBU。

(2)识别车辆标签是否有效。

(3)预读车辆 IC 卡内电子钱包金额。

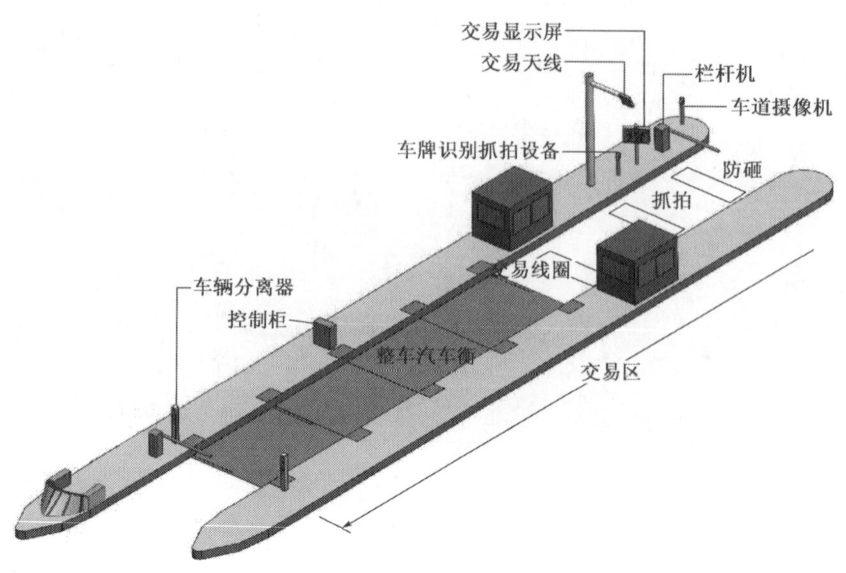

图 3-5　单天线单栏杆布局效果示意图

前置栏杆的作用：

(1)分流无标签车。

(2)控制车辆的通行速度。

(3)控制逻辑：如秤台上无货车，后车连续放入；秤台上多车，但仅有一辆车且已整车计重时，后车连续称重；秤台上有一辆尚未称重的货车时，禁止后车放入。

双天线双栏杆布局效果如图 3-6 所示。

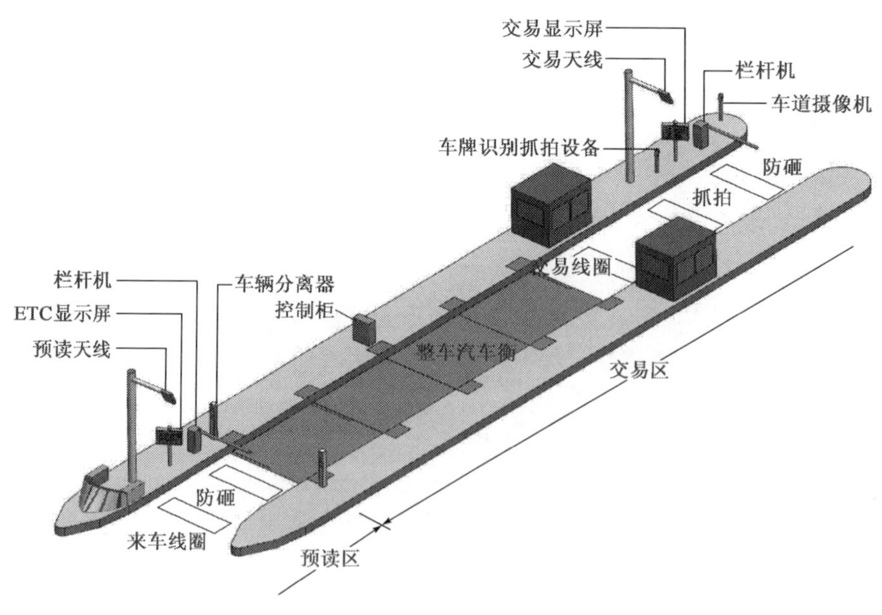

图 3-6　双天线双栏杆布局效果示意图

第 4 章　关键指标要求

4.1　交易时间

货车 ETC 车道交易时间主要包括车道控制机处理时间、数据传输时间、RSU 处理时间、OBU 处理时间、IC 卡处理时间、PSAM(消费安全访问模块)卡处理时间和 ESAM 通信处理时间。交易时间划分如图 4-1 所示。

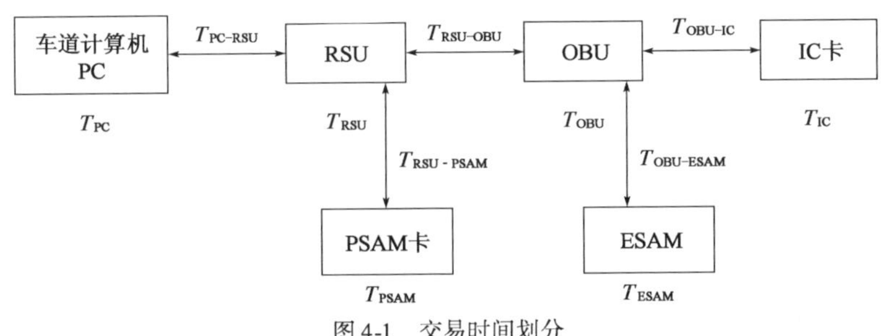

图 4-1　交易时间划分

按照上述交易时间构成因素,构建货车 ETC 车道总体交易时间计算模型,其计算公式为:

$$T_{总} = T_{PC} + T_{PC-RSU} + T_{RSU} + T_{PC-PSAM} + T_{PSAM} + T_{RSU-OBU} + T_{OBU} + T_{OBU-IC} + T_{IC} + T_{OBU-ESAM} + T_{ESAM}$$

其中各项参数含义如下。

(1)T_{PC}:车道控制机处理时间,包括按照 ETC 车道软件处理逻辑,完成与 RSU 数据解析和处理、费率表和黑名单查询,自动设备设施控制等。

(2)$T_{PC\text{-}RSU}$:车道控制机与 RSU 数据通信时间。

(3)T_{RSU}:RSU 处理时间,包括通信数据解析与处理、DSRC 数据转发的处理时间等。

(4)$T_{RSU\text{-}PSAM}$、$T_{OBU\text{-}IC}$及 $T_{OBU\text{-}ESAM}$:PSAM 卡、IC 卡及 ESAM 通信时间。

(5)$T_{RSU\text{-}OBU}$:RSU 与 OBU 之间 DSRC 通信时间,《电子收费　专用短程通信　第 1 部分:物理层》(GB/T 20851.1—2019)对于其上下行速率有明确规定,上行速率为 512kbps,下行速率为 256kbps。

(6)T_{OBU}:OBU 处理时间,包括通信数据解析与处理、DSRC 数据转发的处理时间等。

(7)T_{ESAM}:ESAM 处理时间。

(8)T_{IC}:IC 卡处理时间,包括消费初始化、写 0019 文件(联网收费复合消费过程文件)、扣款等。

(9)T_{PSAM}:PSAM 处理时间,包括密钥分散、解密车辆信息、计算 MAC1、校验 MAC2。

通过试验,测试出交易中各设备占用的时间。根据此数据,提出各设备处理时间和通信时

间的要求,具体如下:

(1)OBU:处理时间和通信时间不大于60ms。

(2)RSU:处理时间和通信时间不大于60ms。

(3)IC 卡:处理时间和通信时间不大于100ms。

(4)车道控制机:处理时间和通信时间不大于50ms。

(5)总交易时间不大于270ms。(不含路径信息处理时间)。

4.2 过车速度及安全车距

4.2.1 过车速度

货车 ETC 专用车道设计过车速度为10km/h。

4.2.2 安全车距

本方案采用优化的停车视距方案来计算安全车距。

停车视距由三部分构成:一是反应距离,即驾驶员在反应时间内行驶的距离;二是制动距离,即开始制动到制动停止所行驶的距离;三是安全距离5~10m。由此可得公式:

安全车距=反应距离+制动距离+安全距离

根据《公路路线设计规范》(JTG D20—2017)采用以下计算公式:

$$S_{停} = \frac{v}{3.6}t + \frac{(v/3.6)^2}{2gf_1}$$

式中,$S_{停}$ 为停车视距;v 为设计速度(km/h);g 为重力加速度,取9.8m/s^2;f_1 为纵向摩阻系数,依据车速和路面而定,取0.44;t 为驾驶者反应时间,取2.0 s(判断时间1.0s,运行时间1.0s)。

速度取10km/h,反应时间取2s时,停车视距的计算值为:

$$S_{停} = \frac{v}{3.6}t + \frac{(v/3.6)^2}{2gf_1} = \frac{10}{3.6}\times 2 + \frac{(10/3.6)^2}{2\times 9.8\times 0.44} = 5.56 + 0.89 = 6.45(\mathrm{m})$$

由此可得:

$$S_{安} = \frac{v}{3.6}t + \frac{(v/3.6)^2}{2gf_1} + d = \frac{10}{3.6}\times 2 + \frac{(10/3.6)^2}{2\times 9.8\times 0.44} + d = 5.56 + 0.89 + d = 6.45 + d$$

假设 d 取2~3m,安全车距取10m。

故本方案推荐ETC车道交易区域长度为10m。早期的收费站由于纵坡度较大,可根据收费站现场实际,适当增加距离。

4.3 计重设备

4.3.1 整车式计重设备

4.3.1.1 总体技术设计

整车式计重设备包含称重平台、称重传感器、轮轴识别器、车辆分离器、称重控制器等主要

部件,总体要求如下:

(1)应具备连续不间断过车状态下准确称量的能力。

(2)行驶车辆的称量准确度应当优于《动态公路车辆自动衡器》(GB/T 21296—2020)整车总重量准确度2级,并应自动检测每辆车的轴(组)重、总重、轴数、轴型和胎型等称重信息,同时应具备解决丢轴和多轴问题的能力。

(3)应对车辆的各种非正常行驶进行处理,并能准确称量。

(4)应自动将称重信息通过通信接口上传到车道控制机,数据上传位置应控制在车辆下秤之前(超长车除外)。

(5)应具有自动自检、手动自检、空闲时定时自检、零点校正和自动温度补偿能力;主要部件故障信息宜上传到车道控制机;称重控制器应具备异常自动复位能力。

(6)所有部件应采取有效防腐蚀及防锈措施。

(7)应适应室外全天候工作,适应风、雨、雪、雾、沙尘、冷、热、干燥、潮湿、电磁干扰、雷等各种恶劣环境,施工及日常维护简单方便,具备故障应急处理措施。

4.3.1.2 整车称重平台技术指标

整车称重平台主要技术指标要求如下:

(1)静态检定分度值:50kg。

(2)静态等级:ⒾⅢ级。

(3)动态检定分度值:20kg(量程100t);200kg(量程150t)。

(4)整车总重量准确度:整车总重量准确度1级(量程100t);整车总重量准确度2级(量程150t)。

(5)称重平台结构:全钢结构,刚度≤1/1000。

(6)称重台面长度:18m、21m。

(7)称重台面宽度:普通车道,3000mm;超宽车道,3400mm。

(8)台面厚度:普通车道,≥12mm,超宽车道,≥14mm。

(9)额定轴载:单轴,≥40t;三联轴,≥75t。

(10)安全过载:≥125%安全系数(F.S.)。

(11)疲劳寿命:≥100万轴次(额定轴载内)。

(12)应采取花纹钢板或防滑涂料等有效防滑措施,防滑装置的铺设应兼顾小型轿车及载重车辆。

(13)应安装柔性防尘装置。

4.3.1.3 称重传感器技术指标

称重传感器主要技术指标要求如下:

(1)额定容量:≥20t。

(2)安全载荷:≥125%F.S.。

(3)准确度等级:国际法制计量组织(OIML)C3。

(4)非线性:±0.02%F.S.。

(5)滞后:±0.02%F.S.。

(6)重复性:0.015% F.S.。

(7)蠕变(30min):±0.025% F.S。

(8)防护等级:IP68。

4.3.1.4 车辆分离器技术指标

车辆分离器主要技术指标要求如下:

(1)在良好天气时,分离识别准确率≥99.5%。

(2)在恶劣天气时,分离识别准确率≥98%。

(3)发射管检测范围:400～1600mm(距路面高度)。

(4)在检测范围内的最小分辨物尺寸≤25.4mm。

(5)两车可分离的最小间距≤200mm。

(6)当车辆分离器故障时,应通过硬件和软件发出故障报警信息。

(7)车辆分离器外壳材质应采用不锈钢或铝合金防锈材料,厚度≥1.2mm。

(8)车辆分离器外壳玻璃采用自动电加热玻璃。

(9)防护等级:IP65。

4.3.1.5 轮轴识别器技术指标

轮轴识别器主要技术指标要求如下:

(1)能够正确识别轴数、轴型和胎型,识别准确率≥98%。

(2)检测宽度:普通车道≥1200mm,超宽车道,≥1600mm。

(3)轮轴识别器发生故障时应通过硬件和软件发出故障信息。

(4)传感器防护等级:IP68。

4.3.1.6 称重控制器及室外控制柜技术指标

称重控制器及室外控制柜主要技术指标要求如下:

(1)准确度等级:Ⅲ级。

(2)称重控制器应能负责处理称重传感器、环形线圈、红外线车辆分离器传送来的信息,经过分析处理车辆载荷等信息,并将数据上传收费车道控制器。

(3)称重控制器应使用固化软件。

(4)称重控制器应采用 RS232 接口与车道控制器进行数据通信。

(5)称重控制器数据格式和通信规程应满足货车 ETC 统一要求和规定。

(6)称重控制器具备自动缓存功能。

(7)称重控制器在自检异常、通信失败或者程序迷走时,内置的计算机必须能够自动复位,复位时间不得超过 30s。

(8)工作温度:-40～60℃(根据各地环境而定)。

(9)相对湿度:0～95% RH。

(10)电源电压:220V(交流电)。

(11)电源频率:50Hz。

(12)具有抗干扰技术,可靠性和安全性高。

(13)时间日期功能:掉电保护。

(14)称重控制器具有机械铅封装置,防止未授权人员更改校正参数。

(15)称重控制器应采用独立配置,应符合《电子称重仪表》(GB/T 7724—2008)的要求。

(16)称重控制器电源应采取防浪涌保护,通信接口应采用光电隔离保护。

(17)称重控制器防护等级:IP54。

(18)室外控制柜应具有安全门锁。

(19)室外控制柜防护等级:IP65。

4.3.2 轴组式计重设备

4.3.2.1 总体技术要求

轴组式计重设备包含称重平台、称重传感器、轮轴识别器、车辆分离器、称重控制器等主要部件,总体要求如下:

(1)行驶车辆的称量准确度应当优于《动态公路车辆自动衡器》(GB/T 21296—2020)整车总重量准确度2级,允许轮轴停在称重平台上;并应自动检测每辆车的轴(组)重、总重、轴数、轴型和胎型等称重信息,同时应具备解决丢轴和多轴问题的能力。

(2)应对车辆的各种非正常行驶进行处理,并能准确称量。

(3)应能实现对双联轴、三联轴取重功能。

(4)应自动将称重信息通过通信接口上传到车道控制机。

(5)应具有自动自检、手动自检、空闲时定时自检、零点校正和自动温度补偿能力;主要部件故障信息宜上传到车道控制机;称重控制器应具备异常自动复位能力。

(6)所有部件应采取有效防腐蚀及防锈措施。

(7)应适应室外全天候工作,适应风、雨、雪、雾、沙尘、冷、热、干燥、潮湿、电磁干扰、雷等各种恶劣环境,施工及日常维护简单方便,具备故障应急处理措施。

4.3.2.2 轴组称重平台技术指标

轴组称重平台主要技术指标要求如下:

(1)静态检定分度值:20kg。

(2)静态等级:Ⓘⓘⓘ级。

(3)动态检定分度值:100kg。

(4)动态准确度等级:整车总重量准确度2级或优于2级。

(5)单轴载荷或轴组载荷的准确度等级:D级或优于D级。

(6)称重平台结构:全钢结构,刚度≤1/1000。

(7)称重台面长度:台面行车方向长度≥4000mm。

(8)称重台面宽度:普通车道,≥3000mm;超宽车道,≥3400mm,可根据实际车道宽度调整。

(9)台面厚度:普通车道,≥12mm,超宽车道,≥14mm。

(10)轴组最大称量:60t。

(11)安全过载:≥125% F.S.。

(12)疲劳寿命:≥100 万轴次(额定轴载内)。

(13)应采取有效防滑措施,防滑装置的铺设应兼顾小型轿车及载重车辆。

(14)应安装柔性防尘装置。

4.3.2.3 称重传感器技术指标

称重传感器主要技术指标要求如下:

(1)额定容量:≥20t。

(2)安全载荷:≥125% F. S. 。

(3)准确度等级:OIML C3。

(4)非线性: ±0.02% F. S. 。

(5)滞后: ±0.02% F. S. 。

(6)重复性:0.015% F. S. 。

(7)蠕变(30min): ±0.025% F. S. 。

(8)防护等级:IP68。

4.3.2.4 车辆分离器技术指标

车辆分离器主要技术指标要求如下:

(1)在良好天气时,分离识别准确率≥99.5% 。

(2)在恶劣天气时,分离识别准确率≥98% 。

(3)发射管检测范围:400 ~ 1600mm(距路面高度)。

(4)在检测范围内的最小分辨物尺寸≤25.4mm。

(5)两车可分离的最小间距≤200mm。

(6)当车辆分离器故障时,应通过硬件和软件发出故障报警信息。

(7)车辆分离器外壳材质应采用不锈钢或铝合金防锈材料,厚度≥1.2mm。

(8)车辆分离器外壳玻璃采用自动电加热玻璃。

(9)防护等级:IP65。

4.3.2.5 轮轴识别器技术指标

轮轴识别器主要技术指标要求如下:

(1)能够正确识别轴数、轴型和胎型,识别准确率≥98% 。

(2)检测宽度:普通车道,≥1200mm;超宽车道,≥1600mm。

(3)轮轴识别器发生故障时应通过硬件和软件发出故障信息。

(4)传感器防护等级:IP68。

4.3.2.6 称重控制器及室外控制柜技术指标

(1)准确度等级:Ⅲ级。

(2)称重控制器应能负责处理称重传感器、环形线圈、红外线车辆分离器传送来的信息,经过分析处理车辆载荷等信息,并将数据上传收费车道控制器。

(3)称重控制器应使用固化软件。

(4)称重控制器应采用 RS232 接口与车道控制器进行数据通信。

(5)称重控制器数据格式和通信规程应满足货车 ETC 统一要求和规定。

(6)称重控制器具备自动缓存功能。

(7)称重控制器在自检异常、通信失败或者程序迷走时,内置的计算机必须能够自动复位,复位时间不得超过 30s。

(8)工作温度:-40 ~60℃(根据各地环境而定)。

(9)相对湿度:0 ~95% RH。

(10)电源电压:220V(交流电)。

(11)电源频率:50Hz。

(12)具有抗干扰技术,可靠性和安全性高。

(13)时间日期功能:掉电保护。

(14)称重控制器具有机械铅封装置,防止未授权人员更改校正参数。

(15)称重控制器应采用独立配置,应符合《电子称重仪表》(GB/T 7724—2008)的要求。

(16)称重控制器电源应采取防浪涌保护,通信接口应采用光电隔离保护。

(17)称重控制器防护等级:IP54。

(18)室外控制柜应具有安全门锁。

(19)室外控制柜防护等级:IP65。

4.3.2.7　线圈检测器技术指标

线圈检测器通过电磁感应来进行检测车辆的分离,具有成本低,安装简单方便,施工量小等特点。主要技术指标要求如下:

(1)收尾线圈在车距:≥2.5m 时,判断精度≥99%。

(2)尺寸:1.5m ×2m,由截面面积不小于 1.5m² 的多股铜导线构成。

(3)线圈安装方式:埋入路面下,环氧树脂灌封。

(4)工作环境:温度 -45 ~ +80℃。

(5)湿度:0 ~95% RH。

(6)线圈的灵敏度为可调节。

(7)当线圈发生故障时,可以通过硬件和软件发出故障消息。

(8)频率:面板上四级可调,20 ~70kHz。

(9)线圈电感量范围:50 ~1000μH 可调。

4.4　路侧单元

4.4.1　基本功能要求

路侧单元(RSU)除符合《电子收费　专用短程通信》(GB/T 20851.1 ~5—2019)等相关国家标准之外,还必须满足以下技术要求:

(1)路侧单元由车道天线和天线控制器等功能模块组成。

(2)路侧单元至少支持 RS232、以太网两种通信方式。

(3)路侧单元须具备相控阵功能,可实现交易区域可调,以适应不同车道环境要求。

(4)路侧单元应保证多套天线同向并排安装时,各天线之间不会相互干扰。

(5)路侧单元应内置符合《中国金融集成电路(IC)卡规范》(JR/T 0025)安全交易规范规定的 PSAM 作为安全认证模块,所有的加密和认证过程均通过 PSAM 的方式进行,PSAM 卡通信速率不低于 9.6kbps。

(6)车道天线和天线控制器采用专用线缆进行数据传输,以保证恶劣电磁环境下高速稳定的通信需求。

(7)支持设备自检功能,可精确诊断设备内部主要部件的运行情况。

(8)车道天线稳定通信区域纵向可在 0 ~ 15m 内,横向可在 3.2 ~ 4.5m 内通过软件进行调节,以保证车辆以较快速度通行的同时,多设备之间不会有干扰产生。

(9)车道天线采用吊装法安装在收费车道上方的门架上,其高度为 5.7 ~ 6m,采用吊装法安装方式,设备制造商应提供必要的安装图纸说明,确保对于不同的车型和合理范围内的车速,通信质量及读写操作的准确率在收费业务允许的范围内。

(10)路侧单元可对进入通信范围内的多个车载单元依次进行读写,不会遗漏任何一个车载单元。

(11)当相邻两条或两条以上车道需设计成电子不停车收费车道时,各车道天线工作频率应可交叉配置,避免相邻频谱干扰。

(12)路侧设备应提供必要的防雷击措施和浪涌电流吸收装置。

(13)路侧设备的供电应符合收费车道工作环境。

(14)路侧设备的免维护寿命应不低于 70000h。

(15)路侧设备应能在收费站可能存在的各种环境下稳定工作。

4.4.2 电气及应用特性

RSU 电气及应用特性如表 4-1 所示。

RSU 电气及应用特性 表 4-1

项目		参数
电源		220V(直流电)
使用寿命		15 年
平均无故障时间		≥70000h
通信区域		纵向:0 ~ 15m;横向:3.2 ~ 4.5m
控制方式		常发方式、触发方式
车道天线与天线控制器通信方式		专用线缆传输
PSAM 卡	规格	≥4 个 PSAM 卡座
	运算速率	三重数据加密算法(3DES)运算:≤250μs/单次
	接口速率	9.6 ~ 115.2kbps
上位机接口	以太网	100/1000Mbps
	串行通信接口(RS232)	115200bps
	通信检错	循环冗余校验(CRC)16 循环冗余校验

4.4.3　环境特性

RSU 环境特性如表 4-2 所示。

RSU 环境特性　　表 4-2

参　　数	规　　格
防护等级	IP66
使用温度	-40 ~ +80℃
存储温度	-40 ~ +80℃
相对工作湿度	5% ~95%
静电	8kV
振动	符合《电工电子产品环境试验　第 2 部分:试验方法　试验 Fdb:宽频带随机振动——中再现性》(GB/T 2423.13—1997)
冲击	符合《环境试验　第 2 部分:试验方法　试验 Ea 和导则:冲击》(GB/T 2423.65—2019)试验 Eb 和导则
盐雾	符合《环境试验　第 2 部分:试验方法　试验 Kb:盐雾,交变(氯化钠溶液)》(GB/T 2423.18—2012)
雷击	抗 4kV 10/200μs 雷击

4.4.4　安装位置

路侧单元安装立柱一般高 6m 左右,根据车道内的交易区域调节偏移角度。车道内交易长度 8 ~9m 天线角度可调节为 35°左右;若交易区为 13 ~15m,则天线角度可调节为 45°左右。

天线交易范围应尽量控制在车道内,且交易区域前沿应控制在秤台后侧,若在秤台上则容易产生漫反射。路侧单元安装参照图 4-2。

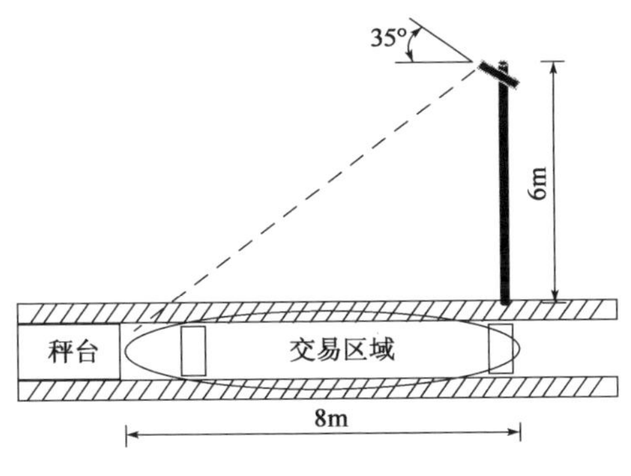

图 4-2　路测单元安装示意图

4.5 车道控制机

车道控制机应符合《公路收费车道控制机》(GB/T 24968—2010)的要求，主要技术指标要求如下：

(1)CPU：性能不低于 Intel 酷睿五代 i5 @2.6GHz。

(2)内存：≥8GB 及以上。

(3)硬盘存储：硬盘容量≥2T。

(4)显示支持：支持视频图形阵列(VGA)、数字视频接口(DVI)等输出。

(5)串行接口：6 路接口及以上。

(6)并行接口：1 路打印终端(LPT)接口。

(7)视频采集卡：支持高清视频、模拟视频。

(8)USB 接口：2 个及以上。

(9)网络端口：≥3 个以太网口，其中至少两个百兆网口。

(10)所有接口板和功能板附有光电隔离保护，以减少雷电及高能浪涌的冲击。

(11)MTBF：>50000h。

(12)整机散热：宜选用嵌入式无风扇工业级主机。

(13)防护等级：IP55。

4.6 车道控制器

车道控制器主要技术指标要求如下：

(1)至少 16 路具有对外围设备驱动能力的数字量 I/O 板。

(2)所有接口板和功能板附有光电隔离保护，以减少雷电及高能浪涌的冲击。

4.7 非接触 IC 卡读写器

非接触 IC 卡读写器主要技术指标要求如下：

(1)应符合《电子收费集成电路(IC)卡读写器技术要求》(GB/T 31441—2015)。

(2)工作频率：13.56MHz。

(3)工作环境条件：温度 -20 ~ 70℃，相对湿度 10% ~95%。

(4)通信接口：标准 RS232。

(5)读写错误率：<0.001%。

(6)MTBF：≥20000h。

(7)读写指令耗时：应符合中国人民银行相关标准指令耗时。

4.8 车牌自动识别设备

车牌自动识别设备应符合现行《汽车号牌视频自动识别系统》(JT/T 604)的要求,采用高清车牌识别一体机,能自动识别《中华人民共和国机动车号牌》(GA 36—2018)标准民用车牌照、新能源电动汽车专属牌照和97式、04式军用、新武警、港澳式等各种格式汽车号牌,主要技术指标要求如下:

(1)全天候车牌识别正确率:≥95%。

(2)识别时间<0.2s。

(3)支持视频、线圈触发等多种触发方式。

(4)视频编码:H.264,MJPEG,图像编码:JPEG。

(5)成像器件:≥1/3in[1]逐行扫描互补金属氧化物半导体(CMOS)或电荷耦合元件(CCD)图像传感器。

(6)有效画面像素:≥200万。

(7)具备屏幕菜单式调节方式(OSD)功能,视频能叠加时间、车牌、车道号等各种动态信息字符。

(8)全天候室外型防护罩。

(9)平均无故障工作时间(MTBF):≥30000h。

(10)工作环境温度:-40~70℃。

(11)工作环境湿度:0~95%。

(12)电源:50Hz,AC24V/220V。

(13)防护等级:IP66。

4.9 费额显示器

费额显示器主要技术指标要求如下:

(1)应符合《公路收费用费额显示器》(GB/T 27879—2011)的要求。

(2)显示亮度:≥1500cd/m^2。

(3)显示颜色:红色和绿色。

(4)可显示5行8列汉字,内置24×24点阵《信息交换用汉字编码字符集　基本集》(GB 2312—1980)一级汉字字库。

(5)通信接口:标准RS232。

(6)电源:AC220V×(1±20%),50Hz×(1±4%)。

(7)可视距离:>20m。

(8)工作环境温度:-30~80℃。

---

[1] 1in=0.0254m。

(9)工作环境湿度:0 ~95%。

(10)防护等级:IP65。

(11)MTBF, >15000h;MTTR, <0.5h。

(12)PCB 板:经防酸、防潮、防盐雾处理,能适应户外环境,能全天候运行。

(13)立柱:使用不锈钢材料,应在强风下不会晃动。

4.10 LED 情报板

LED 情报板主要技术指标要求如下:

(1)应符合现行《公路收费用费额显示器》(GB/T 27879)的要求。

(2)可显示 1 行 4 列汉字,内置《信息交换用汉字编码字符集　基本集》(GB 2312—1980)一级汉字字库。

(3)显示颜色:黄色、红色和绿色。

(4)通信接口:标准 RS232。

(5)可视距离: >20m。

(6)亮度:≥5000cd/m^2。

(7)视角:≥30°。

(8)电源:AC220V × (1 ±20%)。

(9)工作环境温度: -20 ~75℃。

(10)工作环境湿度:10% ~90%。

4.11 自动栏杆机

自动栏杆机应符合《收费用电动栏杆》(GB/T 24973—2010)的要求,栏杆臂下边缘距机箱底平面的高度在 650 ~950mm 之间。主要技术指标要求如下:

(1)快速启动和停止,由水平到竖直和由竖直到水平的运动时间均小于 0.6s。

(2)使用寿命:≥3000000 往复次,或≥10 年。

(3)工作环境温度: -40 ~70℃。

(4)工作环境湿度:95% 无冷凝。

(5)带有防冲撞机构,既可抗 5 级风力,又能安全脱开。

(6)电源:交流 220V × (1 ±15%),50Hz ±2Hz。

(7)防护等级:IP65。

4.12 通行信号灯

通行信号灯主要技术指标要求如下:

(1)控制方式:自动/手动。

(2)颜色要求:红/绿。

(3)发光直径:≥200mm。

(4)可视距离:≥200m。

(5)外壳防护等级:IP65。

4.13　防雷接地要求

防雷接地主要技术指标要求如下:

(1)称重平台基础纵横钢筋网应有25%以上的交叉点焊接,使之成为接地网。

(2)收费车道的所有金属件均应接地,可利用基础的钢筋网。

(3)自动栏杆辅助分车器、等待信号灯、车辆分离器等设备在安装时应与钢筋网相连,形成等电位状态与收费广场联合接地连接,联合接地电阻值应≤1Ω。

(4)在车道控制机的称重数据信号接收端应安装数据信号防雷器。

第 5 章　标志标线及提示信息

5.1　货车 ETC 标志

货车 ETC 标志的出现次序依次为:ETC 车道预告类标志→ETC 车道指示类标志→ETC 广场前标志→货车 ETC 岛头标志。原则上,同时设置客车 ETC 和货车 ETC 的收费广场,预告类、车道指示类、广场前标志合并设置。

5.1.1　标志类型

1)ETC 车道预告类标志

ETC 车道预告类标志主要用于告知驾驶员该收费站设置有 ETC 车道,在新建收费站时,应整合在收费站预告标志上,在改扩建收费站时为可选项,可根据实际情况选择设置。同时设置客车 ETC 和货车 ETC 的广场只设置一个预告类标志。

样式可采用图 5-1 所示图例。

图 5-1　ETC 车道预告类标志

2)ETC 车道指示类标志

ETC 车道指示类标志是对 ETC 车道行驶路径进行图形化的信息预告指引,主线收费站一般设置在收费广场前最后一个门架上,匝道收费站一般设置在出口预告(行动点)标志前。标志版面中宜指示收费车道数量,当车道数量超过 5 条时,以 5 车道表示,箭头表示货车 ETC 车辆的行驶方向。客车 ETC 和货车 ETC 的车道指示类标志合并设置。该标志可与其他标志合设,样式可采用图 5-2 所示图例。

a)

b)

图 5-2　ETC 车道指示标志

以上两个标志类型(图 5-2),当为改造项目利用原有标志牌时,可采用图左侧的样式,当为新增标志牌,建议采用图右侧的样式。

3)ETC 广场前标志

客车 ETC 和货车 ETC 的车道指示类标志合并设置。ETC 广场前标志(图 5-3)用于提示驾驶员前方有 ETC 车道,ETC 车辆靠左或靠右行驶,一般设置在收费广场渐变段前;对于大型收费站、主线站,宜根据现场情况适当提前至渐变段前 50m 处。该标志宜采用悬臂式结构,在条件受限或者从不同匝道共同进入收费广场时,可在匝道合流三角端内设置单柱式标志。该标志是对“ETC 车道指示标志”的加强和补充。

图 5-3　ETC 广场前标志

4)货车 ETC 岛头标志

货车 ETC 岛头标志(图 5-4)由“建议限速标志”和“辅助标志”组成,“建议限速标志”宜采用 10km/h,“辅助标志”由“货车 ETC 专用”“货车 ETC”“保持车距”和箭头组成,箭头根据该标志和 ETC 车道的关系选择。

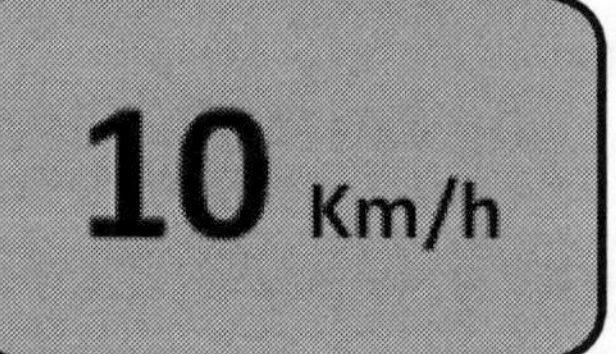

图 5-4　货车 ETC 岛头标志

该标志设置在收费岛头雾灯后面，避免遮挡。采用单柱安装方式，也可直接附着在 LED 情报板门架上。

5.1.2　版面设计

版面设计应以司机在按照限定行车速度行驶时能及时辨认标志内容为基本原则，同时版面布置应美观、醒目，并且标志应具有夜间反光性能。

版面设计应符合《道路交通标志和标线　第 2 部分：道路交通标志》（GB 5768.2—2009）的要求。字体均采用交通运输部制订的“交通标志专用字体”，汉字根据路段计算行车速度和标志重要程度分别采用 50cm、40cm、30cm、25cm 的字高。标志的颜色按照国家标准、设计图纸要求确定。

5.1.3　结构及材料

标志板宜采用 3mm 厚铝合金板制成。标志边缘均采用角铝加固，角铝和滑动槽铝用铆钉铆固在标志板上，铆钉头应打磨平滑。

标志的支撑结构应保证安全、美观、耐用。设计时考虑本地风速、板面大小、路侧条件、标志作用等因素，针对不同标志分别采用单柱、悬臂、附着等支撑方式。

标志结构中所有钢构件均应进行热浸镀锌处理，螺栓、螺母等连接件的镀锌量为 350g/m^2，其余均为 600g/m^2。

为了提高夜间的视认效果，并使所有反光膜的使用年限得以统一，标志版面所有反光膜的指标均应达到《道路交通反光膜》（GB/T 18833—2012）中所规定的Ⅳ类反光膜的要求。

5.1.4　技术要求及施工注意事项

交通标志的形状、图案、中文字体、颜色应严格按照《道路交通标志和标线　第 2 部分：道路交通标志》（GB 5768.2—2009）标准及设计图纸要求制作，全线标志中字体应统一。

所有钢构件均应先加工制作，后热浸镀锌，严禁镀锌后加工。

主要钢构件（如立柱、横梁、法兰盘等）镀锌量为 600g/m^2，热浸镀锌所用的锌为《锌锭》（GB/T 470—2008）中规定的 Zn99.995 号锌或 Zn99.99 号锌。

所选用的铝合金材料应符合以下要求：

（1）3004 铝合金板的抗拉强度不小于 250MPa；

（2）2024 铝合金板的抗拉强度不小于 420MPa。

柱式标志的标志板内缘到土路肩边缘的距离不小于 25cm，悬臂标志板下缘距路面净空高度不得小于 5.5m（应以路面横坡的最高点计）。

钢筋混凝土基础应提前施工，待强度达到设计强度 80% 后方可安装立柱及标志板。

在加工附着和悬挂标志的抱箍及抱箍底衬构件前,应核对原标志立柱或横梁的钢管直径。

对于新设的标志,在加工构件前应现场核实标志的设置位置和设置条件。

5.2 货车 ETC 标线

5.2.1 标线

1)货车 ETC 标线

货车 ETC 标线图例如图 5-5 所示。

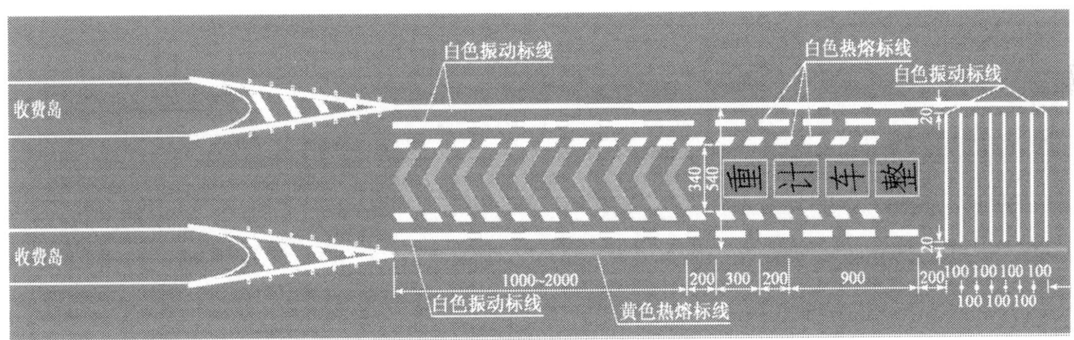

图 5-5 货车 ETC 标线图例(长度单位:cm)

(1)在相应的货车 ETC 车道处设置货车 ETC 车道标线(车道边缘线 + 纵向减速标线 + 地面文字 + 纵向视觉标线);

(2)车道边缘线采用 20cm 宽白色实线,设置在收费车道最外侧,与收费岛中心线齐平;

(3)在车道边缘线内侧设置纵向振动减速标线,线宽 20cm,标线位置与收费岛内侧路缘石齐平,后部标线采用 2m 划线 1m 空的“2-1”线;

(4)在减速标线内侧约 5cm 间距设置视觉减速标线;

(5)在 ETC 车道中间设置箭头形式的导流标线及地面文字,其中地面文字采用 3m 字高,地面文字及导流标线为黄色热熔标线;

(6)在车道边缘线及减速标线之间根据实际长度设置警示柱,并在警示柱上粘贴白色反光膜;

(7)在货车 ETC 车道标线的前端设置横向减速振动标线;

(8)根据收费广场的长度选择合适的货车 ETC 车道标线大样图,对于广场长度较短的,可缩短或取消黄色导流标线。

2)彩色铺装

ETC 路面可根据需要采用彩色铺装,建议采用赭红色,铺装区域为货车 ETC 车道视觉减速标线向内5cm。采用彩色铺装时,导流线和地面文字也应同步更换为彩色铺装,不得在彩色铺装层上施工热熔标线。

5.2.2 结构类型

所有标线及路面文字均采用热熔反光涂料,并参有玻璃珠,其材料及配比应符合《路面标线涂料》(JT/T 280—2004)的规定。

警示柱采用TPU(热塑性聚氨酯)高分子弹性材质,柱身红色,上贴Ⅳ类白色反光膜。

彩色路面铺装应符合《地坪涂料》(HG/T 3829—2006)及《路面防滑涂料》(JT/T 712—2008)的要求,施工规范参照《道路交通标线质量要求和检测方法》(GB/T 16311—2009)执行。整体标线厚度不小于3mm,建议用量为基料2.5kg/m²,集料4.5kg/m²,BPO(固化剂)按照基料的1.5%使用。地面构造缝较多的情况下应视情况增加用量。

5.2.3 施工要求

(1)划标线时应保证路面的干燥和清洁。

(2)斑马线与车道边缘线之间应留出5cm间隙,以利于排水和清扫。

(3)热熔标线厚度为2mm,振动标线底膜的厚度为1.5mm,凸起部分的厚度为6mm。涂料中应混合占总重20%的玻璃微珠,在喷涂时标线表面还应均布0.34kg/m²的玻璃微珠。

(4)应符合《公路交通安全设施施工技术规范》(JTG F71—2006)的要求。

(5)货车ETC车道标线工程量以取收费广场直线段末端距离收费岛头60m计量,可根据广场实际情况调整,“货车ETC专用”地面文字也可根据实际长度增加组数,标线数量以收费广场实际情况据实计量。

5.3 提示信息要求

货车ETC车道在收费车道前设置LED情报板,提示货车ETC车辆进入ETC车道;在交易区后设置费额显示器,显示交易信息;可以选择设置字符叠加器,将交易信息叠加至车道摄像机视频信息中。

5.3.1 费额显示器

货车ETC系统应根据车道系统的运行情况进行提示,为车主和收费员提供友好的指引。当系统需要报警提示时,根据业务处理的情况,若存在车牌则将其显示到费额显示器第一行,车牌使用的优先级为OBU车牌、IC卡车牌、抓拍车牌。系统将相关信息记录到车道日志,方便事后查看。

费额显示器应至少显示5行,每行8汉字,且集成红、黄、绿三色通行信号灯。通行信号灯状态应有四种:红灯、绿灯、红灯闪(红闪)、绿灯闪(绿闪)。费额显示器显示信息要求见表5-1,异常说明及可能操作见表5-2。

费额显示器显示信息　　表5-1

<table>
<tr><th>情　况</th><th>灯　号</th><th>显　示</th><th>备　注</th></tr>
<tr><td>无车
(欢迎词)</td><td>绿灯</td><td>××站
欢迎使用货车ETC</td><td></td></tr>
<tr><td>车道关闭</td><td>红灯</td><td>××站
车道关闭</td><td></td></tr>
<tr><td>入口正常交易
(储值卡)</td><td>绿灯</td><td>(车牌)
余额:×××××.××
(温馨提示)</td><td rowspan="4">温馨提示:
1. 当卡余额<50元时灯号绿闪,温馨提示:“余额低,请充值”;
2. 当OBU电量低时灯号绿闪,温馨提示:“标签电量低”;
3. 出口为特殊费率时灯号绿闪,温馨提示:可达最远程、U转车❶、J转车、超时费率等;
4. 前车异常正处理时灯号绿闪,温馨提示:保持车距;
5. 出入口车牌不一致时绿闪,温馨提示:出入口车牌不一致;
6. 出入口车型不一致时绿闪,温馨提示:出入口车型不一致收费以出口为准</td></tr>
<tr><td>入口正常交易
(记账卡)</td><td>绿灯</td><td>(车牌)
记账卡
(温馨提示)</td></tr>
<tr><td>出口正常交易
(储值卡)</td><td>绿灯</td><td>(车牌)
重量:×××.××
超限率:××.××
金额:×××××.××
余额:×××××.××</td></tr>
<tr><td>出口正常交易
(记账卡)</td><td>绿灯</td><td>(车牌)
重量:×××.××
超限率:××.××
金额:×××××.××</td></tr>
<tr><td>异常正在处理
队列无车</td><td>黄灯</td><td>前车人工处理
请保持车距</td><td>直到异常处理完成
或新车交易成功</td></tr>
<tr><td>异常正在处理
异常车进入</td><td>红灯</td><td>(抓拍车牌)
(异常说明)</td><td>直到异常处理完成
改为上一条显示内容</td></tr>
<tr><td>超时停留
(未落杆)</td><td>黄灯</td><td>(车牌)
超时停留
请注意落杆</td><td></td></tr>
<tr><td>超时停留
(已落杆)</td><td>红灯</td><td>(车牌)
超时停留
请人工处理</td><td></td></tr>
</table>

注:1. 有条件通行,注意安全:黄灯闪(或无)。
　2. 可以通行:绿灯。
　3. 可以通行,提醒用户注意:绿闪。
　4. 禁止通行:红灯。
　5. 禁止通行,提醒车道注意:红闪。

❶ U转车是指收费站入口、出口之间的掉头行驶。

异常说明及可能操作 表 5-2

情　况	信息提示	备　注
出入口不匹配	车牌 总重：××× 无效入口 请人工处理	入口信息无效
已出站卡(出口)	车牌 总重：××× 无入口信息 请人工处理	
车牌绑定不符	OBU 车牌 总重：××× 车牌绑定不符 请人工处理	
行驶超时	车牌 总重：××× 行驶超时 请人工处理	
无标签	抓拍车牌 总重：××× 未检测到标签 (请自助刷卡缴费)	设有自助刷卡设备时,提示“请自助刷卡缴费”
标签未启用	OBU 车牌 总重：××× 标签未启用 (请自助刷卡缴费)	设有自助刷卡设备时,提示“请自助刷卡缴费”
标签过期	OBU 车牌 总重：××× 标签已过期 (请自助刷卡缴费)	设有自助刷卡设备时,提示“请自助刷卡缴费”
标签非法拆卸	OBU 车牌 总重：××× 标签已拆卸 (请自助刷卡缴费)	设有自助刷卡设备时,提示“请自助刷卡缴费”
无卡	OBU 车牌 总重：××× 卡未插好 (请自助刷卡缴费)	提示时可能已不在通信区域;设有自助刷卡设备时,提示“请自助刷卡缴费”

续上表

情　　况	信 息 提 示	备　　注
储值卡余额不足	车牌 应收:×××××.×× 余额不足 请人工处理	
卡未启用	车牌 总重:××× 卡未启用 请人工处理	
卡过期	车牌 总重:××× 卡已过期 请人工处理	
未联网卡	车牌 总重:××× 卡无效 请人工处理	
无效卡类型	车牌 总重:××× 卡无效 请人工处理	
卡黑名单	车牌 总重:××× 卡禁用 请人工处理	
标签黑名单	车牌 总重:××× 标签禁用 (请自助刷卡缴费)	设有自助刷卡设备时,提示“请自助刷卡缴费”
车辆黑名单	车牌 总重:××× 车辆禁用 请人工处理	
写卡失败	车牌 写卡失败 请人工处理	入口车道使用

续上表

情　况	信息提示	备　注
卡签发行属地不一致	OBU 车牌 总重：××× 标签和卡不配套 （请自助刷卡缴费）	设有自助刷卡设备时，提示“请自助刷卡缴费”
PSAM 锁	系统故障	车道应该无法进入正常工作
PSAM 卡黑名单（本机）	系统故障	车道应该无法进入正常工作
PSAM 卡黑名单（入口）	车牌 总重：××× 无效入口 请人工处理	
无效车型	车牌 总重：××× 车型无效 请人工处理	直接使用 IC 卡内车型，忽略标签内记录车型
交易失败	车牌 总重：××× 交易失败 （请自助刷卡缴费） /请重试/请人工处理	提示时可能已不在通信区域；根据读卡方式和交易失败原因，提示不同的信息
无称重信息	车牌 计重异常 请人工处理	
货车无轴型信息	车牌 总重：××× 等待确认限载 请人工处理	
轴型校核不符	车牌 总重：××× 等待确认限载 请人工处理	
车辆闯关	车牌 总重：××× 车辆闯关	车牌可能不显示

5.3.2 LED 情报板

“货车 ETC 车道天棚标志”采用 LED 显示屏，可在车道不同状态时显示三种不同内容：货车 ETC、车道关闭和人工车道，显示字体有红色和黄色两种颜色。

(1)货车 ETC 车道开启时显示：货车 ETC，黄色。

(2)货车 ETC 车道关闭显示：车道关闭，红色。

(3)货车 ETC 车道作为人工车道使用时显示：人工车道，黄色。

LED 屏优先采用门架式安装方式，安装高度不低于 5.5m。

5.3.3 字符叠加器

字符叠加内容参考费额显示器显示内容。

第 6 章　车道布局

货车 ETC 车道布局如图 6-1、图 6-2 所示。可根据实际情况调整。

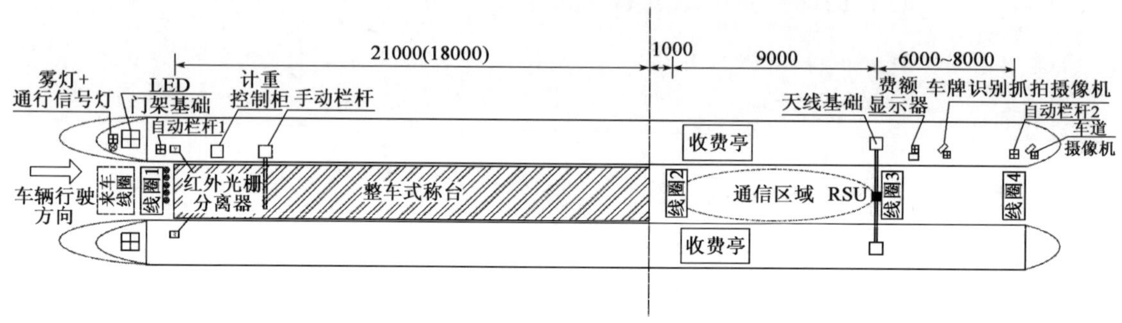

图 6-1　货车 ETC(整车式)车道布局示意图(尺寸单位:mm)

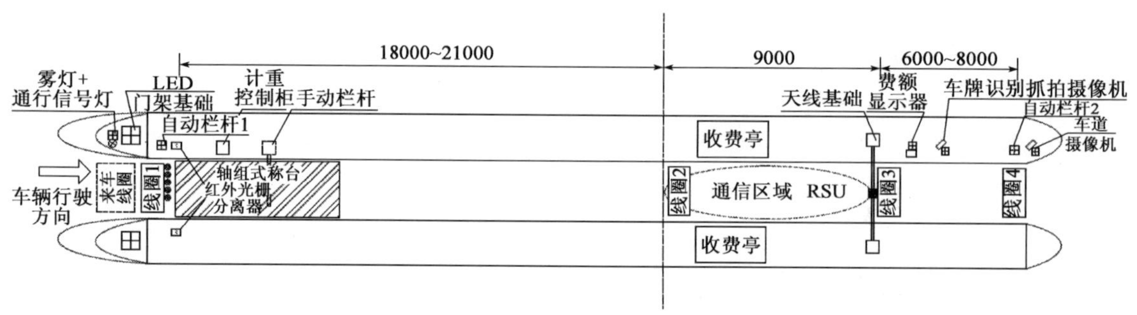

图 6-2　货车 ETC(轴组式)车道布局示意图(尺寸单位:mm)

图 6-1、图 6-2 中检测线圈在自动栏杆 1 采用常闭模式时选择设置。

以上布局图适用于单天线双栏杆的货车 ETC 车道。如果采用单天线单栏杆,取消自动栏杆 1 和线圈 1 即可;如需要采用双天线双栏杆模式,可将岛头的天线设置在 LED 情报板门架上,其他设备设置参考单天线双栏杆的设备布置。

第 7 章　车道软件设计

7.1　软件设计要求

7.1.1　设计目标

货车 ETC 车道系统应具备：

(1)实现非现金用户车辆(货车)快速通行。

(2)能够检测车辆通过车道并形成车辆队列。

(3)根据车辆状态进行交易放行或报警拦截处理。

(4)提供友好的人机交互界面,能够接收操作指令,实现交班管理、启停车道系统和控制设备。

(5)记录车辆交易信息以及车道运行日志信息。

(6)软件界面实时显示车道交易状态和关键设备状态。

(7)具备网络通信能力并提供远程监控功能。

(8)7 ×24h 稳定运行。

7.1.2　软件运行环境

为保障货车 ETC 车道收费系统稳定运行,应满足表 7-1 基本软件环境要求。

系统运行所需软件环境　　表 7-1

系　统	版本要求	操作系统位数
Windows	WinXP,Win7 及以上	32 位
Windows	Win7 及以上	64 位
Linux	内核版本 >4.4.0(RedHat,Ubuntu,NeoKyLin,CentOS 等)	32 位
Linux		64 位

7.1.3　性能指标

货车 ETC 车道收费软件应满足以下性能指标：

(1)交易耗时(不含路径信息处理时间)：≤270ms。

(2)设计速度：10km/h。

(3)通行能力：≥200 辆/h。

(4)平均无故障工作时间(MTBF)：≥10000h。

7.1.4　网络结构

网络结构图如图 7-1 所示。

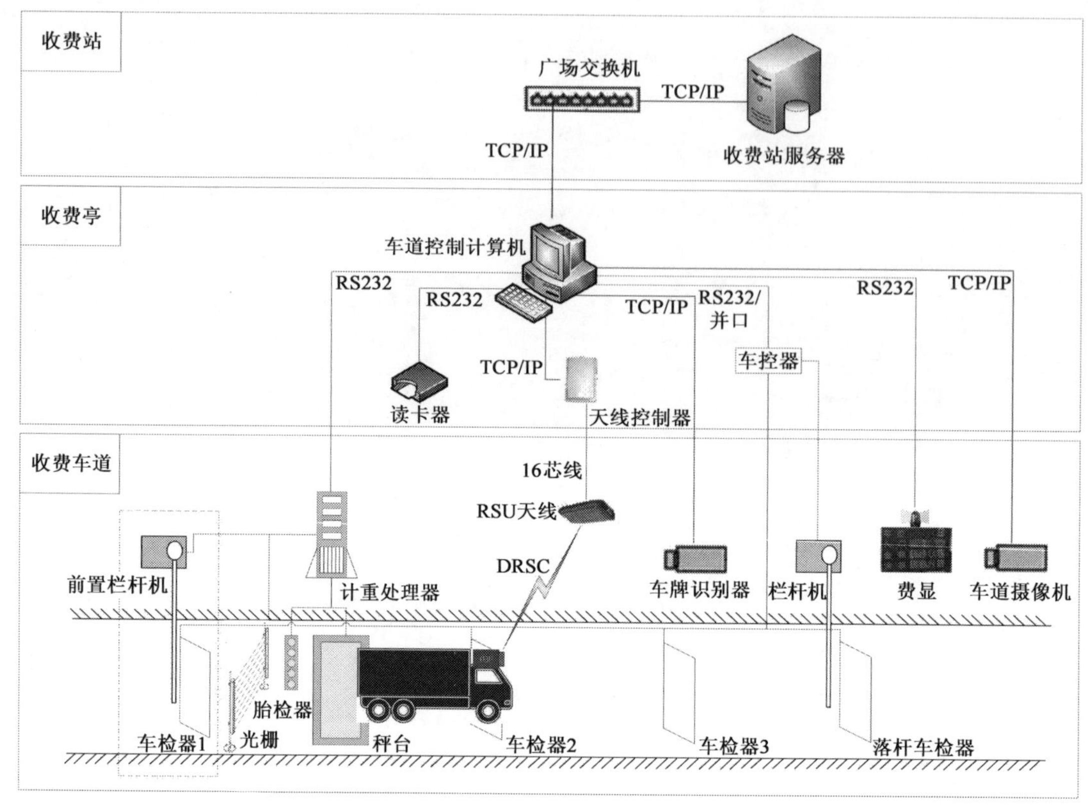

图 7-1　网络结构图

注：单天线双栏杆车道布局模式包含前置栏杆机与车检器 1；单天线单栏杆车道布局模式则无前置栏杆机与车检器 1。

7.2　软件模块结构设计

7.2.1　设计思路和处理流程

7.2.1.1　软件总体设计

系统总体层次设计如图 7-2 所示。

7.2.1.2　车道布局设计

详见“第 6 章车道布局”。

7.2.1.3　车道设备控制流程设计

单、双栏杆货车 ETC 车道设备控制总体流程分别如图 7-3、图 7-4 所示。

双栏杆货车 ETC 车道前置栏杆有两种初始状态：

(1)前置栏杆初始状态为常开，车辆通过计重光栅后，前置栏杆落下，称重结束后，前置栏杆抬起，车辆继续行驶进入天线交易区域进行后续交易流程。

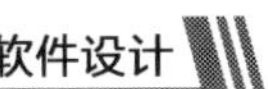

图 7-2　系统总体层次设计

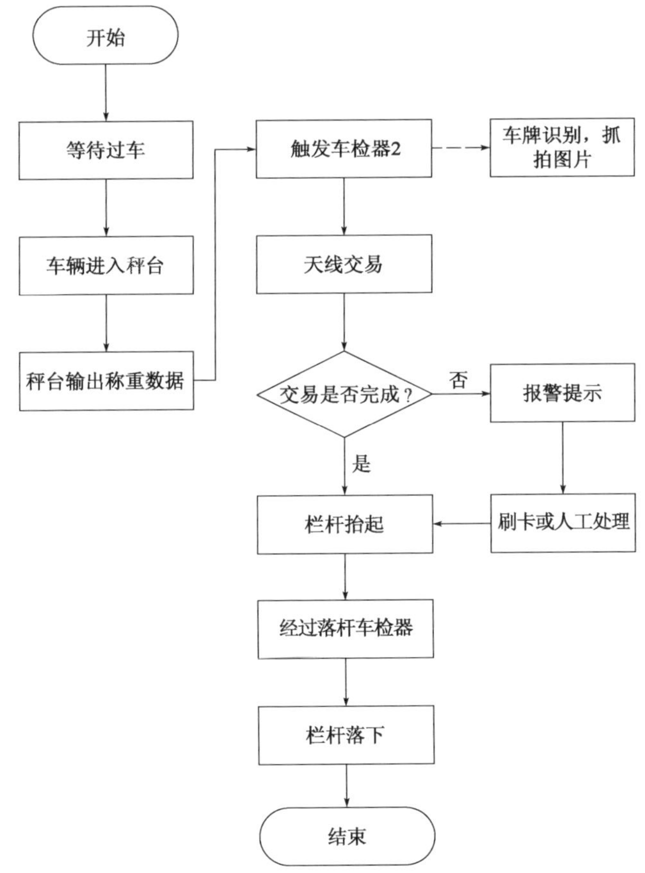

图 7-3　单栏杆货车 ETC 车道设备控制总体流程

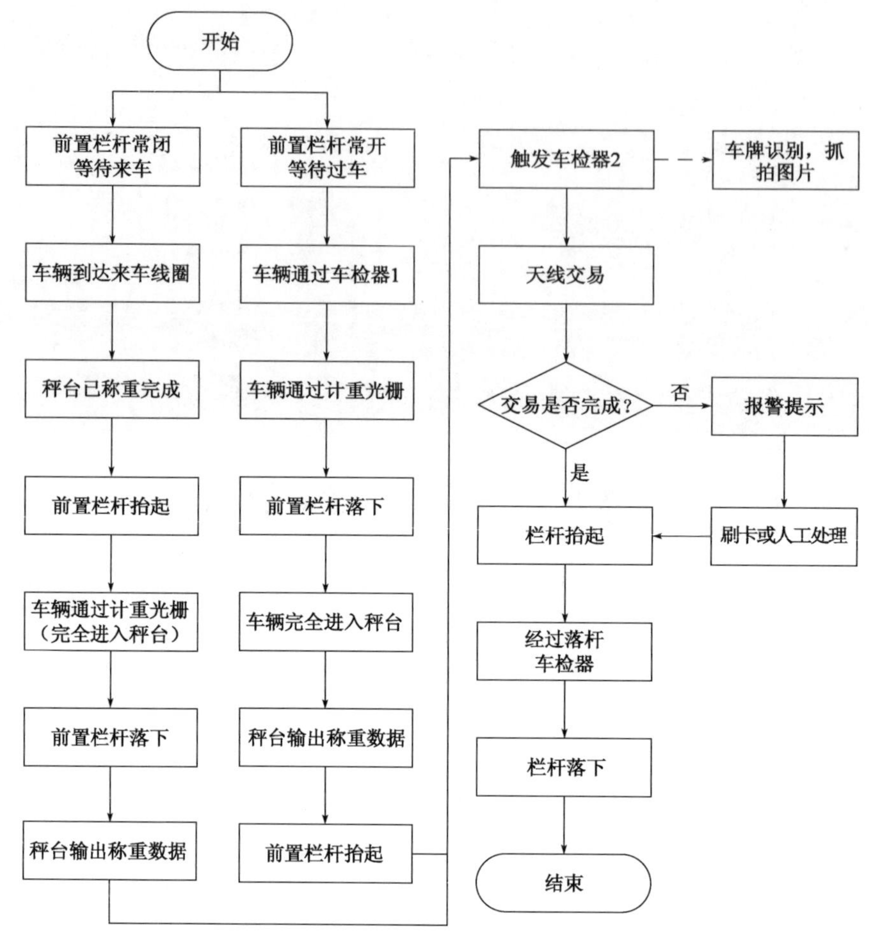

图 7-4　双栏杆货车 ETC 车道设备控制总体流程

(2)前置栏杆初始状态为常闭,车道需要额外配置来车线圈,车辆触发来车线圈且前车已称重完成时,前置栏杆抬起,车辆通过计重光栅后,前置栏杆落下,称重数据上传,车辆继续行驶进入天线交易区域进行后续交易流程。

7.2.1.4　货车 ETC 车道业务处理流程设计

货车 ETC 车道业务处理总体流程如图 7-5 所示。

(1)入口车道业务流程设计

货车 ETC 入口车道业务处理流程如图 7-6 所示。

(2)出口车道业务流程设计

货车 ETC 出口车道业务处理流程如图 7-7 所示。

7.2.2　模块结构与功能设计

7.2.2.1　模块结构设计

货车 ETC 车道系统模块结构设计如图 7-8 所示。

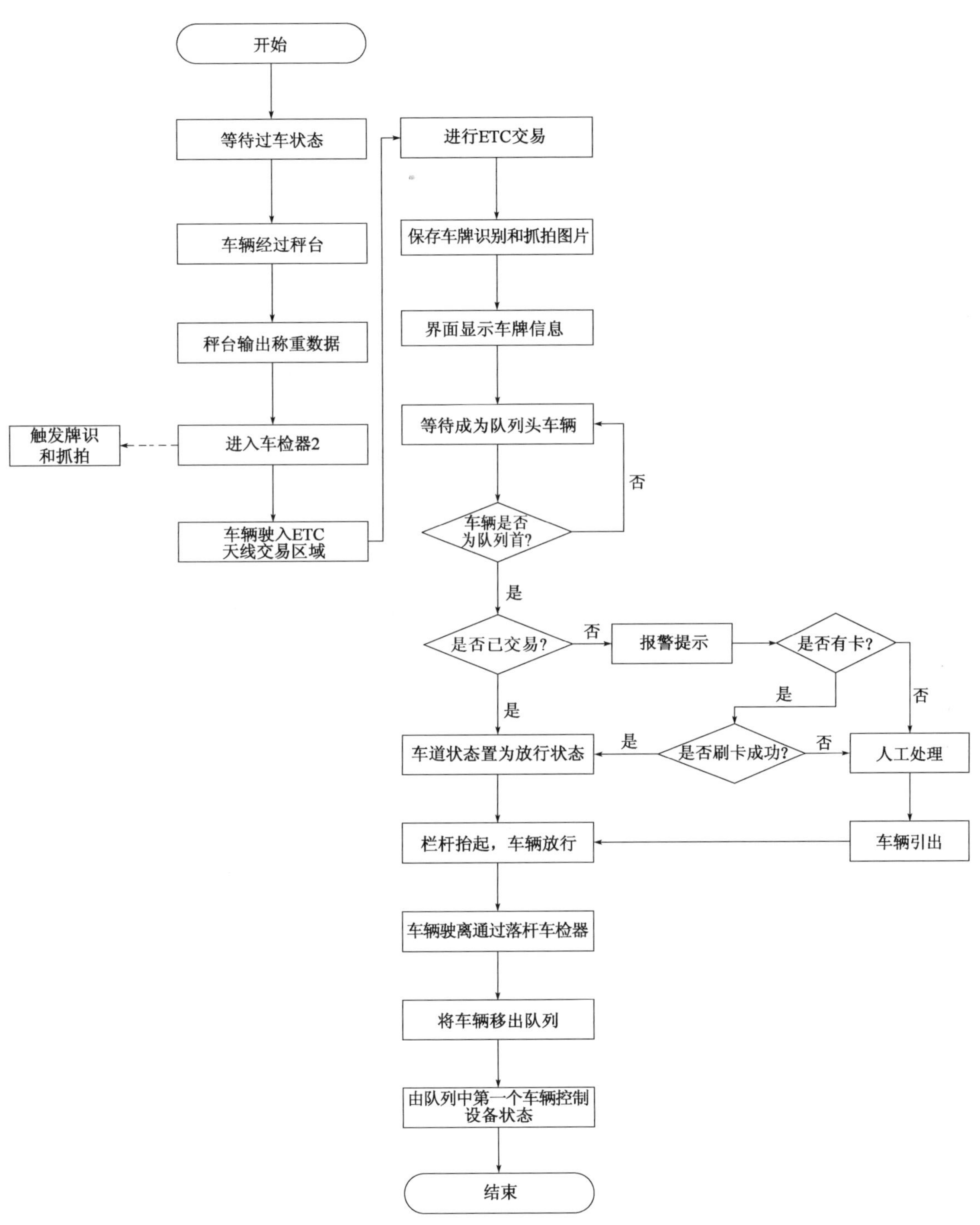

图 7-5　货车 ETC 车道业务处理总体流程

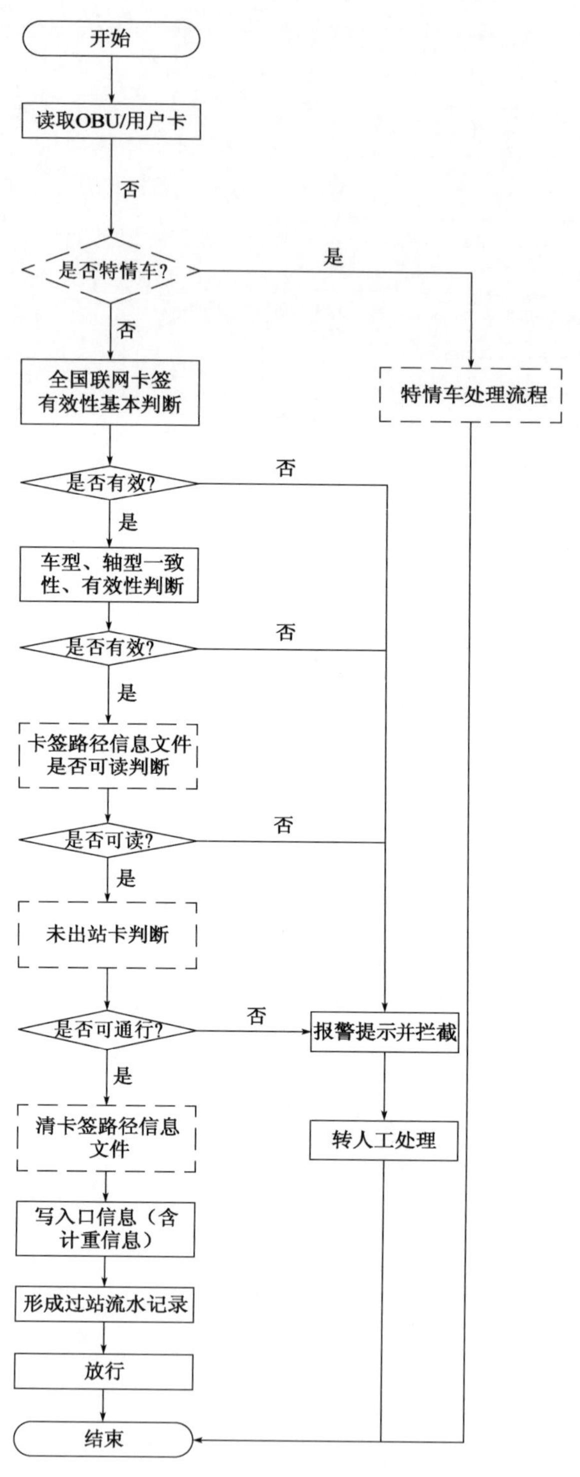

图 7-6　货车 ETC 入口车道业务处理流程

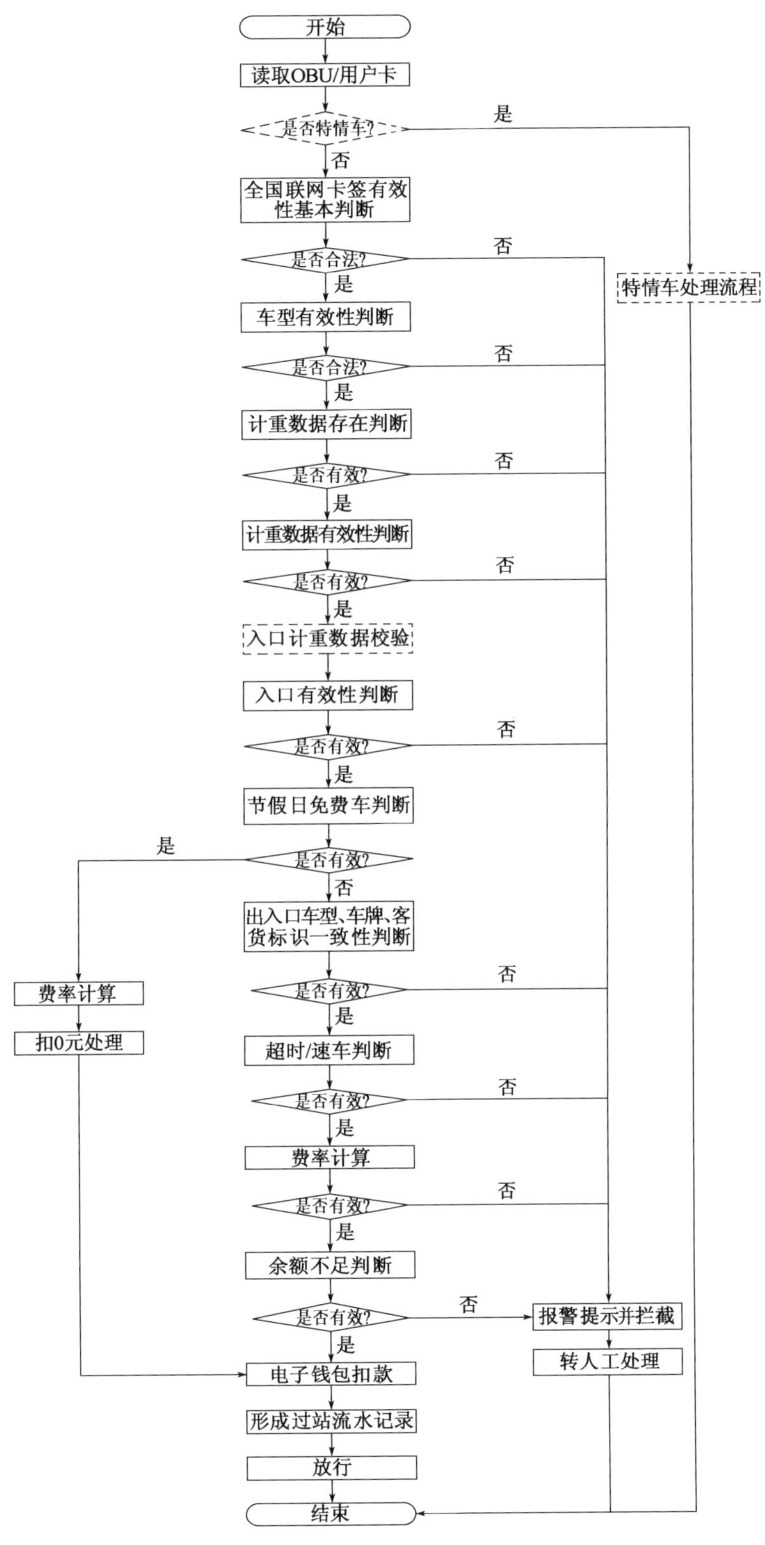

图7-7　货车ETC出口车道业务处理流程

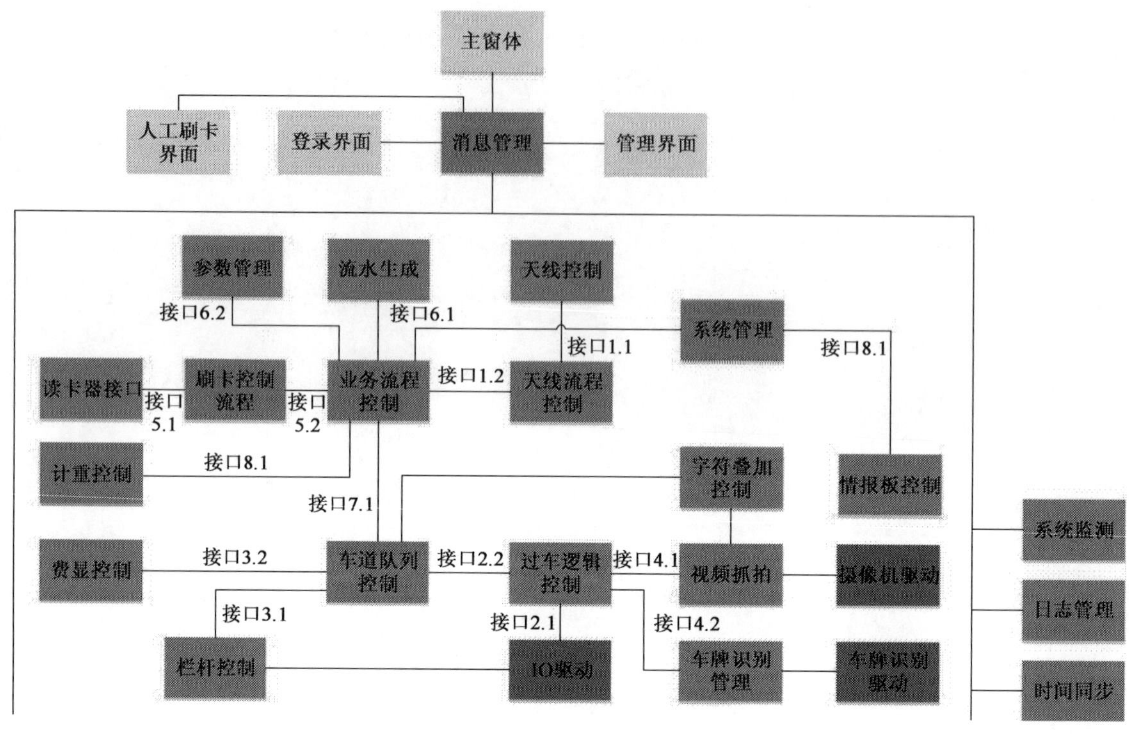

图7-8　货车ETC车道系统模块结构设计框图

1)模块列表

车道系统模块列表见表7-2。

车道系统模块列表　　表7-2

序号	模　块	功　能
1	主窗体	提供车道系统软件界面显示功能。包含:车道信息,设备信息,车辆队列信息,操作日志,过车记录以及异常报警
2	登录界面	登录车道时,提供输入工号和密码的编辑框
3	消息管理	各个模块间消息的收发以及处理功能
4	管理界面	提供功能、系统和维护等管理界面
5	人工刷卡界面	提供人工刷卡的界面信息提示
6	参数管理	提供参数加载、更新、查询功能
7	流水生成	实现生成交易流水,工班流水以及监控流水的功能
8	天线控制	解析天线帧信息、组装天线帧信息,控制与天线设备的通信
9	业务流程控制	根据天线和读卡器获取的卡签信息,结合运营参数进行相关的业务流程处理
10	天线流程控制	控制天线交易正常流程和异常流程的逻辑跳转
11	系统管理	提供人工上下班管理,设备控制和测试,参数流水查询等
12	费额显示控制	控制与费额显示设备的通信,显示车辆信息、费额信息和异常信息,控制声光报警和通行信号灯

续上表

序号	模　块	功　能
13	车道队列控制	根据天线，车检器等设备检测的反馈建立过车队列，并根据队列情况向各个设备发出控制指令，实现过车流程
14	过车逻辑控制	根据车检器状态维护队列，并触发其他模块工作（车牌识别，视频抓拍，栏杆等）
15	情报板控制	控制车道情报板通信，显示车道通行状态
16	图像抓拍	由车检器触发（或视频流）车牌识别仪获取过车场景图
17	摄像机驱动	提供连接控制摄像机接口，实现视频采集，视频字符叠加功能
18	字符叠加控制	控制视频流叠加内容和格式
19	系统监测	检查系统运行状态和设备状态，并生成系统的状态
20	日志管理	记录车辆车检器变化，队列信息，设备交互，业务处理，异常信息，读写文件和车道通信等信息，形成日志文件
21	时间同步	提供时间同步功能，实现与站级服务器时间同步
22	栏杆控制	提供控制栏杆机抬降杆接口
23	IO 驱动	实现 IO 控制器的接口通信，检测 IO 输入，控制 IO 输出
24	车牌识别管理	控制车牌识别，触发识别，获取识别结果，以及断网重连的功能
25	车牌识别驱动	根据车牌识别设备的接口协议实现通信连接
26	读卡器控制	实现与读卡器的通信协议
27	刷卡流程控制	实现刷卡业务中读卡、写卡和异常处理等状态的控制流转
28	计重控制	控制与计重系统的通信，为业务提供车辆计重信息，采集计重系统状态

2）关键模块通信

（1）车辆进入天线交易区域时，车道程序通过天线控制模块获取卡签信息。

接口 1.1：PC 和 RSU 通过数据帧和指令帧进行通信交互。

接口 1.2：天线控制流程将获取的卡签信息提交给业务处理模块，业务处理模块返回处理结果。

（2）车辆通过车检器。

接口 2.1：IO 驱动模块检查到车检器 IO 变化并将数据传送给过车逻辑控制模块。

接口 2.2：过车逻辑控制模块将车检器信息更新到车道队列中相应的车辆。

（3）控制栏杆和费额显示器提示。

接口 3.1：根据车道的队列状态控制栏杆抬降。

接口 3.2：根据车道的队列状态控制费额显示器内容。

（4）控制车牌识别和视频抓拍。

接口 4.1：触发车牌识别并接收识别结果。

接口 4.2：触发视频抓拍并保存图片。

（5）人工刷卡流程。

接口 5.1：读卡器接口接收读写卡请求并返回读写卡结果。

接口 5.2：将解析的卡片信息和过车信息传送给业务处理模块，业务处理模块返回处理结果。

(6)参数流水模块。

接口 6.1:业务模块把交易的信息提交给流水生成模块。

接口 6.2:参数管理模块提供各类参数查询。

(7)车辆交易状态。

接口 7.1:业务模块从队列中获取相应的车辆并更新交易状态。

(8)计重控制模块。

接口 8.1:业务模块从计重队列获取车辆计重信息。

7.2.2.2 业务功能设计

货车 ETC 车道系统主要业务功能包括:过车处理、工班管理、时间同步、设备控制、日志记录、系统监控和系统管理等,业务架构如图 7-9 所示。

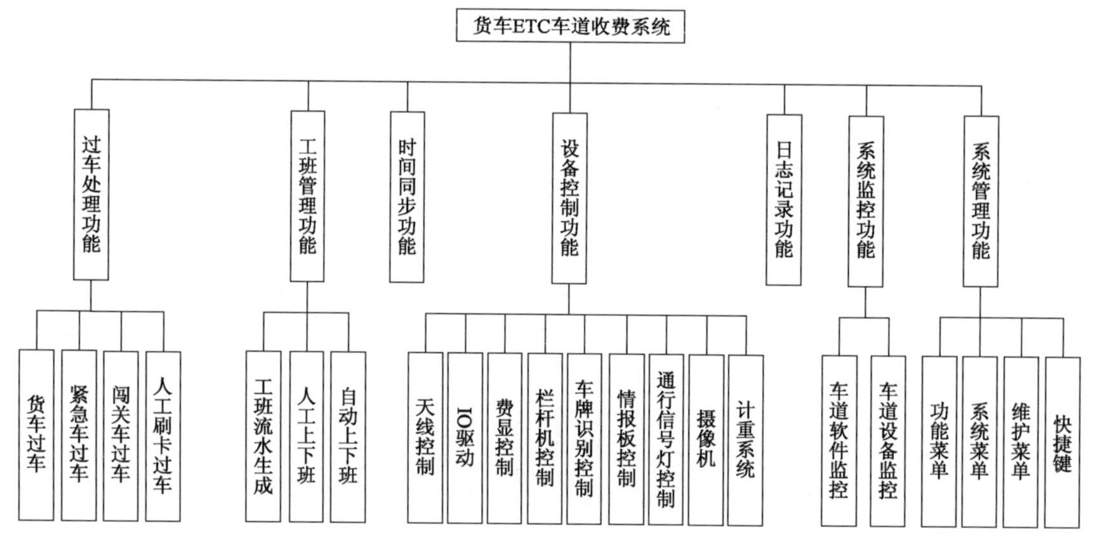

图 7-9 货车 ETC 车道系统业务架构图

1)过车处理功能

车辆在天线交易区域进行业务处理,完成交易后,车道系统将对车辆抬杆放行,否则拦截并报警提示,报警提示的具体内容和规则见“7.2.2.4 报警模块设计”。

注:单天线双栏杆车道布局为专用货车 ETC 车道系统,原则上仅支持安装有 OBU 的货车通行。

(1)货车过车

天线与货车的电子标签进行交易时,针对处理流程中可能出现异常的情况,如无入口、入口无效、U 转车、车卡绑定不符、行驶超时、标签未启用、标签过期、标签黑名单、标签非法拆卸、无卡、写卡失败、卡签发行属地不一致、无效车型、计重数据无效、交易失败等,车辆停车进行人工刷卡,由收费员确认能否进行刷卡交易;如无法刷卡放行则需要先将车辆引导出车道,再由人工车道进行现金收费。

①标签存在判断。

a. 功能说明：

车辆进入车道，若未搜索到标签，车道系统将判断为无标签，拦截并报警提示。

b. 业务流程：

(a)车辆经过天线交易区域时，天线搜索标签尝试读取标签信息。

(b)车辆进入线圈3，在设定时间(时间 T 可配置)内成功读取标签信息则结束本环节判断；否则系统将进行拦截报警提示。

标签存在判断流程如图7-10所示。

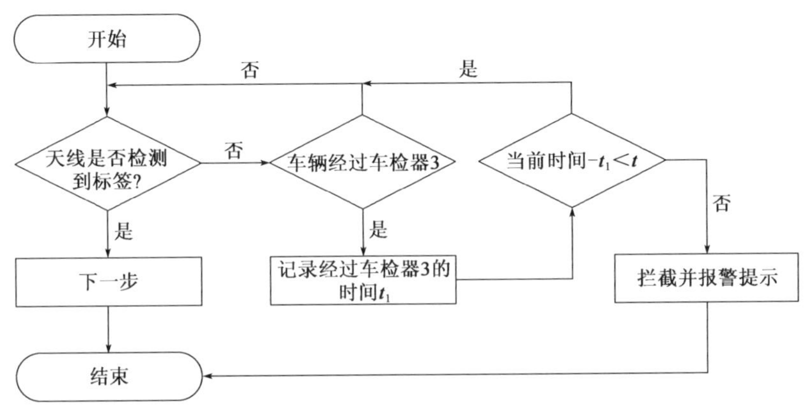

图7-10　标签存在判断流程图

②标签插卡判断。

a. 功能说明：

天线在搜索到标签后，系统检查标签的插卡状态，若标签未插卡，系统将拦截并报警提示。

b. 业务流程：

天线收到标签信息，若系统检测到标签无卡，则进行拦截并报警提示；若标签有卡，则结束本环节判断。

备注：信息帧B2中标签的状态位(OBUStatus)为无卡状态时，则判断为卡未插好。

标签插卡状态判断流程如图7-11所示。

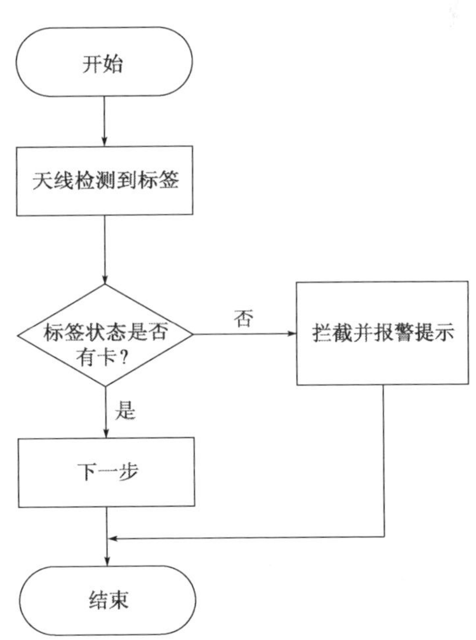

图7-11　标签插卡状态判断流程图

③标签有效性判断。

a. 功能说明：

按照《全国高速公路电子不停车收费联网总体技术方案》要求，车辆进入货车ETC收费车道时，车道收费系统要对标签进行有效性判断，包括对标签拆卸状态的判断和标签有效期的判断。

b. 业务流程：

(a)读取标签拆卸位，判断是否拆卸。

(b)若已拆卸则报警拦截。

(c)若未拆卸，则继续判断当前时间是否在标签启用时间和到期时间之间：若当前时间小于标签启用时间，或当前时间大于标签到期时间，则报警拦截。

(d)标签有效性判断通过则继续其他业务处理。

标签有效性判断流程如图7-12所示。

④联网区域标签判断。

a. 功能说明：

系统对标签是否已联网进行检测，若判断为非联网，则拦截车辆并报警提示。

b. 业务流程：

(a)读取标签EF01文件中的发行方标识。

(b)根据标签的发行方标识前四字节查询发行方表，若存在有效记录，表示该标签是联网区域标签，继续其他处理流程；否则，系统将拦截车辆，并报警提示。

联网区域标签判断流程如图7-13所示。

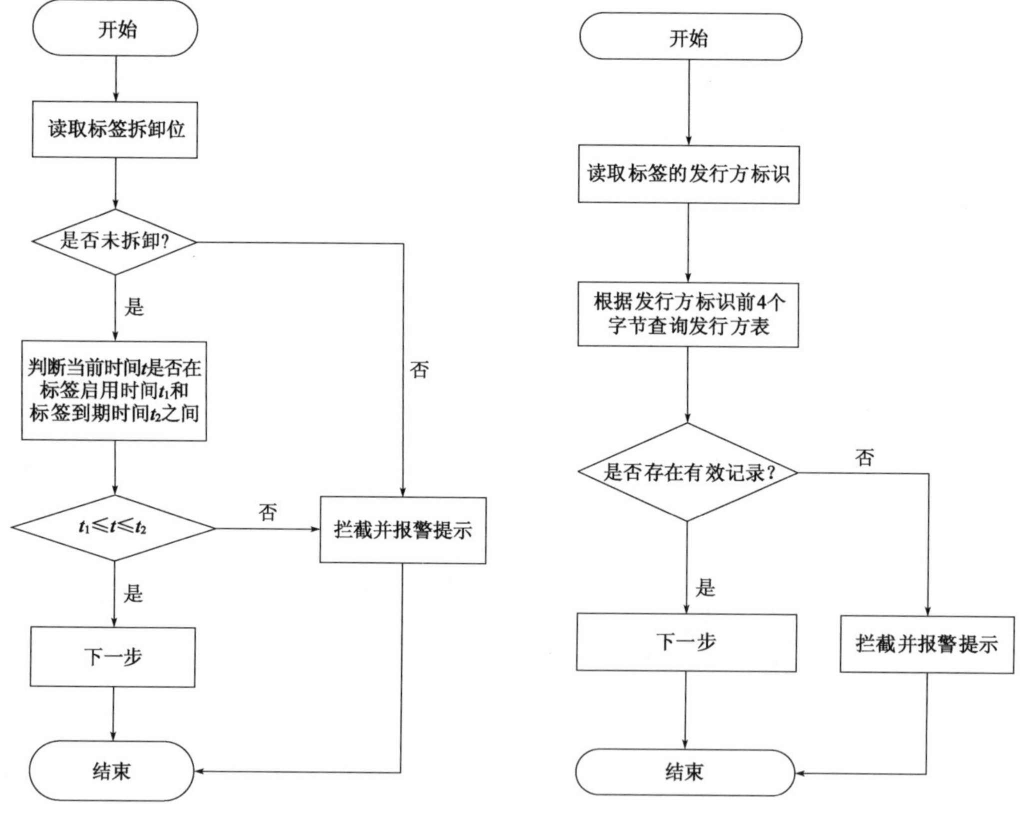

图7-12　标签有效性判断流程图

图7-13　联网区域标签判断流程图

⑤联网区域卡判断。

a. 功能说明：

系统对用户卡是否已联网进行检测，若判断为非联网，则拦截车辆，并报警提示。

b. 业务流程：

(a) 读取卡片 0015 文件(卡片发行基本数据文件)中的发行方标识和卡片网络编码。

(b) 根据卡片的发行方标识前四字节和卡片网络编码查询发行方表,若表中存在有效记录,表示该用户卡是联网区域卡,继续其他处理流程;否则,系统将拦截车辆,并报警提示。

联网区域卡判断流程如图 7-14 所示。

⑥卡签发行属地判断。

a. 功能说明：

按照《全国高速公路电子不停车收费联网总体技术方案》要求,车辆进入货车 ETC 收费车道时,车道收费系统要进行卡签发行属地一致性判断,使用标签"发行方标识"和用户卡"发行方标识"的前四个字节进行比较,确定标签、用户卡发行属地是否一致;若不一致,则拦截车辆,并报警提示。

b. 业务流程：

(a) 车道系统获取到卡签数据,读取标签和用户卡的发行方标识前四个字节。

(b) 若标签发行方与用户卡发行方前四个字节内容不一致,则拦截车辆,并报警提示;否则卡签发行属地一致性判断通过,继续其他处理流程。

卡签发行属地判断流程如图 7-15 所示。

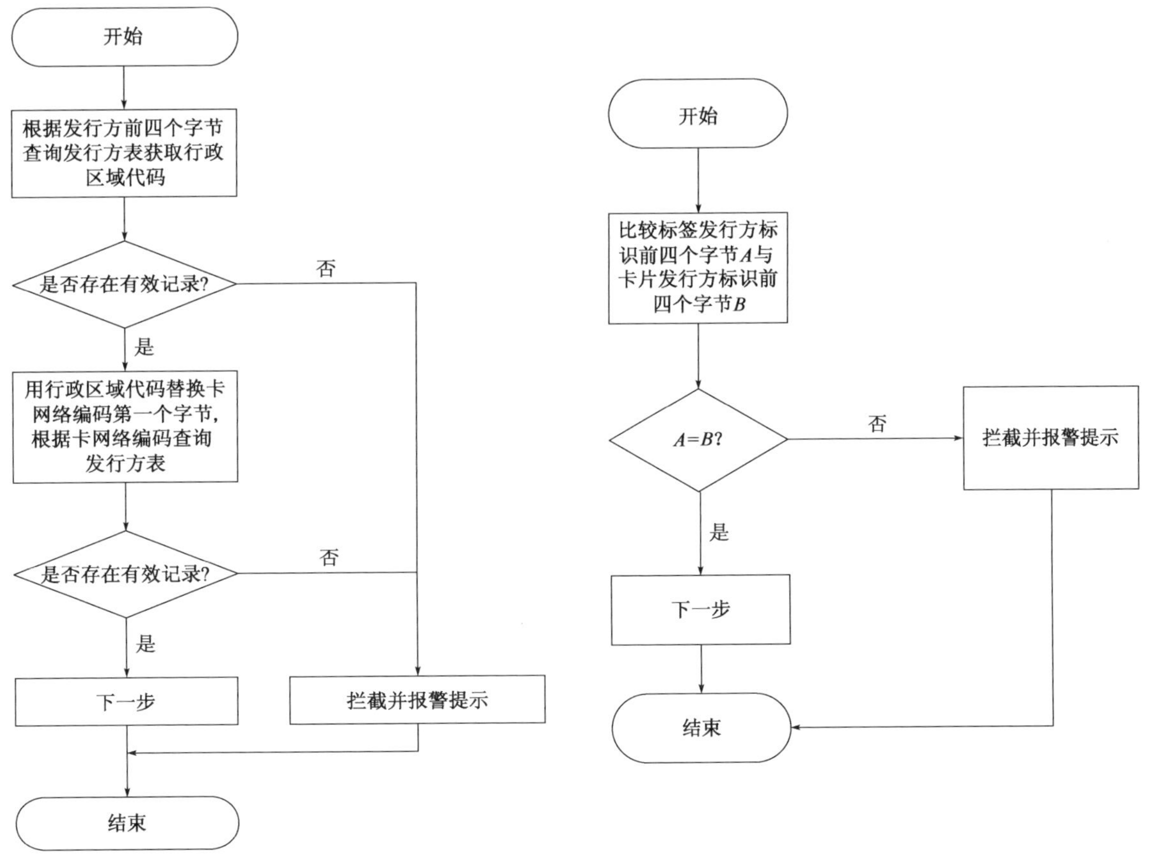

图 7-14　联网区域卡判断流程图

图 7-15　卡签发行属地判断流程图

⑦卡片有效性判断。

a. 功能说明：

按照《全国高速公路电子不停车收费联网总体技术方案》要求，车辆进入货车 ETC 收费车道时，车道收费系统要进行对用户卡有效性的判断，包括卡类型判断和卡有效期判断。

b. 业务流程：

(a)系统获取用户卡基本信息。

(b)判断卡类型是否为储值卡或记账卡。

(c)若非储值卡且非记账卡类型，则进行拦截报警。

(d)卡类型有效，则判断当前时间是否在卡片的启用时间和到期时间内：若当前时间小于启用时间或大于到期时间，则拦截并报警提示；

(e)卡片有效性判断通过则继续其他业务处理。

卡片有效性判断流程如图 7-16 所示。

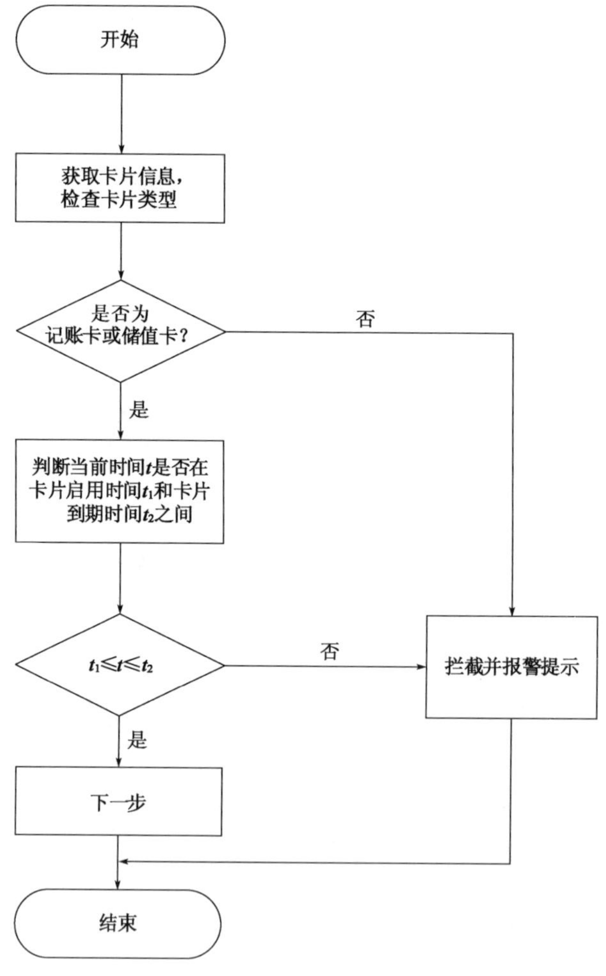

图 7-16　卡片有效性判断流程图

⑧车卡绑定判断。

a. 功能说明：

按《全国高速公路电子不停车收费联网总体技术方案》要求，车辆进入货车 ETC 收费车道时车道系统要进行标签、用户卡的绑定判断，对未绑定卡签的车辆进行拦截并报警提示。

b. 业务流程：

(a)车道系统获取到卡片 0015 文件，检查 0015 文件中是否写入车牌；

(b)若卡中车牌为空，则判定为非绑定用户，结束本环节判断，继续其他条件判断；

(c)若卡中车牌不为空，则对比标签中的车牌信息(含车牌颜色)和卡 0015 文件中车牌信息(含车牌颜色)是否一致，若不一致，则进行拦截并报警提示；

(d)若车牌绑定判断通过，则继续其他业务流程处理。

车卡绑定判断流程如图 7-17 所示。

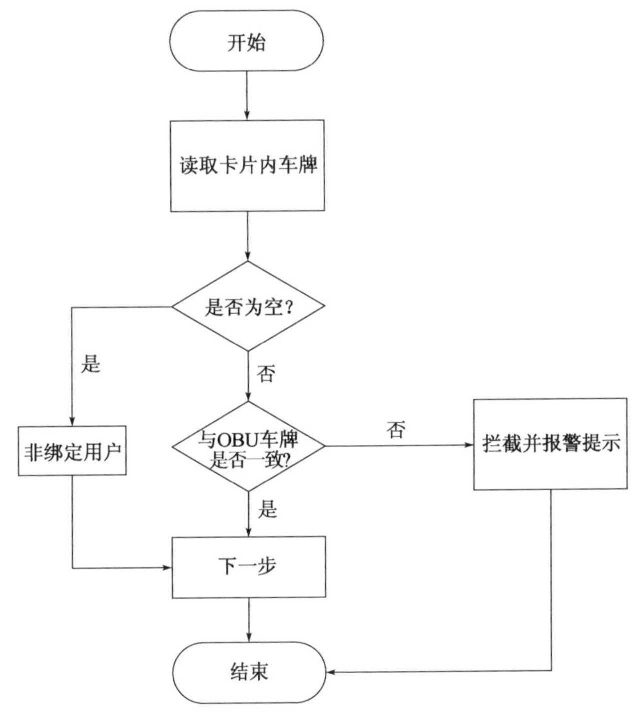

图 7-17　车卡绑定判断流程图

⑨车型有效性判断。

a. 功能说明：

货车 ETC 车道系统在获取到车型信息后对车型进行判断，如果不是合法货车，则进行拦截并报警提示。

b. 业务流程：

(a)读取标签的车型信息；

(b)判断车型是否为合法货车，具体车型定义见《收费公路联网收费技术要求》(交通部 2007 年第 35 号公告)，若是则进行其他条件判断；否则拦截车辆，并报警提示。

车型有效性判断流程如图7-18所示。

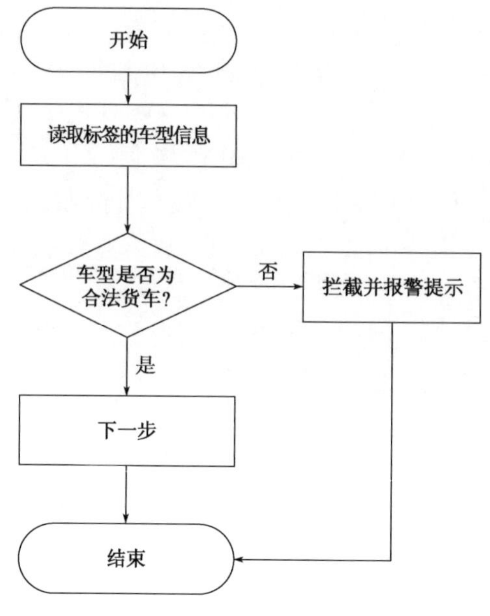

图7-18　车型有效性判断流程图

⑩联网黑名单判断。

a.功能说明：

联网黑名单表有全量表和增量表两种。系统对过车进行黑名单判断：卡、标签、车牌任意一项黑名单判断不通过，则拦截并报警提示。

b.业务流程：

(a)根据卡片信息、标签信息、车牌信息查询联网黑名单增量表和联网黑名单全量表；

(b)在黑名单全量表中取得版本号最大的记录，假设为X；

(c)在黑名单增量表中取得版本号最大的记录，假设为Y；

(d)如果在黑名单全量表和黑名单增量表中都查不到对应的记录，则车辆为正常用户，正常收费放行；

(e)取X和Y中较大的版本为当前车辆的黑名单版本Z：

·如果不存在于黑名单全量表中，$Z=Y$。

·如果不存在于黑名单增量表中，$Z=X$。

·如果全量表和增量表中都有记录，则取X,Y中的较大值。

(f)检查该版本记录中的状态，状态异常(不为1)的车辆，则拦截并报警提示。

联网黑名单判断流程如图7-19所示。

⑪计重数据存在判断。

a.功能说明：

车辆进入货车ETC车道，当车辆通过称重区域，到达线圈2，仍未有计重数据上送，车道系统将判断为无计重信息，拦截并报警提示。

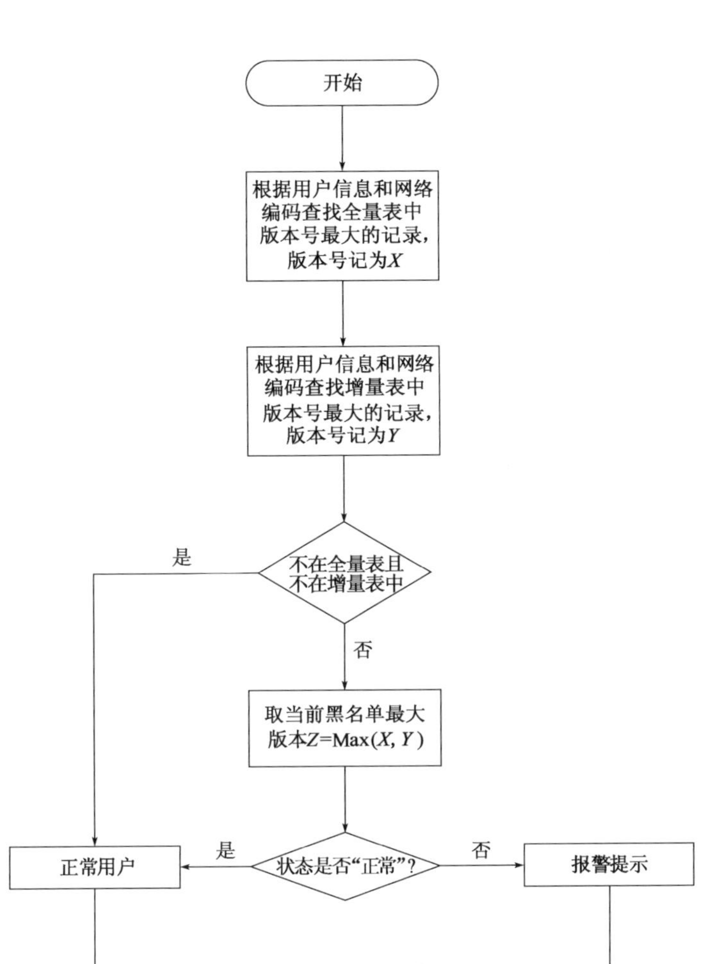

图7-19　联网黑名单判断流程图

b. 业务流程：

(a)车辆经过称重区域、天线交易区域时，车道系统尝试获取计重信息；

(b)车辆在交易区域时，无计重信息，不允许交易，提示车辆慢行；

(c)车辆达到线圈2，仍无计重数据，判定交易失败，并报警提示。

计重数据存在判断流程如图7-20所示。

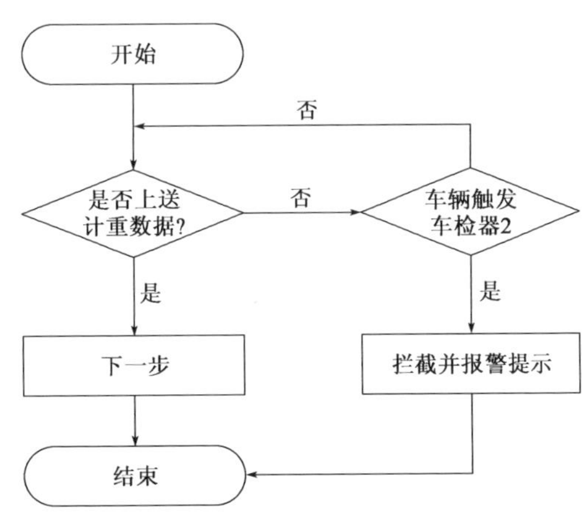

图7-20　计重数据存在判断流程图

⑫计重数据有效性判断。

a. 功能说明：

获取车辆的计重数据，系统根据标签(天线交易)或卡片(刷卡交易)中的发行的轴型(轴数)判断当前货车计重轴型(轴数)是否一致，如一致则继续下一步骤，否则进行拦截并报警提示。

b. 业务流程：

(a)获取车辆当前的计重轴型(轴数)。

(b)天线交易读取标签车辆信息中发行的轴型(轴数)；刷卡交易时读取卡片发行的轴型。

(c)判断计重轴型(轴数)和发行轴型(轴数)是否一致，如不一致，则拦截并报警提示。

计重数据有效性判断流程如图 7-21 所示。

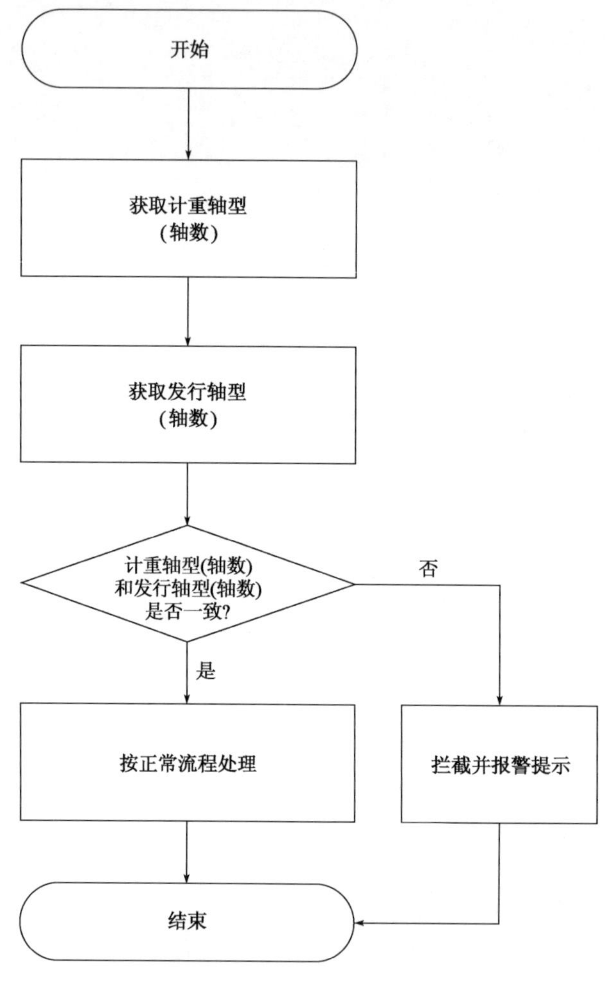

图 7-21　计重数据有效性判断流程图

⑬入口计重数据校验(可选)。

a. 功能说明：

对于具备入口计重的车道，可以通过将入口获取的计重数据写入过站文件之中，经过出口的时候与入口的计重数据进行比较，如果入出口轴型(轴数)一致，且入出口重量之差在允许范围之内，则继续流程，否则报警提示。

b. 业务流程：

(a)获取车辆出口的计重轴型(轴数)和重量。

(b)获取过站信息中记录的轴型(轴数)和重量。

(c)判断出口轴型(轴数)和入口轴型(轴数)是否一致,如不一致则拦截并报警提示,如一致则判断出口重量和入口重量之差是否在允许阈值之内,如是则继续流程,否则报警提示并记录特殊事件。

(d)判断规则:|出口重量 - 入口重量|/入口重量≤T;T为预设的阈值。

入口计重数据校验流程如图7-22所示。

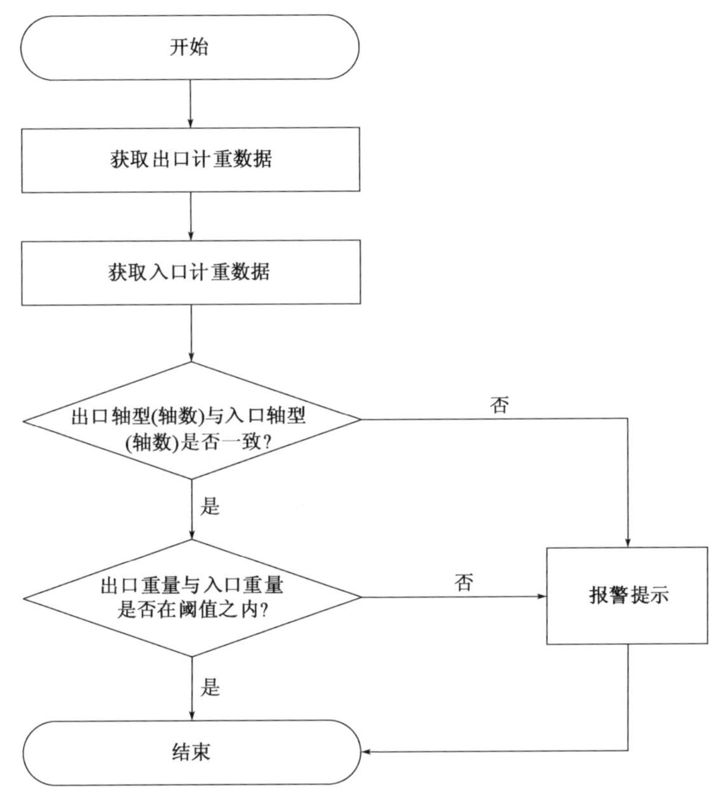

图7-22　入口计重数据校验流程图

⑭入口车道未出站卡判断(可选)。

a.功能说明:

车辆通过入口车道时,车道系统获取卡片过站信息,判断卡片当前的通行状态,如果卡片当前通行状态为入口,则拦截并报警提示。

b.业务流程:

(a)读取卡片过站信息。

(b)判断卡片过站信息的通行状态是否为入口:是,则拦截并报警提示;否则,继续其他业务流程。

入口未出站判断流程如图7-23所示。

⑮路径标识文件存在判断(可选)。

a.功能说明:

由于部分省份已流通的OBU标签缺少OBU交费信息文件(下称EF04文件),无法满足5.8G自由流路径标识技术,货车ETC车道可依据各省营运规则对这部分的标签进行拦截或放行。

b.业务流程:

(a)天线获取到标签信息,读取EF04文件;

(b)若读取失败,车道系统报警拦截;

(c)若读取成功,则继续其他业务流程。

自由流标识文件可读判断流程如图7-24所示。

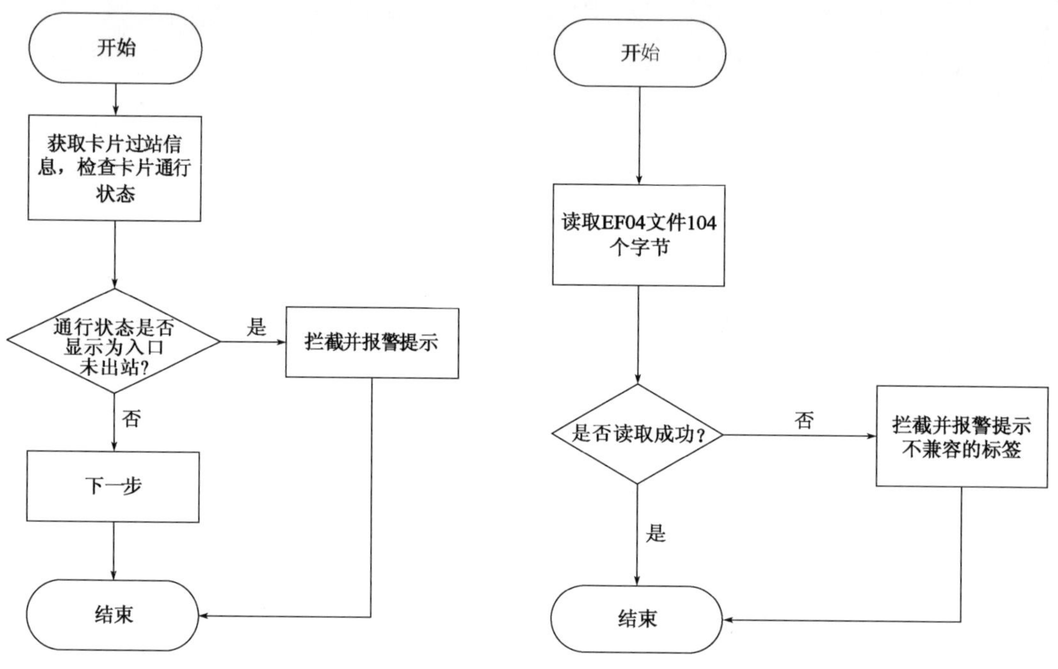

图7-23　入口未出站判断流程图

图7-24　自由流标识文件可读判断流程图

⑯防逃费灰名单判断(可选)。

a.功能说明:

为打击逃费漏费现象,防止通行费损失,增加防逃费灰名单判断。如果车辆在灰名单中,则生成特殊通行记录,以方便稽查。

b.业务流程:

(a)车辆进入货车ETC车道,车道系统获取标签内车牌。

(b)如果启用了防逃灰名单车辆判断功能,则根据标签内车牌查询逃费车辆灰名单表。

(c)如果该车辆在逃费车辆灰名单表中,车道界面需进行提示;如果不在逃费车辆灰名单表中,则按照正常流程继续处理。

(d)如果未启用防逃灰名单车辆判断功能,则跳过该判断。

备注:

·该功能可配置启停;

· 军警车不进行防逃费灰名单判断。

防逃费灰名单判断流程如图 7-25 所示。

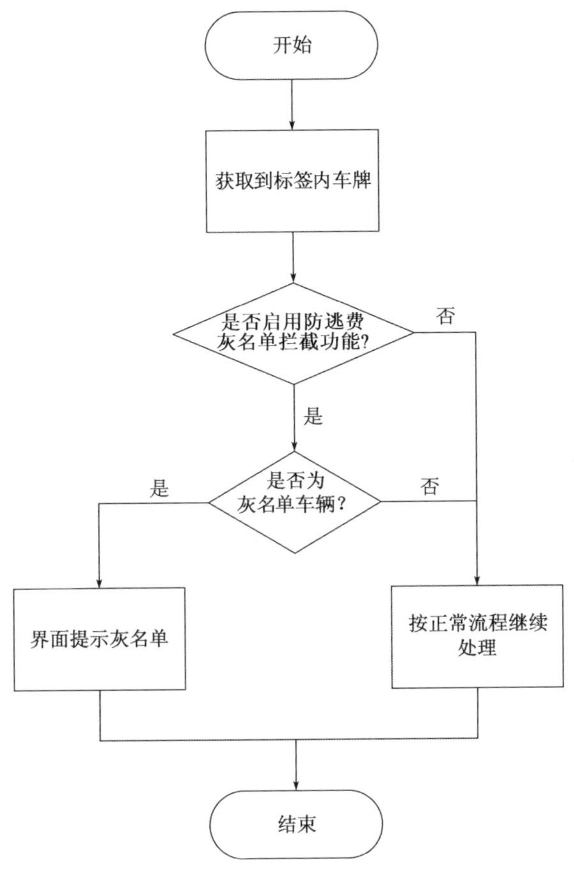

图 7-25　防逃费灰名单判断流程图

⑰防逃费黑名单判断(可选)。

a. 功能说明:

为打击逃费漏费现象,防止通行费损失,增加防逃费黑名单判断。如果车辆在黑名单中且符合黑名单车辆拦截条件,则对车辆进行拦截并报警提示。

b. 业务流程:

(a)车辆进入货车 ETC 车道,车道系统获取到标签内车牌。

(b)如果启用了防逃费黑名单车辆拦截功能,则根据标签内车牌查询黑名单车辆表。

(c)如果该车辆在黑名单车辆表中,且满足防逃费黑名单拦截条件,则判断为黑名单车辆,进行报警拦截;如果不在黑名单车辆表中或不满足黑名单车辆拦截条件则按照正常流程继续处理。

(d)如果未启用防逃费黑名单拦截功能,则跳过该判断。

备注:

入口黑名单判断标准:根据标签中的车牌在黑名单车辆表中搜索黑名单车辆信息,只有当前时间大于拦截开始时间，小于拦截结束时间，而且拦截选项是入口拦截或出入口拦截的黑名单车辆，才判定是黑名单车。

出口黑名单判断标准：根据标签中的车牌在黑名单车辆表中搜索黑名单车辆信息，只有当前时间大于拦截开始时间，小于拦截结束时间，而且拦截选项是出口拦截或出入口拦截的黑名单车辆，才判定是黑名单车。

防逃费黑名单判断流程如图 7-26 所示。

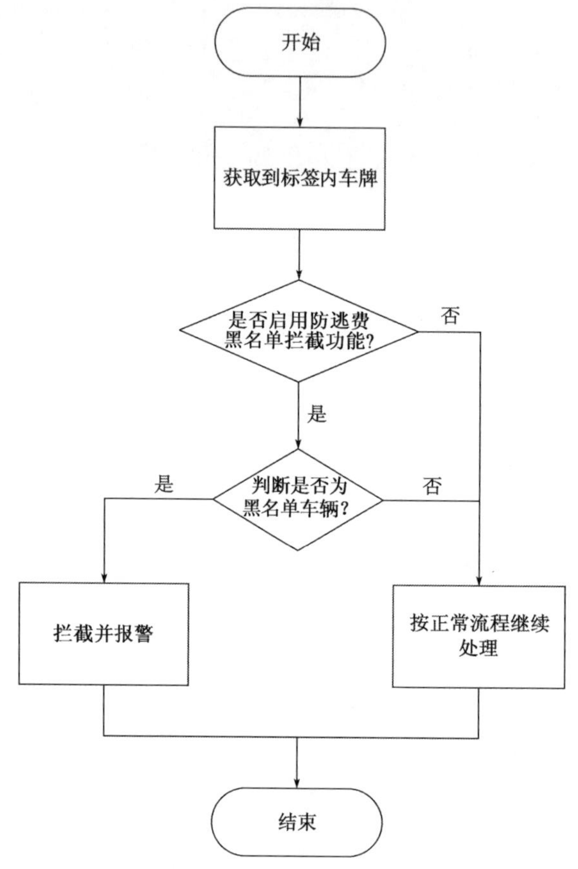

图 7-26　防逃费黑名单判断流程图

⑱PSAM 卡黑名单判断（可选）。

a. 功能说明：

为保障 PSAM 卡的使用安全，避免因非法 PSAM 卡导致出现收费问题，出入口车道系统在启动时判断本车道 PSAM 卡，且出口车道在交易时判断入口 PSAM 卡是否在黑名单中。若是黑名单 PSAM 卡，则拒绝交易，并报警拦截。

b. 业务流程：

出入口启动判断 PSAM 卡黑名单：

（a）出入口货车 ETC 车道系统在启动时获取 PSAM 卡号。

（b）判断是否在 PSAM 卡黑名单中。

(c)若车道系统使用的 PSAM 卡在 PSAM 卡黑名单中,则禁止启动;若不在 PSAM 卡黑名单中,则继续按正常启动流程处理。

PSAM 卡黑名单启动判断流程如图 7-27 所示。

出口检查入口 PSAM 卡:

(a)出口车道系统读取到卡片 0019 文件中的入口信息;

(b)获取入口交易的 PSAM 卡号,检查是否在 PSAM 卡黑名单中;

(c)若入口 PSAM 卡在 PSAM 卡黑名单中,则拒绝交易并报警拦截;若入口 PSAM 卡不在 PSAM 卡黑名单中,则继续按正常流程处理。

出口 PSAM 卡黑名单判断流程如图 7-28 所示。

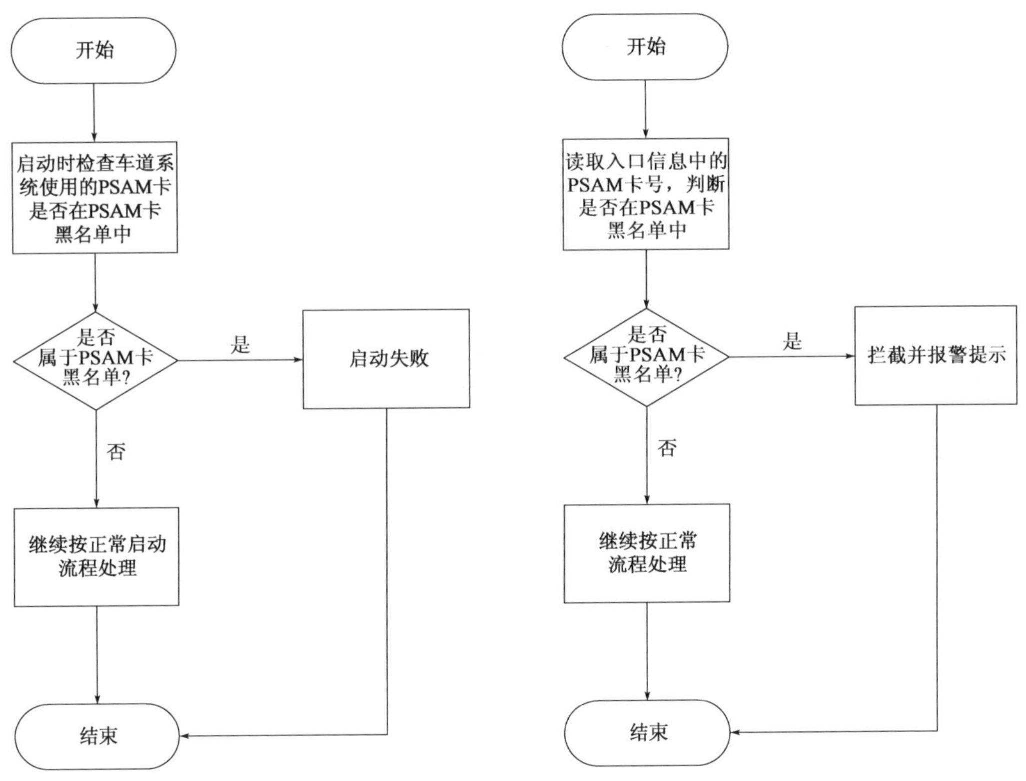

图 7-27 PSAM 卡黑名单启动判断流程图

图 7-28 出口 PSAM 卡黑名单判断流程图

⑲入口清空路径标识文件(可选)。

a. 功能说明:

根据联网收费改造技术方案及收费公路多义性路径技术要求,车辆在入口需做清除标签、卡片路径标识文件的操作;对于清除路径标识文件失败的车辆根据营运需求进行拦截或放行。

b. 业务流程:

(a)天线自动清除标签、卡片路径标识文件内容,并给货车 ETC 车道系统返回结果。

(b)若清除失败,则系统拦截车辆,并报警提示;如清除成功,则继续按照正常流程处理。

清除卡片路径信息文件流程如图7-29所示。

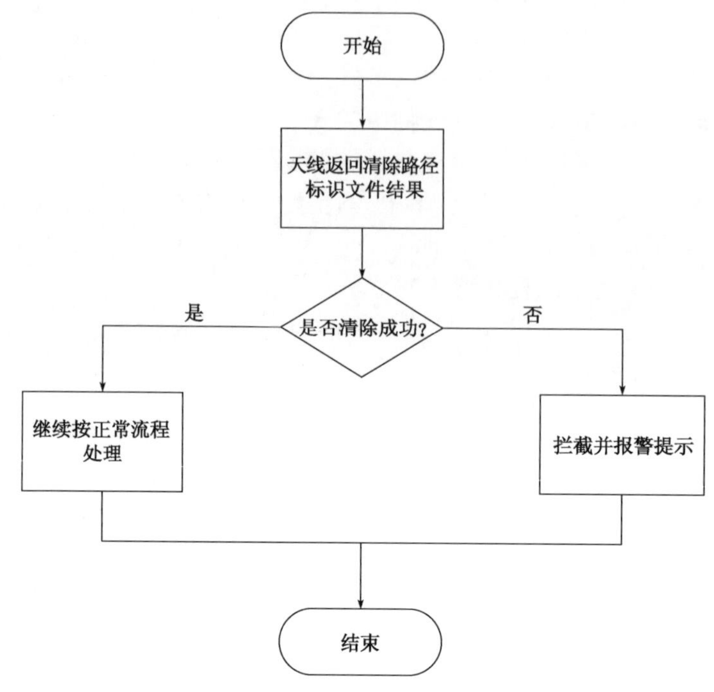

图7-29　清除卡片路径信息文件流程图

⑳入口写过站信息。

a. 功能说明：

入口车道系统在完成了车辆的判断处理后，通过天线将入口信息写入卡片0019文件。天线返回写卡的操作结果，对写卡失败的车辆进行拦截，并报警提示；对写卡成功的车辆生成入口流水并抬杆放行。

b. 业务流程：

(a)车道系统向天线发送写入口信息指令，由天线完成写卡操作并返回操作结果。

(b)车道系统等待天线反馈结果，若写卡失败或天线无反馈，且交易未超时，则重新获取卡签信息，进行过车判断和写入口操作。

(c)若交易处理超时，则拦截并报警提示；若写卡成功，则显示交易信息，系统抬杆放行。

备注：具备入口计重功能，可将计重数据填入过站信息，并在出口进行校验。

写入口信息流程如图7-30所示。

㉑出口车道U转车判断。

a. 功能说明：

出口车道系统获取到卡内入口信息后，检查入口站编码是否和当前站的站编码一致，若一致则判断为U转车。车道系统可对U转车进行拦截并报警提示。

b. 业务流程：

(a)出口车道系统获取到卡内入口信息，检查入口站编码和当前站编码是否一致。

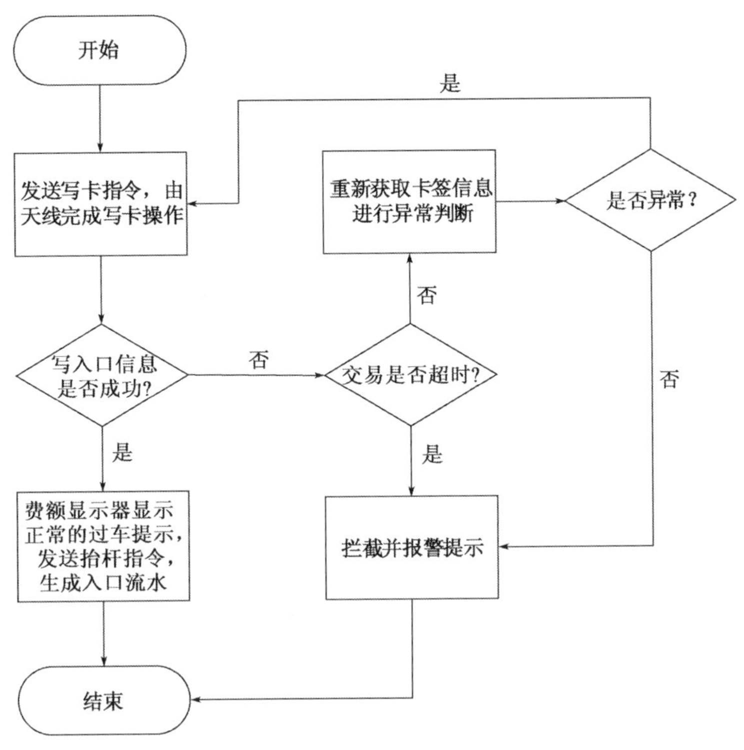

图 7-30　写入口信息流程图

(b)若站编码一致,且系统配置为 U 转车拦截,则进行报警拦截。

(c)若站编码一致,系统配置为 U 转车不拦截,且封闭高速中有可达的 U 转路径,则根据卡片标识路径文件信息计算费率;如无可达 U 转路径则进行报警拦截。

(d)若站编码不一致,则按正常流程处理。

(e)针对 U 转被拦截的车辆,可行驶到岗亭由收费员判断是否合法 U 转。

U 转车判断处理流程如图 7-31 所示。

㉒入口有效性判断。

a. 功能说明:

出口货车 ETC 车道系统在获取到卡内的入口信息后判断入口站是否有效、入出口是否可达,如果判断不通过则拦截并报警提示。

b. 业务流程:

(a)车辆通过出口时,系统根据 0019 文件的路网编码和通行状态判断是否有入口信息,若无入口信息,则进行报警拦截;

(b)若 0019 文件中有入口信息,取出入口站编码,判断入口站是否存在并判断从入口站到本站出口是否有可达路径;

(c)若入口站不存在,或从入口站到本站出口无可达路径,则报警拦截;

(d)否则为合法车,进行下一步处理。

无效入口判断处理流程如图 7-32 所示。

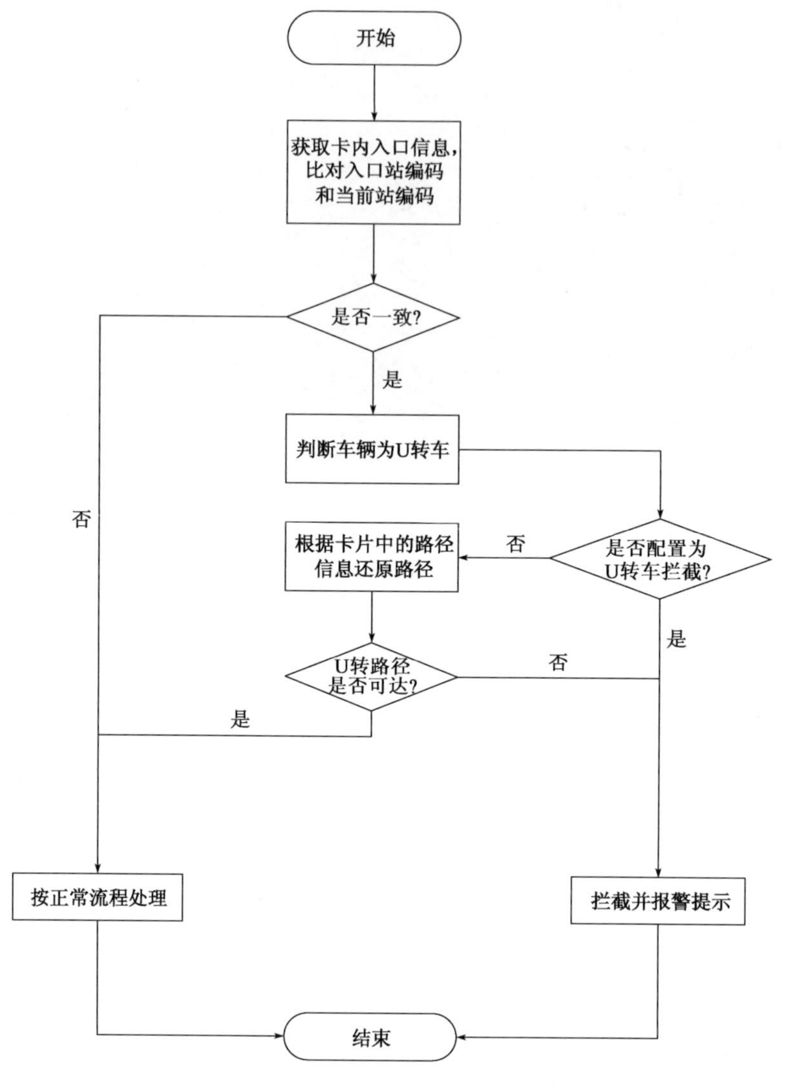

图 7-31 U 转车判断处理流程图

㉓行驶超时判断。

a. 功能说明：

出口车道系统使用动态行驶超时判断，获取动态超时表中对应车型最小行驶速度和允许阈值，根据车辆实际行驶路径计算出最大通行时间。如果实际行驶时间大于最大通行时间和允许阈值之和，则判断为行驶超时，系统拦截并报警提示。

b. 业务流程：

(a)获取动态超时表中对应车型的最小行驶速度和允许阈值；

(b)根据车辆实际行驶路径除以最小行驶速度得到最大通行时间；

(c)计算出入口时间差得到车辆实际通行时间；

(d)如果实际通行时间大于最大通行时间与允许阈值之和，则判断为超时，进行报警拦截；

(e)如未超时，则继续按正常流程处理。

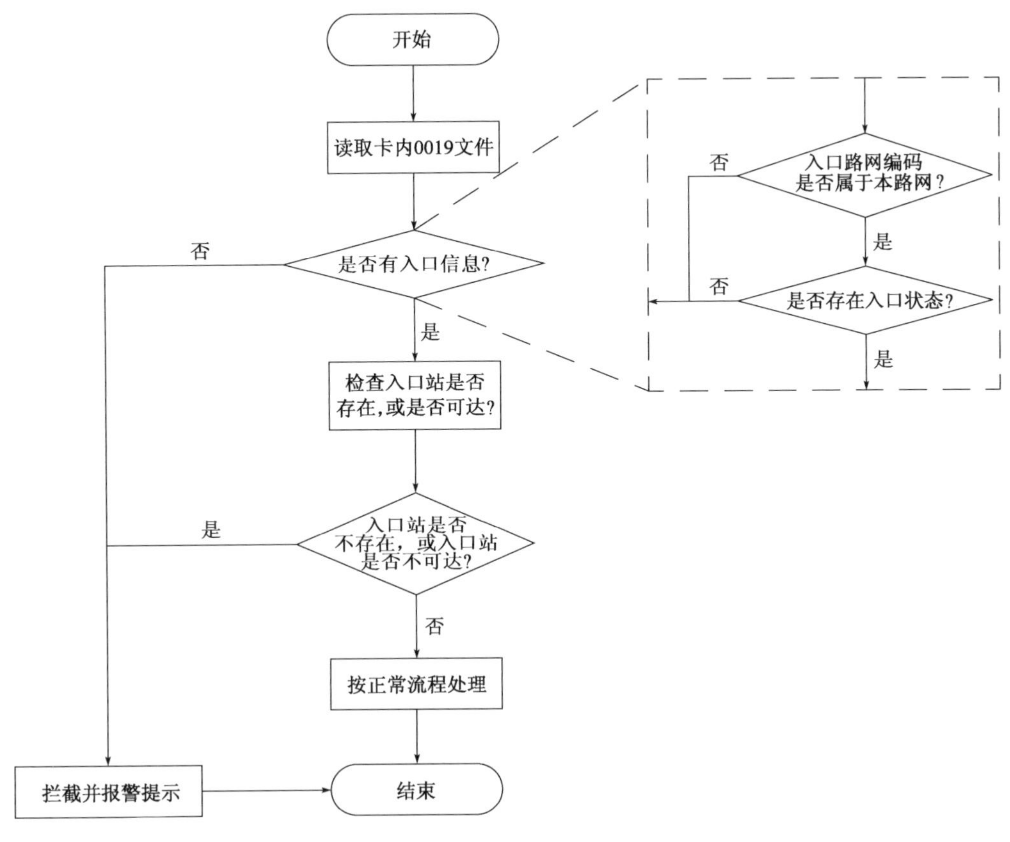

图7-32　无效入口判断处理流程图

㉔交易扣款。

a. 功能说明:

车辆通过所有的业务判断后,出口车道系统根据出入口信息、路径标识信息、出口轴型,出口重量和优惠信息等完成费率计算,将收费金额和出口信息通过天线完成写卡扣费,生成出口交易流水,抬杠放行。

b. 业务流程:

(a)根据出入口信息、路径标识信息还原车辆行驶路径;

(b)根据路径,出口轴型和出口重量计算总的应收金额,并根据卡片折扣率得到总的实收金额;

(c)若卡内余额小于实收金额,则进行拦截并报警提示;

(d)若卡内余额大于或等于实收金额,则向天线发送写卡扣费指令;

(e)天线完成写卡扣费操作后返回交易结果,车道程序判断交易结果是否正常;

(f)若正常,则发送抬杆指令,生成出口交易流水;

(g)若异常,则进入异常处理流程。

行驶超时判断处理流程如图7-33所示。

交易扣款处理流程如图7-34所示。

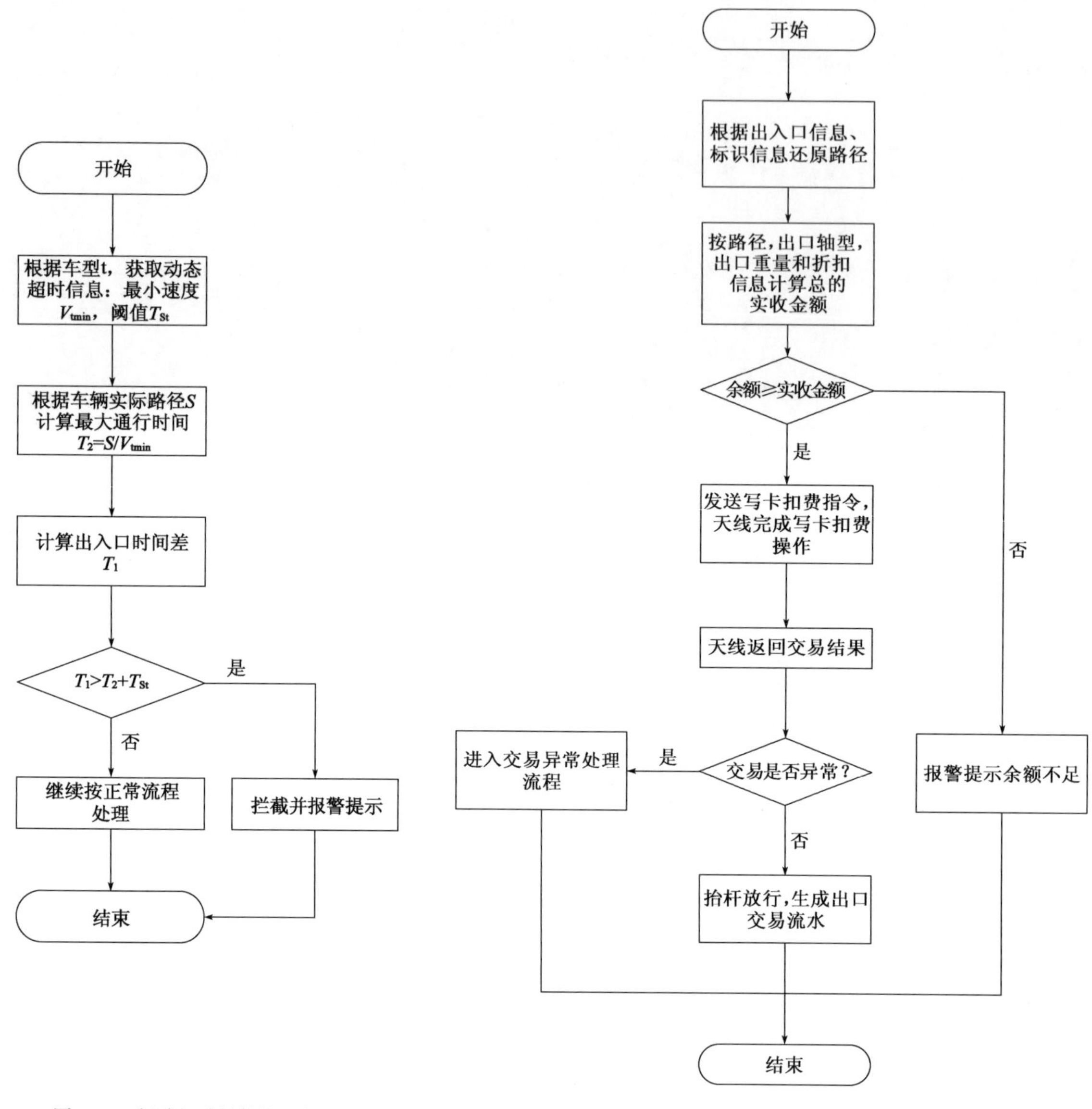

图 7-33　行驶超时判断处理流程图

图 7-34　交易扣费处理流程图

㉕交易异常处理。

a. 功能说明：

车道系统发出扣款指令后若天线返回错误信息,或超时未收到交易结果,则车道系统生成异常流水,拦截车辆并报警提示。

b. 业务流程：

(a)天线发出交易扣款指令后,等待天线返回交易结果；

(b)若在配置的返回时间内没有返回交易结果,记录异常状态对车辆进行拦截,并报警提示,生成交易异常流水；

(c)收到交易结果,检查交易状态是否正常；

(d)若不正常,则对车辆进行拦截,报警提示并生成交易异常流水;若正常,则继续其他流程。

交易异常处理流程如图7-35所示。

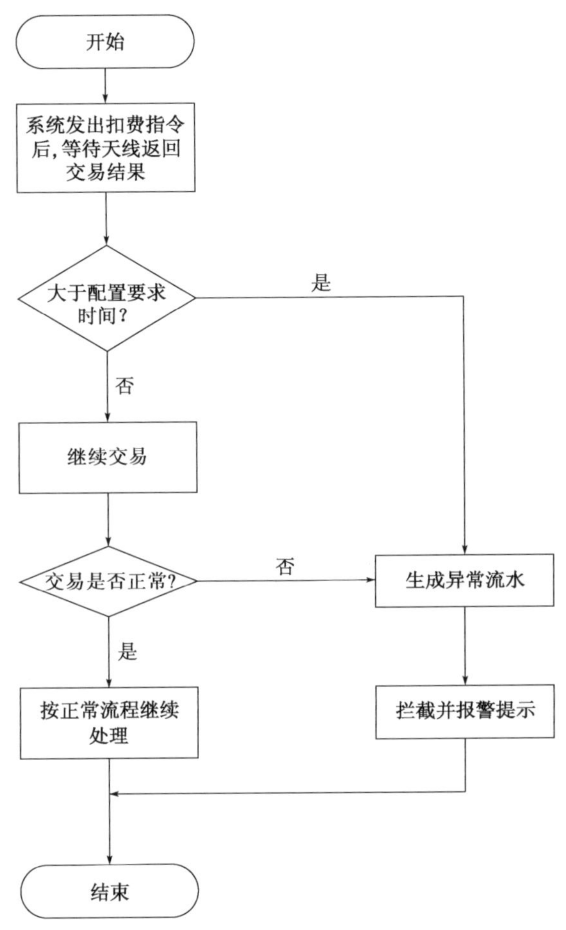

图7-35 交易异常处理流程图

㉖图像抓拍。

a.功能说明:

车辆经过抓拍车检器触发车道摄像机进行图像抓拍,车道系统保存抓拍结果并生成抓拍图像流水。

b.业务流程:

(a)当系统检测到抓拍车检器被触发时,系统触发车道摄像机抓拍出一幅清晰的图像;

(b)系统获取抓拍结果,存放在图像目录;

(c)系统生成抓拍流水。

㉗超时停留处理。

a.功能说明:

车辆在完成交易后且位于队列头时,系统抬杆放行,并开始计算停留时间。如果车辆在设定时间内未驶出车道,费额显示器报警提示车辆尽快通过车道,超时则自动落杆。

b. 业务流程：

(a)车辆交易完成，且为队列首部车，系统抬杆放行；

(b)若在配置的车辆允许停留的时间内未检测到车辆离开，则费额显示器报警提示；

(c)报警结束，栏杆自动降下。

备注：超时停留时间可配置。

㉘重新放行处理。

a. 功能说明：

车辆完成交易后，未及时通行而离开车道，当再次进入本车道时无法正常通行。为解决该问题车道系统提供重新放行功能，通过人工刷卡获取车辆信息，如果车辆在最近交易列表中且满足重新放行时间限制，则系统对车辆重新放行。

b. 业务流程：

(a)人工刷卡获取卡片信息，根据卡片的车牌搜索最近交易的车辆列表；

(b)如果在最近交易的车辆列表中，且当前时间满足重放行条件，则重发抬杆指令。

(2)紧急车过车处理

①功能说明：

实际生产环境中有时需对特殊车辆进行紧急放行，如车队、急救车等。货车 ETC 车道系统提供手动放行功能，实现对该类车辆的紧急放行。

②业务流程：

a. 对单一车辆进行紧急放行：

(a)按"特殊放行"键；

(b)栏杆机自动打开；

(c)车辆驶离落杆车检器后，栏杆自动降下。

b. 对车队进行紧急放行：

(a)按"抬杆"键；

(b)栏杆抬起；

(c)车队完全通过后，操作员手动按"落杆"键；

(d)栏杆降下。

(3)闯关车处理

①功能说明：

闯关车是指未进行交易或交易未完成就经过落杆车检器驶离货车 ETC 车道的车辆。对于货车 ETC 车道出现的闯关事件，车道系统能够通过落杆车检器的变化与交易状态，对闯关车进行判断并进行报警提示，将站点信息、闯关信息、抓拍图像和车牌识别信息记录在闯关流水表中，以备稽查。

②业务流程：

a. 未完成交易车辆通过落杆车检器。

b. 系统获取闯关时间和当前的站点信息(包括路网编号、路段编码、站编码、车道编码、车道类型、收费员工号、收费员班次等)，写入闯关流水表。

c. 将电子标签车牌、识别车牌写到闯关流水。

d. 叠加闯关事件。

e. 记录闯关车辆的抓拍图像,若无抓拍图像可不生成图像流水。

闯关处理流程如图 7-36 所示。

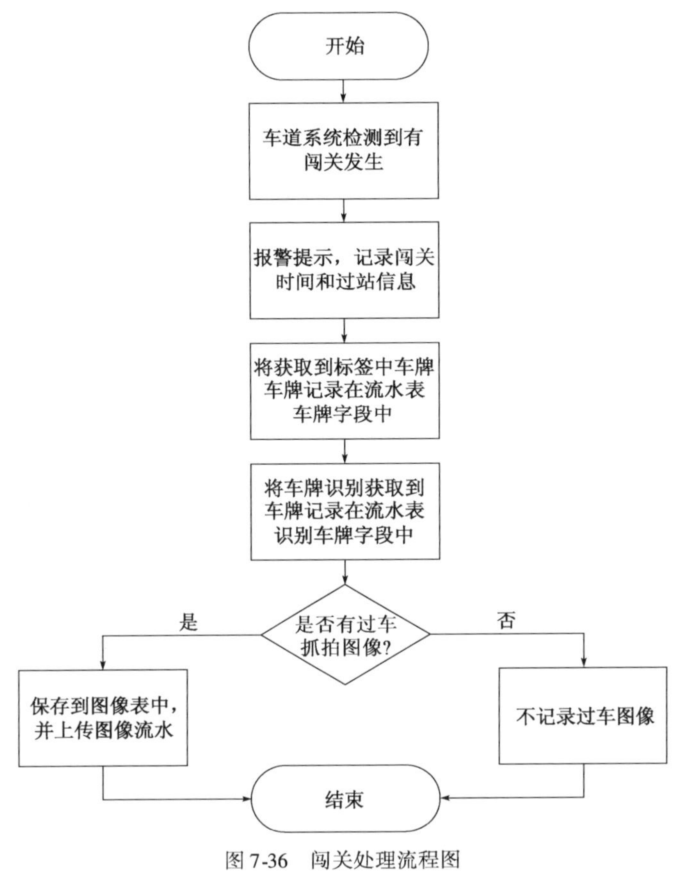

图 7-36　闯关处理流程图

(4)人工刷卡过车处理

①功能说明:

当天线交易失败时,系统可通过人工刷卡获取卡片信息,进行异常判断和费率计算,完成刷卡交易。

②业务流程:

a. 入口流程:

(a)天线交易失败。

(b)收费员人工刷卡,系统通过读卡器获取卡片信息。

(c)对卡片进行业务判断,包括军车判断、联网区域卡判断、发行方有效性判断、卡片有效性判断、联网黑名单判断、车卡绑定判断(车牌识别)、车型有效性判断、路径标识文件存在判断、防逃费黑名单判断、防逃费灰名单判断、未出站卡判断。

(d)若业务判断不通过:未出站等异常可提示人工确认处理;未安装 OBU、未持有 ETC 卡片、卡片黑名单、卡片异常等则需人工引导车辆到广场安全区域,转 MTC 车道处理(领取高速公路复合通行卡,即 CPC 卡)。

(e)若业务判断通过,则写入入口信息。

(f)写卡成功,则生成流水,对车辆抬杆放行。

(g)写卡失败,则重新操作,返回步骤(b)。

入口人工刷卡流程如图7-37所示。

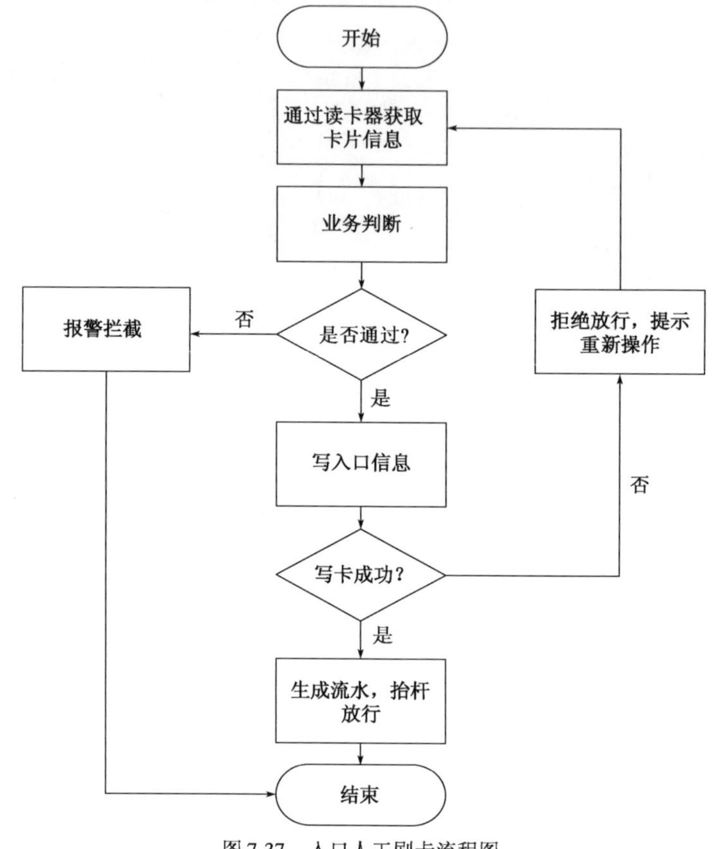

图7-37　入口人工刷卡流程图

b.出口流程:

(a)天线交易失败。

(b)人工刷卡,系统通过读卡器获取卡片信息。

(c)检查车辆是否已完成交易。

(d)若已完成交易,则经人工确认后重取交易认证码(TAC),补生成流水,并抬杆放行。

(e)若未进行交易扣费,则对卡片进行业务判断,包括军车判断、联网区域卡判断、发行方有效性判断、卡片有效性判断、联网黑名单判断、车卡绑定判断(车牌识别)、车型有效性判断、路径标识文件存在判断、防逃费黑名单判断、防逃费灰名单判断、计重数据有效性判断,入口计重数据校验,入口信息无效判断、U转车判断、超时车判断等。

(f)若业务判断不通过,无入口、超时车等异常,可提示人工确认处理;卡片黑名单、卡片异常等则人工引导车辆到广场安全区域,转MTC处理。

(g)若计重数据异常,可以人工改轴,输入正确的轴型和重量信息;无法获知正确的轴型和重量的情况,则人工引导车辆到广场安全区域,转MTC处理。

(h)若业务判断通过,则计算费率,写卡扣费。

(i)写卡扣费成功,则生成流水,抬杆放行。

(j)写卡扣费失败,重新操作,回到步骤(b)。

出口人工刷卡流程如图7-38所示。

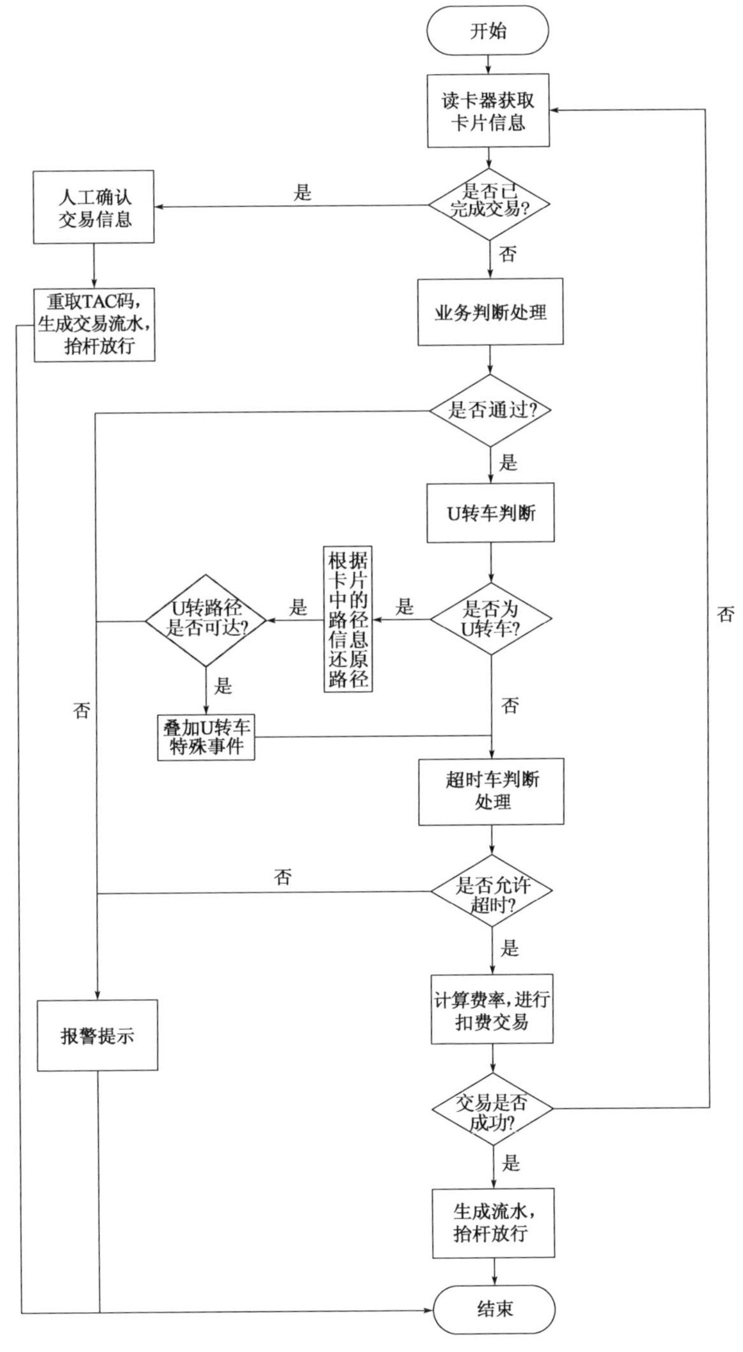

图7-38　出口人工刷卡流程图

c. 异常处理说明：

当车辆在天线交易中出现下表情况时，收费员应该对车辆的实际情况进行判断，并进行人工刷卡处理；如无法完成刷卡交易，则将车辆引导出货车 ETC 车道，并在人工车道处理。

天线异常及处理方式列表见表 7-3。

天线异常及处理方式列表　　表 7-3

天线异常	人工刷卡	备注
无入口	人工刷卡确认卡片是否有入口信息	
无效入口	人工刷卡确认入口是否有效	
U 转车	进行费率计算，如存在费率，则提示 U 转车，由收费员确定是否收费放行	
车卡绑定不符	由收费员确认车辆车牌与卡片车牌是否一致，一致则通过刷卡交易放行	
行驶超时	刷卡提示行驶超时，由收费员确认是否进行扣费放行	
标签未启用	刷卡判断卡片的合法性，如合法则进行收费放行	标签异常时卡片有可能正常；这种情况需要收费员引导用户联系发行机构
标签过期		
标签黑名单		
标签非法拆卸		
无卡	由收费员确认车主是否已经有卡，如有卡则进行人工刷卡	
写卡失败		天线写卡失败，不一定是卡片问题，可尝试人工刷卡
卡签发行属地不一致	由收费员确认卡片车牌和车辆车牌是否一致，一致则允许刷卡	
无效车型	由收费员人工判断车辆车型并进行刷卡	
交易失败		天线交易失败，不一定是卡片问题，可尝试人工刷卡
出口轴型（轴数）异常	如果能获取正确的轴型（轴数）和重量数据，则进行人工输入并继续刷卡流程	无法获知正确的轴型（轴数）和重量时，将车辆引导出车道进行人工收费处理
入出口计重信息不一致		不需要人工干预

2）工班管理功能

（1）人工上下班

①功能说明：

系统提供人工上下班和自动上下班的功能，当配置为人工上下班时，系统在启动后进入未登录状态，需在登录窗口输入操作员工号和密码，校验成功后才能登录并打开天线；下班时需人工确认，车道系统关闭天线设备并按要求生成工班流水。

②流程说明：

a. 系统启动，进入未登录状态；

b. 调出登录窗；

c. 操作员输入工号、密码；

d. 系统校验工号和密码是否正确；

e. 若校验通过，则登录成功，打开车道天线；

f. 若校验不通过，则界面提示错误原因；

g. 下班时，人工按“下班”键，确认后关闭车道天线。

(2)自动上下班

①功能说明：

当配置为自动交接班时，系统在登录时使用配置文件中的默认工号进行登录，工班结束时自动下班后自动开始下一工班。

②流程说明：

a. 系统启动，检查配置文件中的默认工号，使用默认工号登录；

b. 判断配置的默认工号是否有效，如果有效则正常上班，打开车道天线；

c. 否则登录失败；

d. 工班结束，自动下班，使用默认工号登录下一工班。

(3)工班流水生成

①功能说明：

系统下班时生成工班流水，记录该工班的交易流水数和收费金额。

②业务流程：

a. 工班结束或人工下班，系统获取从上一次登录到当前时间段内生成的流水数和总收费金额；

b. 根据运营需求生成工班流水。

3)时间同步功能

(1)功能说明：

为防止因车道系统和收费站系统时间不一致而导致数据的错乱，货车 ETC 车道系统(含字符叠加控制、监控系统等模块)能在程序启动、运行中每隔一定时间或者交班时，自动与站级服务器的时间取得同步。

(2)业务流程：

时间同步在以下三种情况下触发。

①当程序启动时，车道系统与站级服务器进行时间同步(图 7-39)。

②程序运行时，每间隔一定时间(时间设为 T，可配置)，进行一次时间同步(图 7-40)。

③每次交班的时候进行时间同步(图 7-41)。

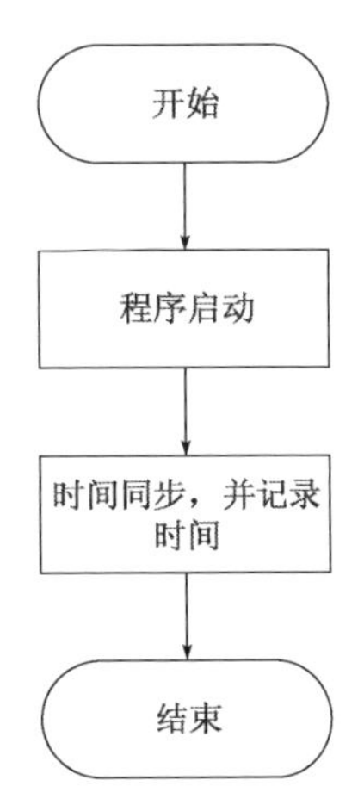

图 7-39　时间同步流程 1

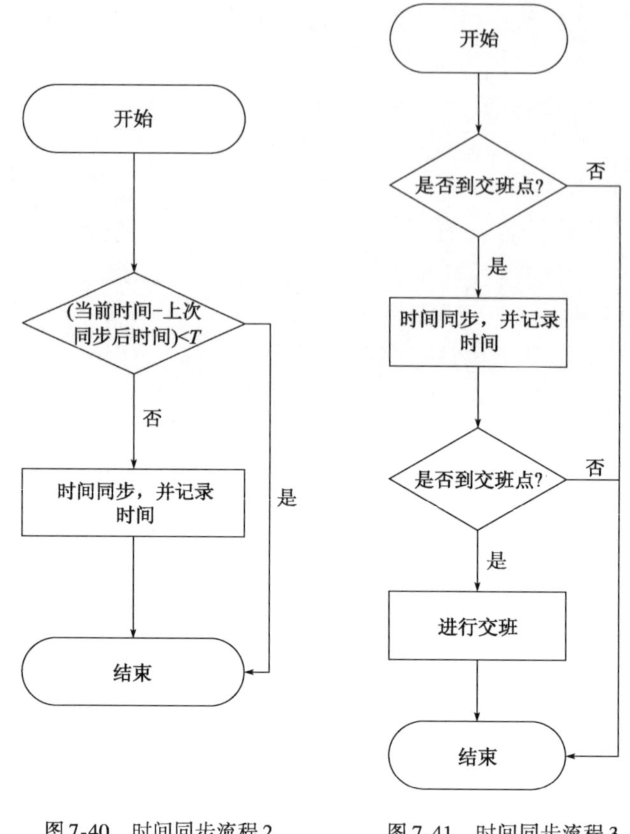

图 7-40　时间同步流程 2　　图 7-41　时间同步流程 3

4)设备控制功能

功能说明：

根据实际需求,系统会接入多种外设。主要外设有天线、计重系统、费额显示器、车牌识别器、栏杆机、车检器、通行信号灯、摄像机、情报板等。

①天线:车道系统能通过天线与 OBU 进行信息交互,获取卡签信息,完成写卡、扣费等操作,能够控制天线的开启、关闭、功率设置。

②计重系统:车道系统能通过计重系统获取进入车道的车辆计重信息,获取计重系统状态。

③车牌识别:系统通过车牌识别器可以获取车牌识别信息。在网络正常的情况下,车牌识别断开后具有自动重连功能。

④费额显示器:货车 ETC 车道系统通过费额显示器进行过车提示和拦截报警,能够控制声光报警。

⑤栏杆机:可控制栏杆机的抬起和降下,支持获取栏杆机的抬落杆状态。

⑥车道摄像机:系统能通过车道摄像机向车道软件输出过车视频和抓拍图片。

⑦通行信号灯:系统能通过控制通行信号灯,实现对车辆可通行和车辆禁止通行的提示。

⑧情报板：系统根据当前运行状态切换顶棚灯或情报板的显示内容。

5）日志记录功能

功能说明：

日志记录功能能够对交易过程、人工操作和系统处理进行记录。当发生异常时能够提供事件回溯的依据，帮助维护人员快速定位问题原因。日志应统一按照规范标准进行记录，详见“附录一货车 ETC 车道日志格式规范”。

日志主要包含的信息有：

①交易流程日志，如天线交易、交易信息、交易结果、设备控制、计重信息等。

②通行灯状态日志：通行灯转绿灯、通行灯转红灯。

③栏杆状态日志：栏杆已打开、栏杆已关闭。

④人工操作的日志，如按了“×”键。

⑤功能选择日志，如选择了导入未上传参数等。

⑥交接班日志，如已上班、下班成功等。

⑦时间同步日志，如成功与站级取得时间同步。

⑧报警事件日志，如未检测到标签待人工处理等。

⑨参数管理日志，如参数表××已更新、有效参数数量×等。

6）系统监控功能

（1）车道监控

①系统部署架构。

由国家结算中心、省（区、市）结算中心、省内路段收费分中心、收费站、货车 ETC 收费车道等五级组成，如图 7-42 所示。

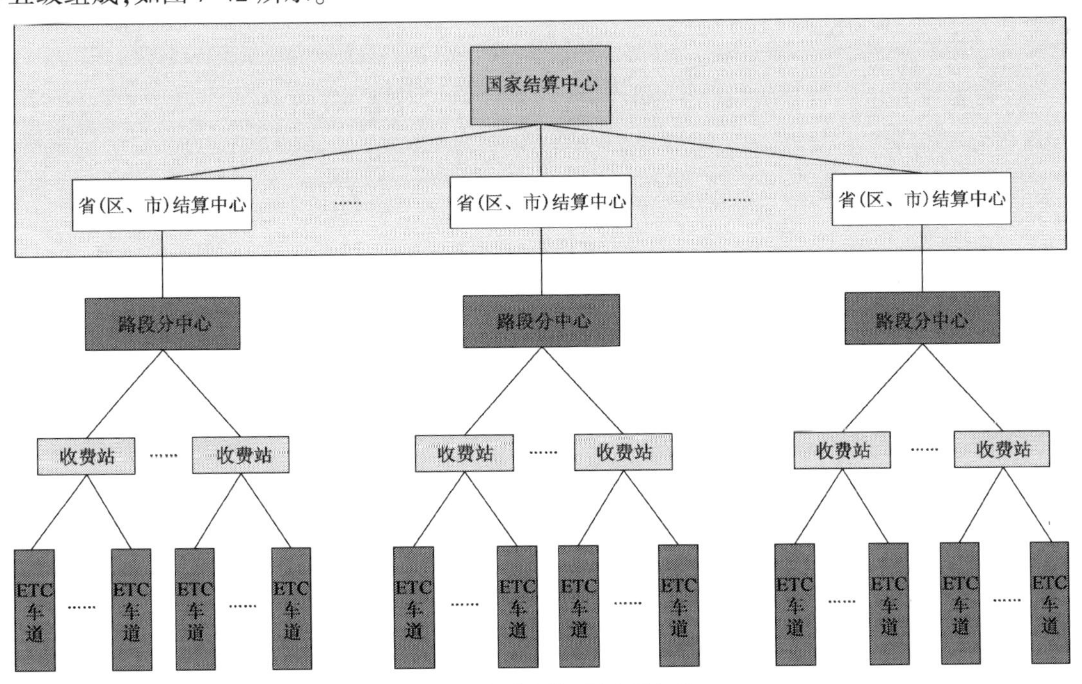

图 7-42 车道监控系统部署架构

②业务功能。

a. 功能说明：

(a)数据由省(区、市)收费站货车 ETC 车道系统产生，并由公路收费方发起经各省(区、市)清分方向国家结算中心发送车道状态数据，包括成功的与不成功的交易统计、名单更新历史和车道开、关道历史等数据。

(b)数据传输使用现有传输网络，经各级分中心(或其他层级中间机构)上传至省(区、市)结算中心，省(区、市)结算中心对数据进行处理封装后，将记录文件打包传至全国中心安全文件传输协议(SFTP)服务器，通过对数据进行批量处理后，实现对省(区、市)收费站的监测评价。

b. 业务处理：

a)国家结算中心通过系统各功能模块，对省(区、市)收费站货车 ETC 车道系统运行数据进行分析，具体指标有：

(a)车道的交易成功率；

(b)各厂商电子标签的交易成功率；

(c)天线和各厂商电子标签的兼容性对比；

(d)车道交易耗时；

(e)各厂商电子标签的交易耗时；

(f)车道服务时间；

(g)车道黑名单(全量、增量)更新信息等；

(h)计重系统准确率和计重耗时(预留)。

b)在货车 ETC 车道提取相关信息，形成上传国家结算中心的数据，由根节点至子节点应包括以下内容。

(a)消息包信息：省级清分方编码、报告日期、统计时间、收费服务方信息。

(b)收费服务方信息：公路收费方编号、路网信息、路网编号、收费站/广场信息、收费站/广场编号、车道信息。

(c)车道信息：车道号、车道类型、黑名单更新历史、车道开关历史、RSU 信息、交易信息、计重信息。

(d)黑名单更新历史：黑名单项的发行方编码、版本号、接收时间。

(e)车道开关历史：车道开启分钟数、开/关道时间信息、车道开启时间、车道关闭时间。

(f)RSU 信息：RSU 厂商代码、RSU 型号、RSU 软件版本。

(g)交易统计信息：总交易数量、成功交易数量、逻辑失败交易数量、正常执行写卡等操作但最终交易失败的数量、无标签(或漏读)车数量、逻辑失败类型、当前逻辑失败类型的数量。

(h)当前车道的交易统计信息：按发行方分组的交易信息、发行方编码、该发行方发行的 OBU 交易统计信息、当前发行方发行的不同厂商的 OBU 统计信息、OBU 厂商代码、成功交易的平均交易时间。

(i)计重系统信息：计重系统厂商代码、计重系统型号、计重系统软件版本。

c)关键指标定义(表 7-4)。

关键指标定义　　表7-4

指标名称	指标定义
总交易数量	总交易数是检测到 OBU 的所有车辆数
车道总流量	进入车道交易区域的正向行驶车辆总数
货车 ETC 车道交易成功率	货车 ETC 用户交易成功的次数/总交易数量
货车 ETC 车道通过率	货车 ETC 用户交易成功并通过的次数/车道总流量
逻辑通过率	货车 ETC 用户交易成功的次数/(总交易数量 - 逻辑失败交易数量)
各省发行方电子标签交易成功率	某省发行方电子标签的成功交易的次数/该省发行方电子标签的总交易次数
各厂商电子标签交易成功率	某厂商电子标签的成功交易的次数/该厂商电子标签的总交易次数
各省发行方各厂商电子标签交易成功率	某省发行方某厂商电子标签的成功交易次数/该省发行方某厂商电子标签的总交易次数
车道交易平均耗时	在一定时间范围内(车道统计日当天 0:00—23:59:59),某条车道成功交易的总时间/该车道的成功交易次数。(注:某条车道成功交易的总时间指 B_2 到 B_5 的时间)
各厂商电子标签的交易耗时	某厂商电子标签的成功交易的总时间/该厂商电子标签的成功交易次数
货车 ETC 车道服务时间	在一定时间范围内(车道统计日当天 0:00—23:59:59),某条车道的服务时间,单位为分钟(通过数据上传判断是否在服务)。其计算公式为[车道关闭时间(s) - 车道开启时间(s)]/60,若为小数则按四舍五入取整
车道黑名单(全量、增量)更新信息	车道正在使用的各发行方的黑名单版本号及该版本的接收时间。在一天内,车道可能接收到同一发行方的多个黑名单,记录接收到的各发行方发送的最新版本号及时间
各厂商计重准确率	在一定时间范围内(车道统计日当天 0:00—23:59:59),统计某条车道计重系统准确率,现场获取轴型信息与实际车辆轴型信息的比例

d)数据交换网络结构图(图7-43)。

(2)车道设备监控

①功能说明:

货车 ETC 车道系统提供远程监控接口,监测货车 ETC 车道设备的运营状态和性能状态,并由上级监控系统进行管理和展示。

设备监控,包括天线、车检器、电动栏杆机、费额显示器、通行信号、车牌识别仪,计重系统等,实时获取每个车道每个设备的状态并用通与断的图标进行直观显示,此外,还能查询统计出每个车道每个设备的故障情况及时间。

性能监控:对每个货车 ETC 车道的一些运营参数进行监测,如平均交易时间、车道重启次数、过车成功率、交易连续失败、计重准确率等,并将异常情况进行实时提醒;对计重收费关键参数进行监测及自动校正,确保各车道之间秤台数据保持相对平衡。

②业务流程:

(1)当车道状态发生改变时,车道程序生成数据,对车道状态变化进行记录。

(2)车道程序将数据实时上传至站级或路段中心。

(3)站级或路段中心接收数据,实现对车道状态的监控。

(4)车道状态数据实时上传至站级。

(5)若出现网络断开情况,车道程序会将记录车道状态的数据以临时文件方式进行保存。待网络恢复后,临时文件内容会自动上传至站级或路段中心。

具体设计详见“附录二:货车 ETC 车道监测信息数据字典”。

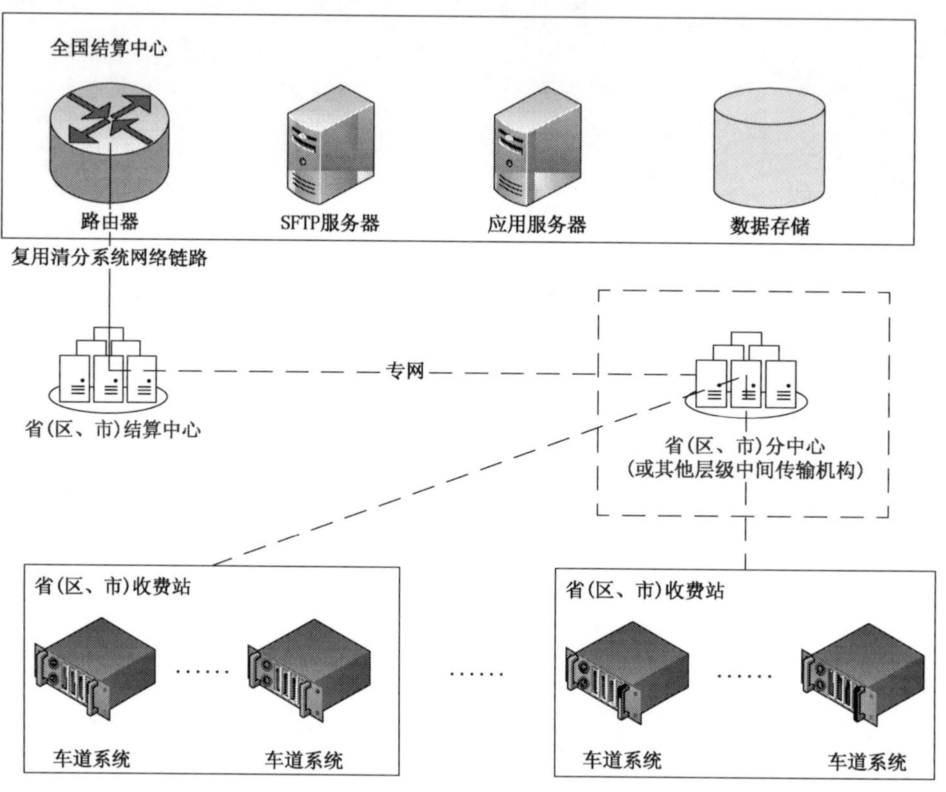

图 7-43　数据交换网络结构图

7)系统管理功能

(1)功能要求(可选)

功能说明:

为方便操作员维护车道数据,对于使用了数据库作为备份的车道系统,需具备导入参数、导出流水等功能;为了方便查看车道运行情况,需要支持查询参数和流水。货车 ETC 车道系统可提供功能菜单,包括:

a. 参数导入,用于使用数据库作为存储的车道系统在网络连接异常时手动导入下发参数;

b. 流水导出,用于使了数据库作为存储的车道系统在网络异常时手动将交易流水导出成文件,方便线下通过其他方式传输;

c. 参数查询,查询当前在用的参数版本信息,用于检查参数版本是否符合要求;

d. 流水查询,可查询最近交易流水,方便操作员了解最近交易情况。

(2)系统要求

功能说明:

为方便重启或关闭车道系统,提供系统管理功能,包括:

a. 退出程序;

b. 重启程序;

c. 关闭计算机;

d. 重启计算机。

(3)维护要求

功能说明:

为方便维护员调整天线功率,以及修改情报板显示,系统提供维护菜单,包括:

a. 修改天线功率:可手动调整天线功率值。

b. 修改情报板显示:可手动选择显示内容和颜色。

(4)快捷键

功能说明:

系统须具备的快捷键功能,具体见表 7-5。

快捷键功能 表 7-5

序号	功能	序号	功能
1	用于确认和上班操作	5	特殊放行(车辆通过后自动落杆)
2	取消	6	查询最近交易记录
3	抬杆(不会自动落杆)	7	下班
4	落杆	8	调出管理菜单

注:快捷键的键值可配置。

7.2.2.3 典型过车流程设计

货车 ETC 车道的过车流程主要涉及计重系统、天线模块,过车逻辑模块,队列模块,业务流程控制模块和费额显示模块等各模块的协调和处理。单天线双栏杆布局模式下,货车 ETC 车道的工作满足如下过程:

(1)当车辆进入计重区域,自动栏杆 1 落杆,当秤台向收费系统发送当前车辆计重信息后,自动栏杆 1 抬杆,继续放行下一辆车。

(2)当车辆进入天线交易区域时,天线将尝试获取车辆卡签信息;如果获取到车辆信息以及车辆计重信息,天线模块将向队列增加一个新的车辆元素,并尝试与标签进行交易。

(3)如果交易成功,车辆变为合法车,否则为异常车辆。

(4)车辆经过线圈 2,进入天线交易区,过车逻辑模块感应到车辆进入车道,如果在天线交易区域未检测到车辆或者未有车辆计重信息,此时增加一个异常车辆;触发车牌识别仪获取抓拍图片和车牌识别结果。

(5)车道系统根据队列中首个车辆元素的状态对费额显示器和栏杆机进行控制,如果完成交易则显示交易信息并抬杆放行,否则报警拦截。

(6)异常车辆进入车道后,可通过人工刷卡进行处理或者人工引出车道处理。

(7)当前车交易异常时,不允许后车进行交易。

以下为7个典型的过车处理流程。

1)单车过车流程

(1)一辆正常车处理流程

正常车辆车道时序逻辑如图7-44所示。

流程说明:

①车辆1进入计重区域,自动栏杆1落杆,秤台向收费系统发送计重数据后,自动栏杆1恢复初始状态;

②车辆进入线圈2触发抓拍识别(可配置);

③车辆进入天线交易区域,并完成交易;

④车道系统控制自动栏杆2抬起,通行信号灯转绿灯;

⑤车辆经过线圈3;

⑥车辆进入线圈4,触发通行信号灯转红灯;

⑦车辆离开线圈4,车道系统控制自动栏杆2落下。

(2)一辆无效车处理流程

无效车辆车道时序逻辑如图7-45所示。

流程说明:

①无效车进入线圈2触发抓拍识别(可配置);

②无效车进入天线交易区域;

③无效车进入线圈3,费额显示器的报警器报警,报警持续5s;

④无效车人工处理,系统控制通行信号灯转绿并自动栏杆2抬杆放行;

⑤车辆进入线圈4,通行信号灯转红灯;

⑥车辆离开线圈4,车道系统恢复正常。

备注:无效车是指天线检查不到标签或者通过计重区域无计重数据的车辆,对于天线能检测到标签的异常车辆,车道系统根据实际的状态进行实时报警拦截。

(3)一辆闯关车处理流程

无效闯关车车道时序逻辑如图7-46所示。

流程说明:

①车辆进入计重区域,自动栏杆1落杆,秤台向收费系统发送计重数据,自动栏杆1恢复初始状态;

②无效车进入线圈2触发抓拍识别(可配置);

③无效车进入天线交易区域;

④无效车进入线圈3,费额显示器的报警器报警,报警持续5s;

⑤无效车进入线圈4,IO报警,生成闯关记录;

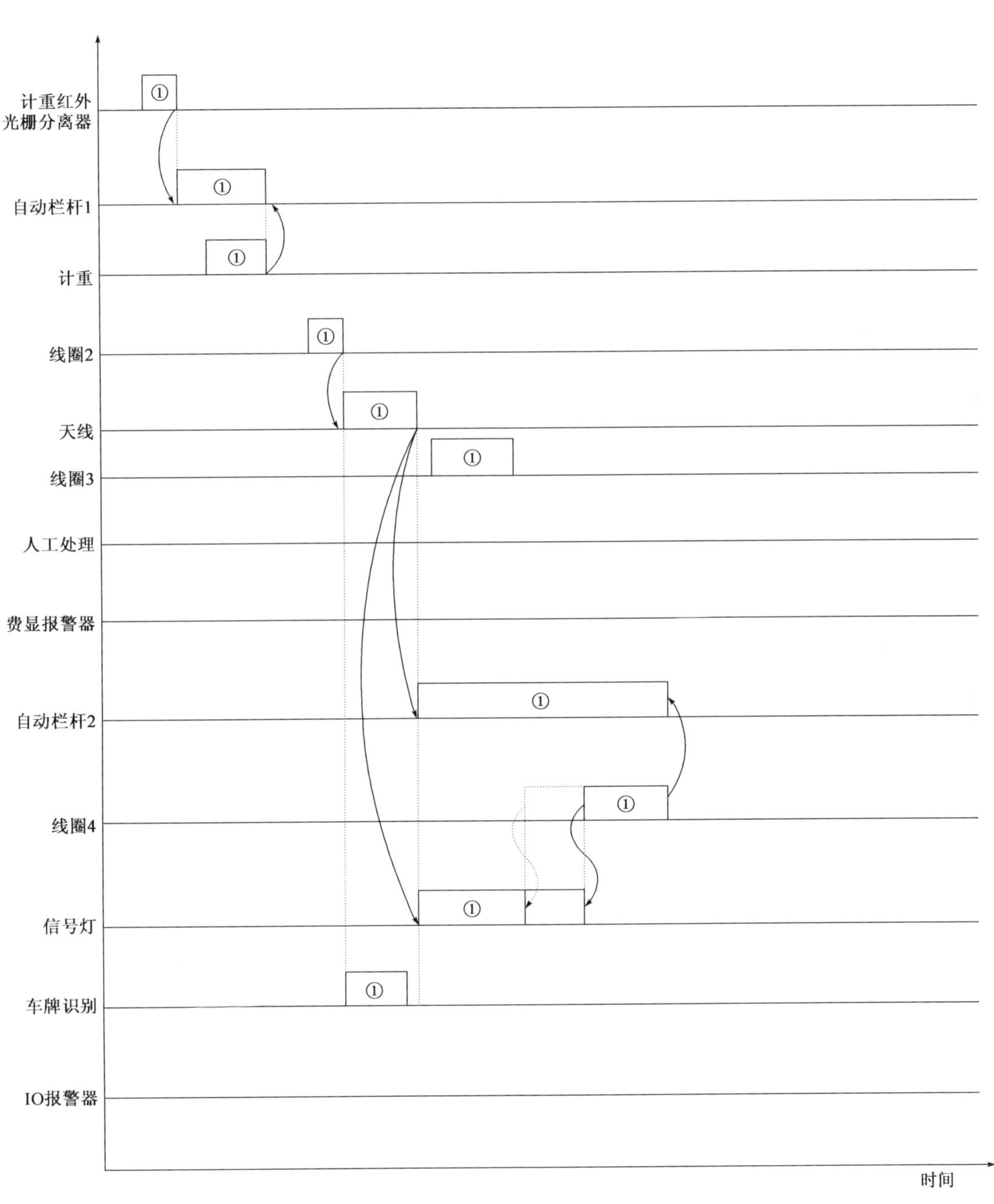

图7-44 正常车辆车道时序逻辑图

注:①表示车辆,余类同。

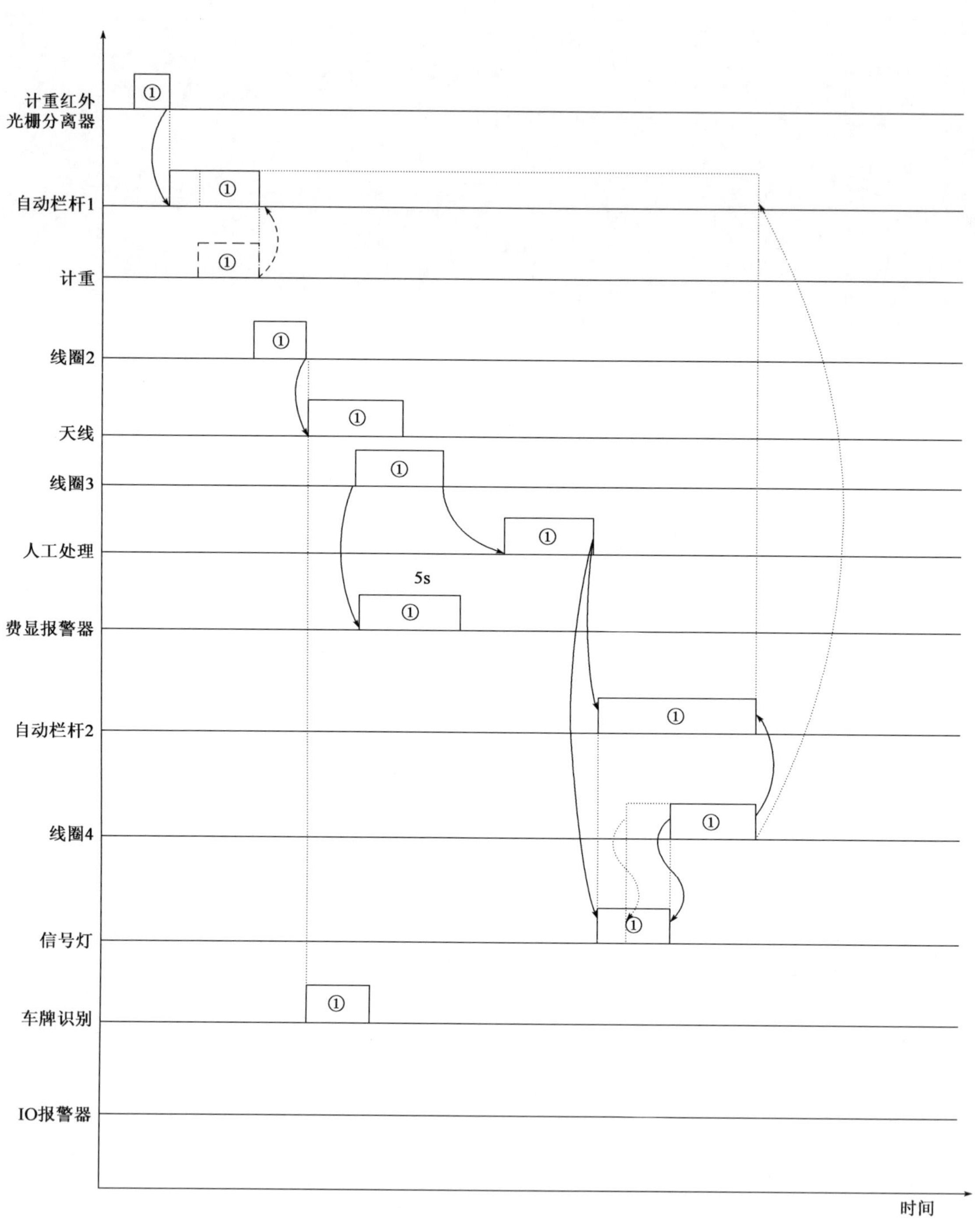

图 7-45　无效车辆车道时序逻辑图

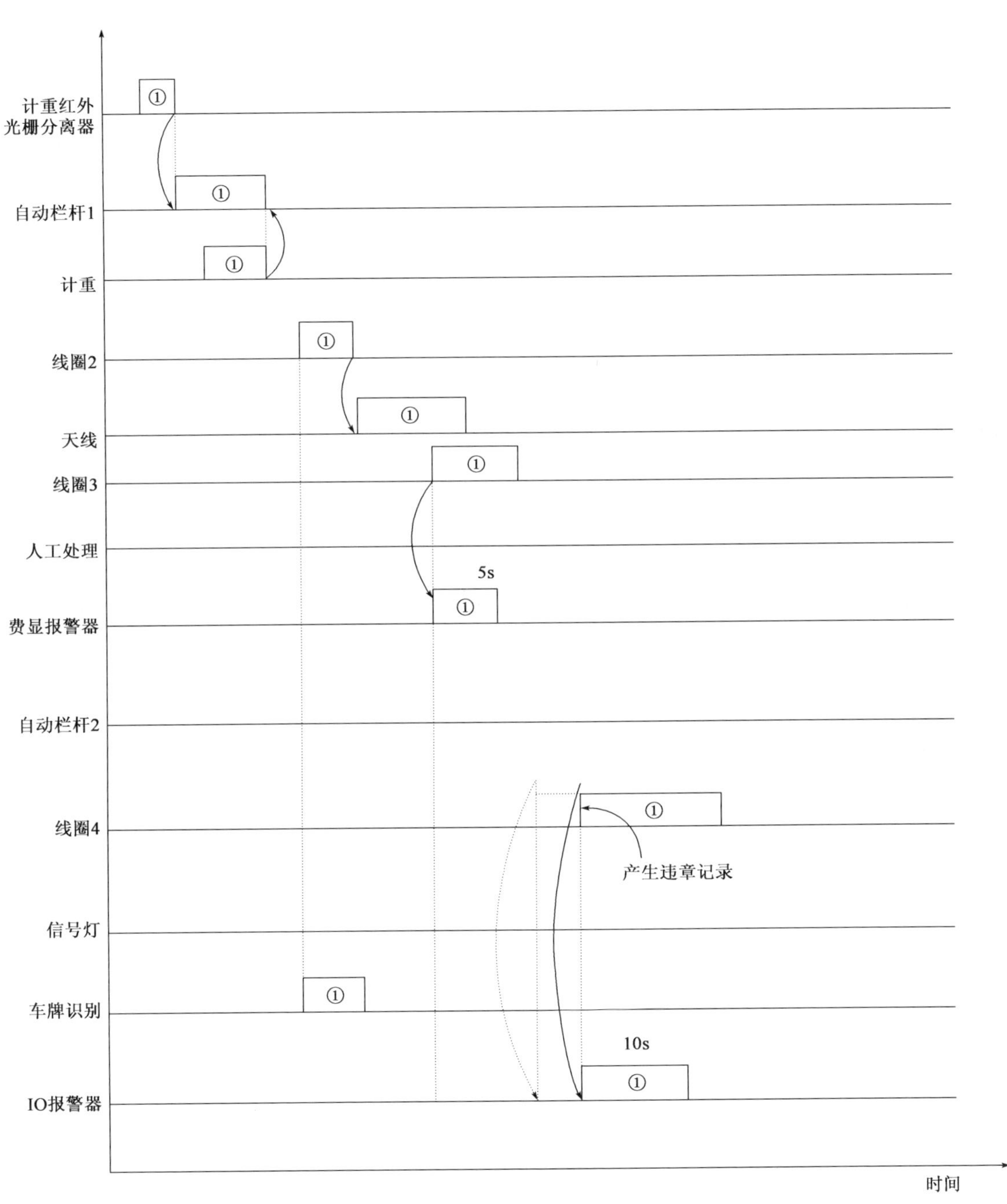

图7-46 无效闯关车车道时序逻辑图
注:10s 表示 10s 后报警器自动熄灭,下同。

⑥无效车离开线圈 4,车道系统恢复正常。

(4)一辆合法车交易后退出处理流程

合法车辆交易后车道时序逻辑如图 7-47 所示。

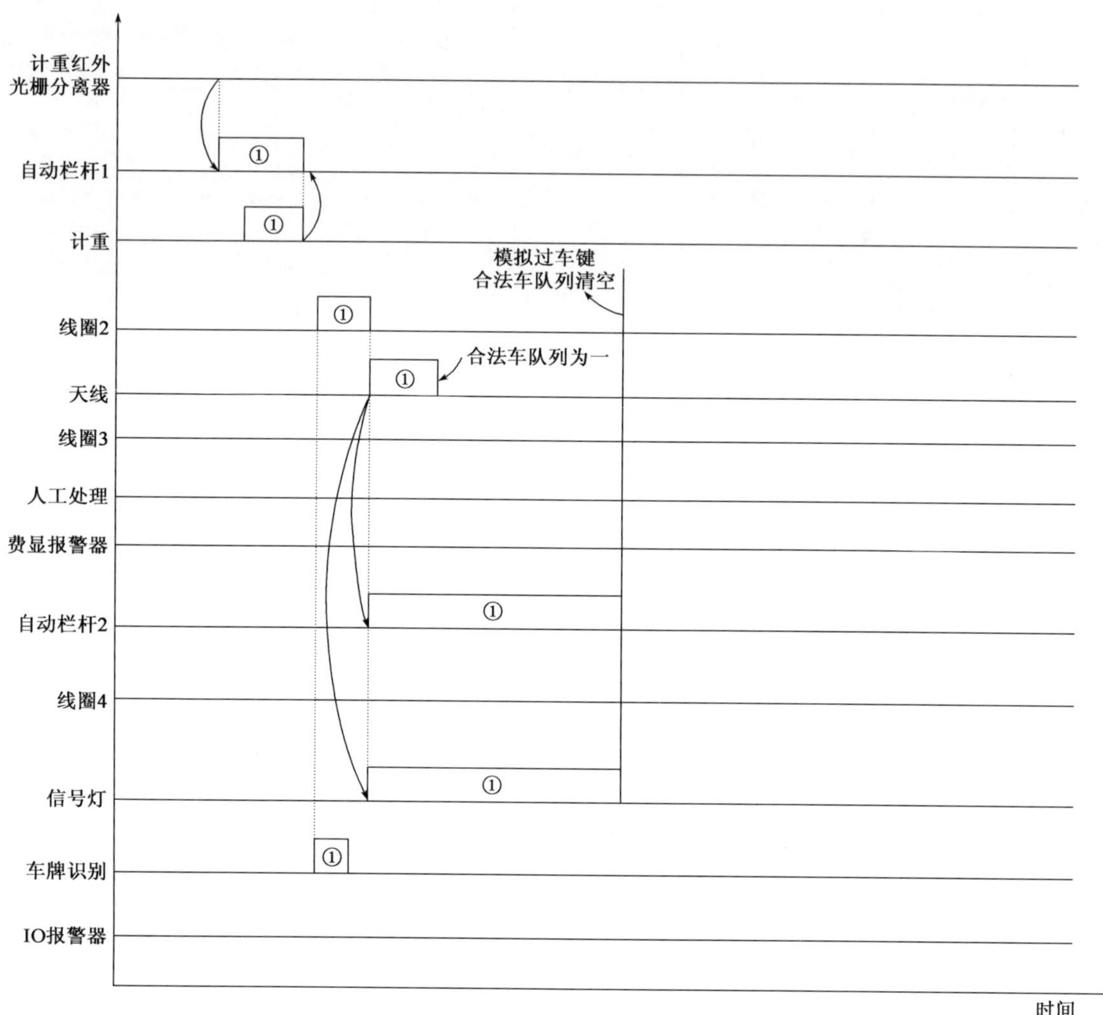

图 7-47　合法车辆交易后车道时序逻辑图

流程说明：

①车辆进入计重区域,自动栏杆 1 落杆,秤台向收费系统发送计重数据,自动栏杆 1 恢复初始状态;

②车辆进入线圈 2 触发抓拍识别(可配置);

③车辆进入天线交易区域,并完成交易;

④车道系统控制自动栏杆 2 抬起,通行信号灯转绿灯;

⑤车辆退出车道(未进入线圈 4);

⑥车道保持放行状态;

⑦人工模拟过车将合法队列清空；

⑧车道恢复正常。

2）两辆车过车流程

（1）两辆合法车跟随处理流程

两辆合法车辆车道时序逻辑如图7-48所示。

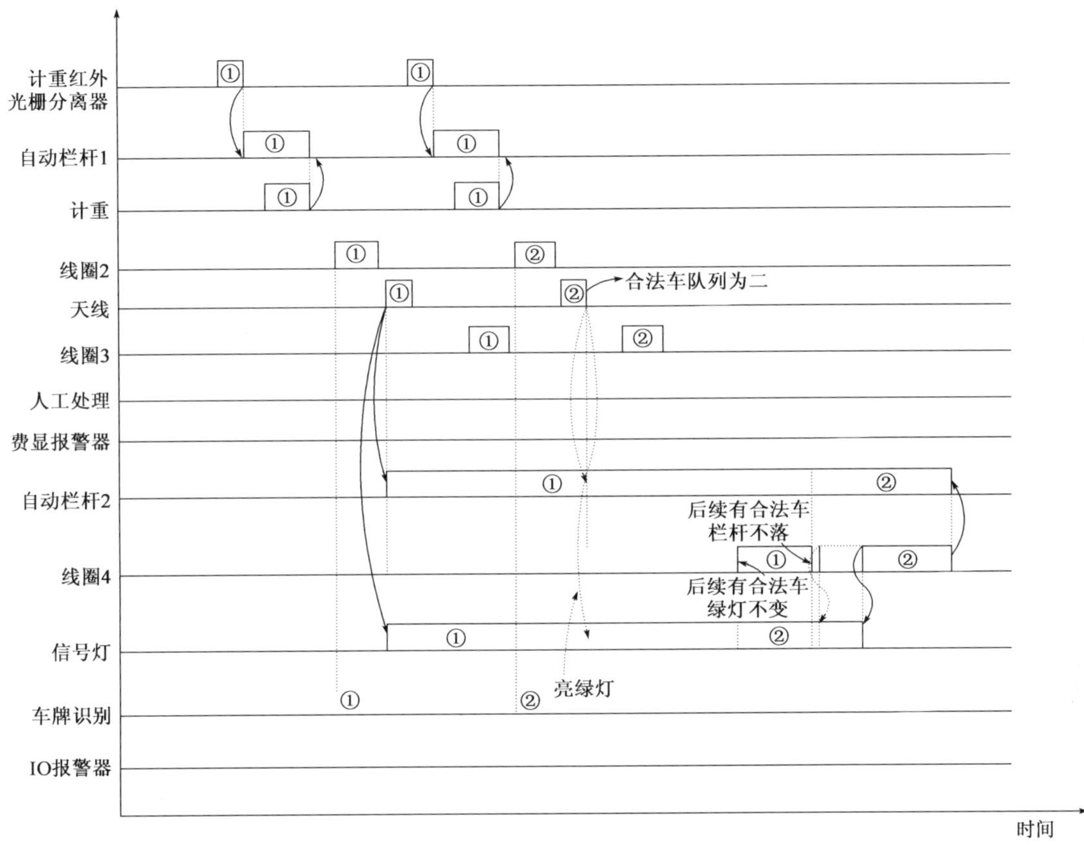

图7-48 两辆合法车辆车道时序逻辑图

注：①、②分别表示车辆1、车辆2，余类同。

流程说明：

①车辆1进入计重区域，自动栏杆1落杆，秤台向收费系统发送计重数据，自动栏杆1恢复初始状态；

②车辆1进入线圈2触发车牌识别（可配置）；

③车辆1进入天线交易区域，并完成交易；

④车道系统控制通行信号灯转绿灯，并自动栏杆2抬杆放行；

⑤车辆2进入计重区域，自动栏杆1落杆，秤台向收费系统发送计重数据，自动栏杆1恢复初始状态；

⑥车辆1经过线圈3；

⑦车辆2进入线圈2触发车牌识别(可配置);

⑧车辆2进入天线交易区域,并完成交易;

⑨车辆1进入线圈4;

⑩车道系统保持IO通行灯绿灯;

⑪车辆1离开线圈4,车道系统保持自动栏杆2打开;

⑫车辆2经过线圈3;

⑬车辆2进入线圈4,通行信号灯转红灯;

⑭车辆2离开线圈4,栏杆落下。

(2)前车合法、后车无效,无效车闯关处理流程

前车合法、后车无效,无效车闯关车道时序逻辑如图7-49所示。

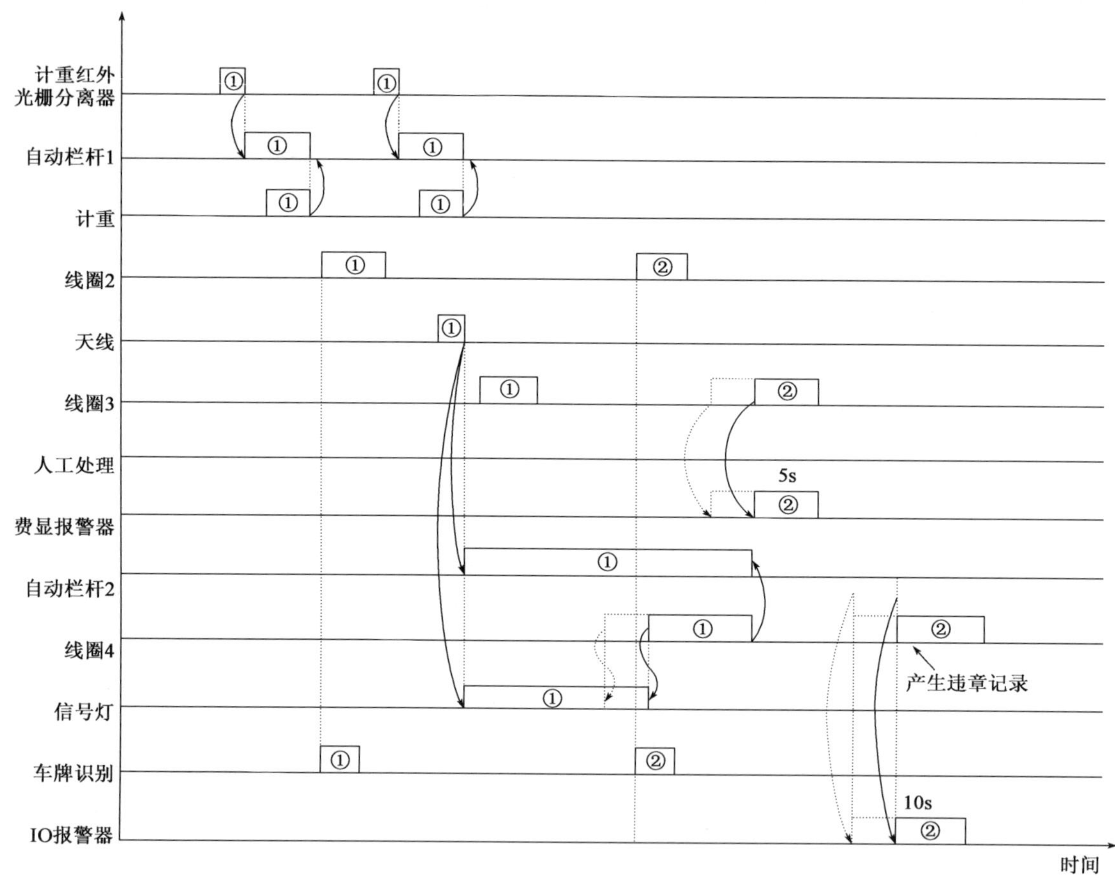

图7-49 前车合法、后车无效,无效车闯关车道时序逻辑图

流程说明:

①车辆1进入计重区域,自动栏杆1落杆,秤台向收费系统发送计重数据,自动栏杆1恢复初始状态;

②车辆1进入线圈2触发车牌识别(可配置);

③车辆 2 进入计重区域,自动栏杆 1 落杆,秤台向收费系统发送计重数据,自动栏杆 1 恢复初始状态;

④车辆 1 进入天线交易区域,并完成交易;

⑤车道系统控制通行信号灯转绿灯,并自动栏杆 2 抬杆放行;

⑥车辆 1 经过线圈 3;

⑦车辆 2 进入线圈 2 触发车牌识别(可配置);

⑧车辆 1 进入线圈 4,通行信号灯转红灯;

⑨车辆 1 离开线圈 4,自动栏杆 2 落下;

⑩车辆 2 进入线圈 3,触发费额显示器的报警器;

⑪车辆 2 进入线圈 4,触发 IO 报警器报警并生成闯关记录;

⑫车辆 2 离开线圈 4,车道系统恢复正常。

(3)前车无效、后车合法,前车人工处理流程

前车无效、后车合法,前车人工处理车道时序逻辑如图 7-50 所示。

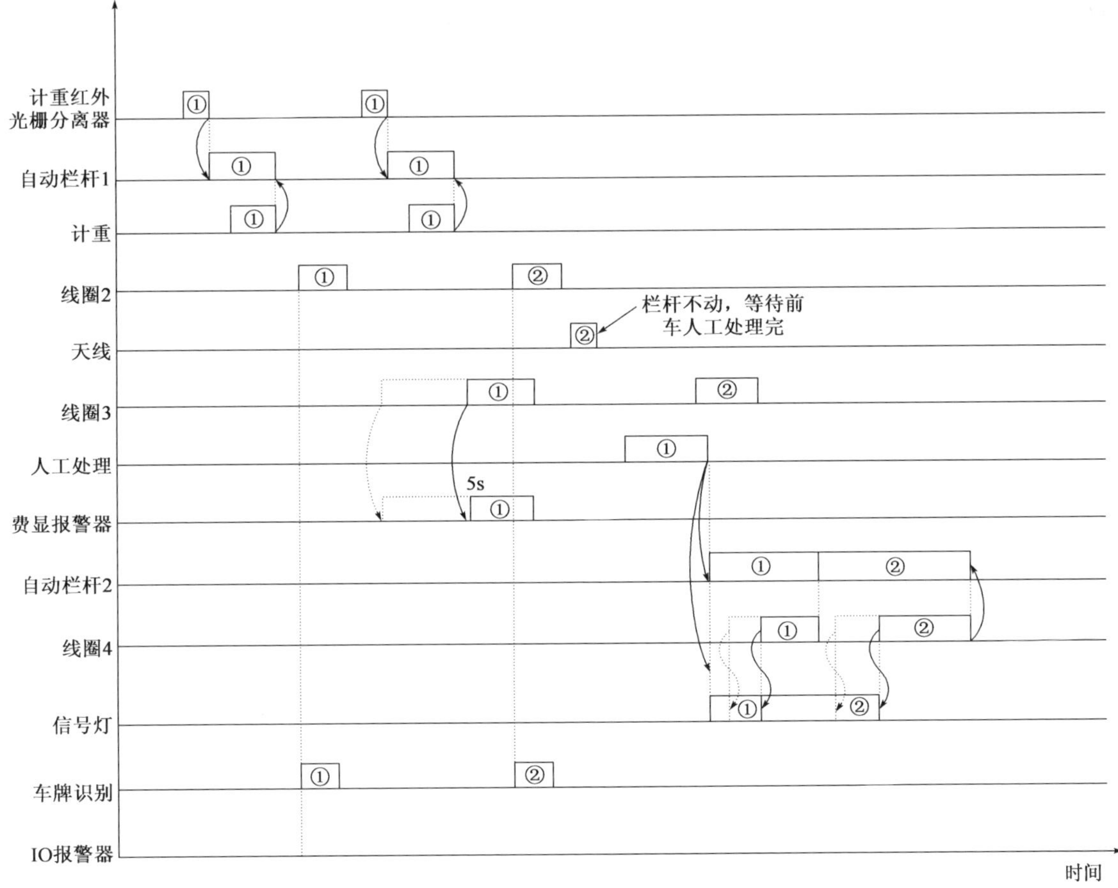

图 7-50　前车无效、后车合法,前车人工处理车道时序逻辑图

流程说明:

①车辆 1 进入计重区域,自动栏杆 1 落杆,秤台向收费系统发送计重数据,自动栏杆 1 恢

复初始状态；

②车辆1进入线圈2触发车牌识别(可配置)；

③车辆2进入计重区域,自动栏杆1落杆,秤台向收费系统发送计重数据,自动栏杆1恢复初始状态；

④车辆1进入线圈3,触发费额显示器报警；

⑤车辆2进入线圈2触发车牌识别(可配置)；

⑥车辆2进入天线交易区域,不进行交易；

⑦系统根据车辆1状态保持通行信号灯红灯、自动栏杆2关闭；

⑧人工处理车辆1,系统抬杆,通行信号灯转绿；

⑨车辆2在天线交易区域完成交易；

⑩车辆1进入线圈4,系统根据车辆2保持通行信号灯绿灯；

⑪车辆1离开线圈4,系统根据车辆2保持自动栏杆2打开；

⑫车辆2进入线圈4,通行信号灯转红灯；

⑬车辆2离开线圈4,自动栏杆2落下。

(4)前车无效、后车合法,无效车闯关处理流程

前车无效、后车合法,无效车闯关车道时序逻辑如图7-51所示。

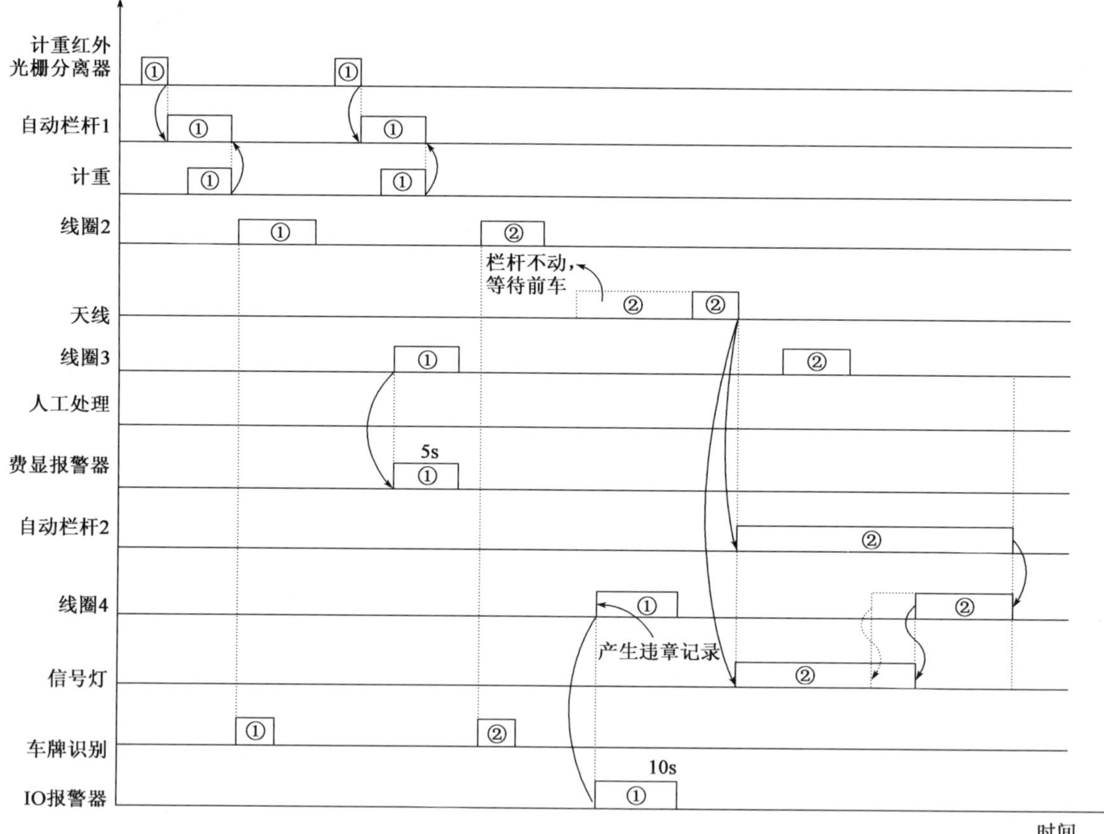

图7-51 前车无效、后车合法,无效车闯关车道时序逻辑图

流程说明：

①车辆1进入计重区域，自动栏杆1落杆，秤台向收费系统发送计重数据，自动栏杆1恢复初始状态；

②车辆1进入线圈2触发车牌识别（可配置）；

③车辆2进入计重区域，自动栏杆1落杆，秤台向收费系统发送计重数据，自动栏杆1恢复初始状态；

④车辆1进入线圈3，触发费额显示器的报警器；

⑤车辆2进入线圈2触发车牌识别（可配置）；

⑥车辆2进入天线交易区域，不进行交易；

⑦保持通行信号灯红灯、自动栏杆2关闭，等待车辆1人工处理；

⑧车辆1进入线圈4触发IO报警并生成闯关记录；

⑨车辆1离开线圈4；

⑩车辆2在交易区域完成交易；

⑪车道系统根据车辆2的通行状态控制自动栏杆2抬起，信号灯转绿灯；

⑫车辆2经过线圈3；

⑬车辆2进入线圈4，通行信号灯转红灯；

⑭车辆2离开线圈4，自动栏杆2落下。

7.2.2.4 报警模块设计

1）报警内容

货车ETC费额显示器报警模块可根据车道系统的运行情况进行报警提示，为车主和收费员提供友好的指引。当系统需要报警提示时，根据业务处理的情况，若存在车牌则将其显示到费额显示器第一行（优先使用标签的车牌；如无则使用识别车牌）。系统将相关信息记录到车道日志，方便事后查看。提示信息详见5.3节相关内容。

2）报警控制

货车ETC车道费额显示器位于天线交易区域后端。当车辆在天线交易区域完成交易或出现异常时，费额显示器报警提示，并持续显示5s（可配置）；当无效车辆通过落杆车检器时，信息提示屏提示车辆闯关，IO报警器报警，并持续10s（可配置）。

7.2.3 外部接口设计

7.2.3.1 与数据采集服务接口

通过套接字（socket）以文件的方式，发送车道交易信息、设备运行状态、车交易合计数、状态名单信息等，数据生成格式具体详见“附录二货车ETC车道监测信息数据字典”。

7.2.3.2 设备控制接口

1）计重系统控制接口

具体协议参考“第9章计重系统通信协议”。

2)天线控制接口

具体接口协议参考“第 8 章 PC-RSU 接口规范”。

3)IO 卡控制接口

功能:获取车检器 IO 信号输入,控制栏杆,通行灯等 IO 输出。

(1)打开设备(表 7-6)

打 开 设 备 表 7-6

<table>
<tr><td>函数描述</td><td colspan="5">int IO_Open(
int nType,
char * sParas
)</td></tr>
<tr><td rowspan="2">返回值</td><td colspan="2">返回值类型</td><td colspan="3">返回值说明</td></tr>
<tr><td colspan="2">int</td><td colspan="3">· >0 打开设备成功,返回值为设备句柄号
· -100 设备无响应
· -1000 传入参数错误
· -1001 设备被占用
· -1002 设备打开失败
· -2000 其他错误</td></tr>
<tr><td rowspan="3">参数</td><td>出入</td><td>参数名称</td><td>类型</td><td>长度</td><td>含义</td></tr>
<tr><td rowspan="2">输入</td><td>nType</td><td>int</td><td>4</td><td>连接方式:0 = 板卡,1 = 串口,2 = USB 串口</td></tr>
<tr><td>sParas</td><td>char *</td><td>n</td><td>连接信息,如下:
· 板卡:“设备名称”
例如:paras = “PCL-1761”
· 串口:"串口"
例如:paras = “COM1”
· U 口:"U 口"
例如:paras = “USB1”</td></tr>
<tr><td>功能</td><td colspan="5">主机与设备建立连接</td></tr>
<tr><td>备注</td><td colspan="5"></td></tr>
</table>

(2)关闭设备(表 7-7)

关 闭 设 备 表 7-7

<table>
<tr><td>函数描述</td><td colspan="2">int IO_Close(intnHandle)</td></tr>
<tr><td rowspan="2">返回值</td><td>返回值类型</td><td>返回值说明</td></tr>
<tr><td>int</td><td>· 0 关闭设备成功
· -100 设备无响应
· -1000 传入参数错误
· -2000 其他错误</td></tr>
</table>

续上表

参数	出入	参数名称	类型	长度	含义
	输入	nHandle	int	4	设备句柄
功能	主机与设备断开连接				
备注					

(3)获取输入(表7-8)

获 取 输 入　　表7-8

<table>
<tr><td>函数描述</td><td colspan="5">int IO_GetInput(
　　int nHandle,
　　int * pStatus
　　)</td></tr>
<tr><td rowspan="2">返回值</td><td colspan="2">返回值类型</td><td colspan="3">返回值说明</td></tr>
<tr><td colspan="2">int</td><td colspan="3">· 0　操作成功
· -100　设备无响应
· -1000　传入参数错误
· -2000　其他错误</td></tr>
<tr><td rowspan="3">参数</td><td>出入</td><td>参数名称</td><td>类型</td><td>长度</td><td>含义</td></tr>
<tr><td>输入</td><td>nHandle</td><td>int</td><td>4</td><td>设备句柄</td></tr>
<tr><td>输出</td><td>pStatus</td><td>int *</td><td>4</td><td>返回输入状态:按位表示,低位表示小序号IO口</td></tr>
<tr><td>功能</td><td colspan="5">获取设备输入状态</td></tr>
<tr><td>备注</td><td colspan="5"></td></tr>
</table>

(4)获取位输入(表7-9)

获 取 位 输 入　　表7-9

<table>
<tr><td>函数描述</td><td>int IO_GetInputBit(
　　intnHandle,
　　int nPort,
　　int * pBitStatus
　　)</td></tr>
</table>

续上表

<table>
<tr><td rowspan="2">返回值</td><td colspan="2">返回值类型</td><td colspan="3">返回值说明</td></tr>
<tr><td colspan="2">int</td><td colspan="3">·0 操作成功
· -100 设备无响应
· -1000 传入参数错误
· -2000 其他错误</td></tr>
<tr><td rowspan="4">参数</td><td>出入</td><td>参数名称</td><td>类型</td><td>长度</td><td>含义</td></tr>
<tr><td rowspan="2">输入</td><td>nHandle</td><td>int</td><td>4</td><td>设备句柄</td></tr>
<tr><td>nPort</td><td>int</td><td>4</td><td>端口号</td></tr>
<tr><td>输出</td><td>pBitStatus</td><td>int *</td><td>4</td><td>返回指定位的输入状态</td></tr>
<tr><td>功能</td><td colspan="5">获取设备输入状态</td></tr>
<tr><td>备注</td><td colspan="5"></td></tr>
</table>

(5)控制输出(表7-10)

控 制 输 出 表7-10

<table>
<tr><td>函数描述</td><td colspan="5">int IO_SetOutput(
int nHandle,
int nStatus
)</td></tr>
<tr><td rowspan="2">返回值</td><td colspan="2">返回值类型</td><td colspan="3">返回值说明</td></tr>
<tr><td colspan="2">int</td><td colspan="3">·0 操作成功
· -100 设备无响应
· -1000 传入参数错误
· -2000 其他错误</td></tr>
<tr><td rowspan="3">参数</td><td>出入</td><td>参数名称</td><td>类型</td><td>长度</td><td>含义</td></tr>
<tr><td rowspan="2">输入</td><td>nHandle</td><td>int</td><td>4</td><td>端口句柄号</td></tr>
<tr><td>nStatus</td><td>int</td><td>4</td><td>输出控制:按位表示,低位表示小序号IO口</td></tr>
<tr><td>功能</td><td colspan="5">控制设备输出</td></tr>
<tr><td>备注</td><td colspan="5"></td></tr>
</table>

(6)控制位输出(表7-11)

控 制 位 输 出 表7-11

<table>
<tr><td>函数描述</td><td>int IO_SetOutputBit(
int nHandle,
int nPort
int nBitStatus
)</td></tr>
</table>

续上表

返回值	返回值类型		返回值说明		
	int		·0　操作成功 · -100　设备无响应 · -1000　传入参数错误 · -2000　其他错误		
参数	出入	参数名称	类型	长度	含义
	输入	nHandle	int	4	端口句柄号
		nPort	int	4	端口号
		nBitStatus	int	4	输出位状态
功能	控制设备输出				
备注					

(7)设置IO输入状态回调(表7-12)

设置IO输入状态回调　　表7-12

函数描述	int IO_SetCallBack(int nHandle, CBFun_OnIOChanged pFunc, void * pUser)				
返回值	返回值类型		返回值说明		
	int		·0　操作成功 · -100　设备无响应 · -1000　传入参数错误 · -2000　其他错误		
参数	出入	参数名称	类型	长度	含义
	输入	nHandle	int	4	设备句柄
		pFunc	CBFun_OnIOChanged	4	识别结果回调函数 为NULL时取消回调
		pUser	void *	4	用户自定义数据
功能	获得识别结果触发回调函数				
备注	参考CBFun_OnIOChanged				

(8)输入结果回调定义(CBFun_GetIOStatus,表7-13)

输入结果回调定义 表7-13

<table>
<tr><td>函数描述</td><td colspan="5">typedef void (* CBFun_OnIOChanged)(
int nHandle,
int nDevStatus,
int nIOStatus,
void * pUser
)</td></tr>
<tr><td rowspan="2">返回值</td><td colspan="2">返回值类型</td><td colspan="3">返回值说明</td></tr>
<tr><td colspan="2">void</td><td colspan="3">—</td></tr>
<tr><td rowspan="5">参数</td><td>出入</td><td>参数名称</td><td>类型</td><td>长度</td><td>含义</td></tr>
<tr><td rowspan="4">输入</td><td>nHandle</td><td>int</td><td>4</td><td>设备句柄</td></tr>
<tr><td>nDevStatus</td><td>int</td><td>4</td><td>设备状态</td></tr>
<tr><td>nIOStatus</td><td>int</td><td>4</td><td>输入状态</td></tr>
<tr><td>pUser</td><td>void *</td><td>4</td><td>用户自定义数据</td></tr>
<tr><td>功能</td><td colspan="5">获取设备输入状态</td></tr>
<tr><td>备注</td><td colspan="5"></td></tr>
</table>

(9)手动获取设备运行状态(表7-14)

手动获取设备运行状态 表7-14

<table>
<tr><td>函数描述</td><td colspan="5">int IO_GetDevStatus(
int nHandle,
int * pDevStatus
)</td></tr>
<tr><td rowspan="2">返回值</td><td colspan="2">返回值类型</td><td colspan="3">返回值说明</td></tr>
<tr><td colspan="2">int</td><td colspan="3">· 0 操作成功
· -100 设备无响应
· -1000 传入参数错误
· -2000 其他错误</td></tr>
<tr><td rowspan="3">参数</td><td>出入</td><td>参数名称</td><td>类型</td><td>长度</td><td>含义</td></tr>
<tr><td>输入</td><td>nHandle</td><td>int</td><td>4</td><td>设备句柄</td></tr>
<tr><td>输出</td><td>pDevStatus</td><td>int *</td><td>4</td><td>设备状态</td></tr>
<tr><td>功能</td><td colspan="5">获取设备运行状态</td></tr>
<tr><td>备注</td><td colspan="5">最高支持32位的输入</td></tr>
</table>

(10)获取错误码详细描述(表 7-15)

获取错误码详细描述 表 7-15

<table>
<tr><td>函数描述</td><td colspan="5">int IO_GetStatusMsg(
int nStatusCode,
char * sStatusMsg,
int nStatusMsgLen
)</td></tr>
<tr><td rowspan="2">返回值</td><td colspan="2">返回值类型</td><td colspan="3">返回值说明</td></tr>
<tr><td colspan="2">int</td><td colspan="3">· 0 操作成功
· -100 设备无响应
· -1000 传入参数错误
· -2000 其他错误</td></tr>
<tr><td rowspan="4">参数</td><td>出入</td><td>参数名称</td><td>类型</td><td>长度</td><td>含义</td></tr>
<tr><td>输入</td><td>nStatusCode</td><td>int</td><td>4</td><td>错误码</td></tr>
<tr><td>输出</td><td>sStatusMsg</td><td>char *</td><td>n</td><td>错误码信息缓存地址</td></tr>
<tr><td>输入</td><td>nStatusMsgLen</td><td>int</td><td>4</td><td>错误码信息缓存长度</td></tr>
<tr><td>功能</td><td colspan="5">查询错误码详细描述</td></tr>
<tr><td>备注</td><td colspan="5"></td></tr>
</table>

(11)获取 IO 卡版本信息(表 7-16)

获取 IO 卡版本信息 表 7-16

<table>
<tr><td>函数描述</td><td colspan="5">int IO_GetHWVersion(
int nHandle
char * sHWVersion,
int nHWVerMaxLen,
char * sAPIVersion,
int nAPIVerMaxLen
)</td></tr>
<tr><td rowspan="2">返回值</td><td colspan="2">返回值类型</td><td colspan="3">返回值说明</td></tr>
<tr><td colspan="2">int</td><td colspan="3">· 0 获取设备信息成功
· -100 设备无响应
· -1000 传入参数错误
· -2000 其他错误</td></tr>
<tr><td rowspan="6">参数</td><td>出入</td><td>参数名称</td><td>类型</td><td>长度</td><td>含义</td></tr>
<tr><td>输入</td><td>nHandle</td><td>int</td><td>4</td><td>设备句柄号</td></tr>
<tr><td>输出</td><td>sHWVersion</td><td>char *</td><td>n</td><td>硬件版本信息</td></tr>
<tr><td>输入</td><td>nHWVerMaxLen</td><td>int</td><td>4</td><td>硬件版本信息缓存最大长度</td></tr>
<tr><td>输出</td><td>sAPIVersion</td><td>char *</td><td>n</td><td>设备固件版本信息</td></tr>
<tr><td>输入</td><td>nAPIVerMaxLen</td><td>int</td><td>4</td><td>设备固件版本信息缓存最大长度</td></tr>
<tr><td>功能</td><td colspan="5">获取设备的硬件版本和固件版本</td></tr>
<tr><td>备注</td><td colspan="5"></td></tr>
</table>

(12) IO 卡控制接口错误码(表 7-17)

IO 卡控制接口错误码　　表 7-17

错误码	错误描述
0	正常
-100	设备无响应
-1000	传入参数错误
-1001	设备被占用
-1002	打开失败
-2000	其他错误
-2000 以上	预留

4) 车牌识别控制接口

功能:获取车牌识别结果。

(1) 资源初始化(表 7-18)

资源初始化　　表 7-18

函数描述	int VLPR_Init( )				
返回值	返回值类型		返回值说明		
	int		·0 操作成功 · -100 设备无响应 · -2000 其他错误		
参数	出入	参数名称	类型	长度	含义
功能	申请足够的内存空间,保证后续运作				
备注					

(2) 释放资源(表 7-19)

释放资源　　表 7-19

函数描述	int VLPR_Deinit( )				
返回值	返回值类型		返回值说明		
	int		·0 操作成功 · -100 设备无响应 · -2000 其他错误		
参数	出入	参数名称	类型	长度	含义
功能	释放内存空间				
备注					

(3)连接设备(表7-20)

连 接 设 备 表7-20

<table>
<tr><td>函数描述</td><td colspan="5">intVLPR_Login(
int nType,
char * sParas
)</td></tr>
<tr><td rowspan="2">返回值</td><td colspan="2">返回值类型</td><td colspan="3">返回值说明</td></tr>
<tr><td colspan="2">int</td><td colspan="3">· >0 打开设备成功,返回值为设备句柄号
· -100 设备无响应
· -1000 传入参数错误
· -1001 设备被占用
· -1002 设备打开失败
· -2000 其他错误</td></tr>
<tr><td rowspan="3">参数</td><td>出入</td><td>参数名称</td><td>类型</td><td>长度</td><td>含义</td></tr>
<tr><td rowspan="2">输入</td><td>nType</td><td>int</td><td>4</td><td>连接方式:0 = 串口,1 = 网络连接</td></tr>
<tr><td>sParas</td><td>char *</td><td>n</td><td>连接信息:
-串口:填"串口号"
例"COM1"
-网络:填"网址,端口,用户名,密码"
例"192.168.0.11,8000,admin,password"</td></tr>
<tr><td>功能</td><td colspan="5">主机与设备建立连接</td></tr>
<tr><td>备注</td><td colspan="5"></td></tr>
</table>

(4)断开设备连接(表7-21)

断 开 设 备 连 接 表7-21

<table>
<tr><td>函数描述</td><td colspan="5">int VLPR_Logout(int nHandle)</td></tr>
<tr><td rowspan="2">返回值</td><td colspan="2">返回值类型</td><td colspan="3">返回值说明</td></tr>
<tr><td colspan="2">int</td><td colspan="3">·0 关闭设备成功
· -100 设备无响应
· -1000 传入参数错误
· -2000 其他错误</td></tr>
<tr><td rowspan="2">参数</td><td>出入</td><td>参数名称</td><td>类型</td><td>长度</td><td>含义</td></tr>
<tr><td>输入</td><td>nHandle</td><td>int</td><td>4</td><td>设备句柄</td></tr>
<tr><td>功能</td><td colspan="5">主机与设备断开连接</td></tr>
<tr><td>备注</td><td colspan="5"></td></tr>
</table>

(5)设置识别结果回调(表7-22)

设置识别结果回调 表7-22

<table>
<tr><td>函数描述</td><td colspan="5">int VLPR_SetResultCallBack(
int nHandle,
CBFun_GetRegResult pFunc,
void ＊pUser
)</td></tr>
<tr><td rowspan="2">返回值</td><td colspan="2">返回值类型</td><td colspan="3">返回值说明</td></tr>
<tr><td colspan="2">int</td><td colspan="3">·0 操作成功
·－100 设备无响应
·－1000 传入参数错误
·－2000 其他错误</td></tr>
<tr><td rowspan="4">参数</td><td>出入</td><td>参数名称</td><td>类型</td><td>长度</td><td>含义</td></tr>
<tr><td rowspan="3">输入</td><td>nHandle</td><td>int</td><td>4</td><td>设备句柄</td></tr>
<tr><td>pFunc</td><td>CBFun_RspRegResult</td><td>4</td><td>识别结果回调函数
NULL时,取消回调</td></tr>
<tr><td>pUser</td><td>void ＊</td><td>4</td><td>用户自定义数据</td></tr>
<tr><td>功能</td><td colspan="5">获得识别结果触发回调函数</td></tr>
<tr><td>备注</td><td colspan="5">参考CBFun_GetRegResult</td></tr>
</table>

(6)识别结果回调定义(CBFun_GetRegResult,见表7-23)

识别结果回调定义 表7-23

<table>
<tr><td>函数描述</td><td colspan="5">typedef void (＊CBFun_GetRegResult)(
int nHandle,
T_VLPINFO＊ pVlpResult
void ＊pUser
)</td></tr>
<tr><td rowspan="2">返回值</td><td colspan="2">返回值类型</td><td colspan="3">返回值说明</td></tr>
<tr><td colspan="2">void</td><td colspan="3">—</td></tr>
<tr><td rowspan="4">参数</td><td>出入</td><td>参数名称</td><td>类型</td><td>长度</td><td>含义</td></tr>
<tr><td rowspan="3">输入</td><td>nHandle</td><td>int</td><td>4</td><td>设备句柄</td></tr>
<tr><td>pVlpResult</td><td>T_VLPINFO ＊</td><td>4</td><td>识别结果结构体</td></tr>
<tr><td>pUser</td><td>void ＊</td><td>4</td><td>用户自定义数据</td></tr>
<tr><td>功能</td><td colspan="5">解析抓拍识别结果</td></tr>
<tr><td>备注</td><td colspan="5"></td></tr>
</table>

(7)设置设备状态回调(表7-24)

设置设备状态回调 表7-24

<table>
<tr><td>函数描述</td><td colspan="5">int VLPR_SetStatusCallBack(
int nHandle,
int nTimeInvl,
CBFun_GetDevStatus pFunc,
void * pUser
)</td></tr>
<tr><td rowspan="2">返回值</td><td colspan="2">返回值类型</td><td colspan="3">返回值说明</td></tr>
<tr><td colspan="2">int</td><td colspan="3">· 0 操作成功
· -100 设备无响应
· -1000 传入参数错误
· -2000 其他错误</td></tr>
<tr><td rowspan="5">参数</td><td>出入</td><td>参数名称</td><td>类型</td><td>长度</td><td>含义</td></tr>
<tr><td rowspan="4">输入</td><td>nHandle</td><td>int</td><td>4</td><td>设备句柄</td></tr>
<tr><td>nTimeInvl</td><td>int</td><td>4</td><td>状态汇报时间间隔</td></tr>
<tr><td>pFunc</td><td>CBFun_GetDevStatus</td><td>4</td><td>异常消息回调函数
func = NULL 时,取消回调</td></tr>
<tr><td>pUser</td><td>void *</td><td>4</td><td>用户自定义数据</td></tr>
<tr><td>功能</td><td colspan="5">设置回调,定时汇报设备运行状态,或当设备发生异常时则立即回调</td></tr>
<tr><td>备注</td><td colspan="5">参考 CBFun_GetDevStatus</td></tr>
</table>

(8)设备状态回调定义(CBFun_GetDevStatus,见表7-25)

设备状态回调定义 表7-25

<table>
<tr><td>函数描述</td><td colspan="5">typedef void (* CBFun_GetDevStatus)(
int nHandle,
int nStatus,
void * pUser
)</td></tr>
<tr><td rowspan="2">返回值</td><td colspan="2">返回值类型</td><td colspan="3">返回值说明</td></tr>
<tr><td colspan="2">int</td><td colspan="3">—</td></tr>
<tr><td rowspan="4">参数</td><td>出入</td><td>参数名称</td><td>类型</td><td>长度</td><td>含义</td></tr>
<tr><td rowspan="3">输入</td><td>nHandle</td><td>int</td><td>4</td><td>设备句柄</td></tr>
<tr><td>nStatus</td><td>int</td><td>4</td><td>错误码,0 表示正常</td></tr>
<tr><td>pUser</td><td>void *</td><td>4</td><td>用户自定义数据</td></tr>
<tr><td>功能</td><td colspan="5">解析设备状态信息</td></tr>
<tr><td>备注</td><td colspan="5"></td></tr>
</table>

(9)手动触发抓拍(表7-26)

手动触发抓拍 表7-26

函数描述	int VLPR_ManualSnap(int nhandle)				
返回值	返回值类型		返回值说明		
	int		·0 操作成功 ·-100 设备无响应 ·-1000 传入参数错误 ·-2000 其他错误		
参数	出入	参数名称	类型	长度	含义
	输入	nHandle	int	4	设备句柄
功能	手动触发抓拍识别,在识别回调函数中返回结果				
备注					

(10)获取设备状态(表7-27)

获取设备状态 表7-27

函数描述	intVLPR_GetStatus(int nHandle, int * pStatusCode)				
返回值	返回值类型		返回值说明		
	int		·0 操作成功 ·-100 设备无响应 ·-1000 传入参数错误 ·-2000 其他错误		
参数	出入	参数名称	类型	长度	含义
	输入	nHandle	int	4	设备句柄
	输出	pStatusCode	int *	4	设备状态错误码,0表示正常
版本功能	获取设备运行状态				
备注					

(11)获取错误码详细描述(表7-28)

获取错误码详细描述 表7-28

函数描述	int VLPR_GetStatusMsg(int nStatusCode, char * sStatusMsg, int nStatusMsgLen)

续上表

返回值	返回值类型		返回值说明		
	int		·0　操作成功 ·－100　设备无响应 ·－1000　传入参数错误 ·－2000　其他错误		
参数	出入	参数名称	类型	长度	含义
	输入	nStatusCode	int	4	错误码
	输出	sStatusMsg	char *	n	错误码信息缓存地址
	输入	nStatusMsgLen	int	4	错误码信息缓存长度
功能	查询错误码详细描述				
备注					

(12)获取设备版本信息(表7-29)

获取设备版本信息　表7-29

函数描述	intVLPR_GetHWVersion(int nHandle char * sHWVersion, int nHWVerMaxLen, char * sAPIVersion, int nAPIVerMaxLen)				
返回值	返回值类型		返回值说明		
	int		·0　获取设备信息成功 ·－100　设备无响应 ·－1000　传入参数错误 ·－2000　其他错误		
参数	出入	参数名称	类型	长度	含义
	输入	nHandle	int	4	设备句柄号
	输出	sHWVersion	char *	n	硬件版本信息
	输入	nHWVerMaxLen	int	4	硬件版本信息缓存最大长度
	输出	sAPIVersion	char *	n	设备固件版本信息
	输入	nAPIVerMaxLen	int	4	设备固件版本信息缓存最大长度
功能	获取设备的硬件版本和固件版本				
备注					

(13)类型定义

```
typedef _vlp_info
{
```

```
        int vlpInfoSize;                    //识别结构体大小
        char vlpTime[20];                   //识别时间,格式"yyyyMMddHHmmsszzz"
        int vlpCarClass;                    //车型
    unsigned char vlpColor[2];              //车牌颜色(数字编码),"00"蓝色,"01"黄色,"02"黑
色,"03"白色,"04"渐变绿色,"05"黄绿双拼色,"06"蓝白渐变色,"09"未确定
        unsigned char vlpText[16];          //车牌文字,GBK 编码
        unsigned int vlpReliability;        //识别车牌可信度(采用四位表示 9999 表示为
                                              99.99%)
        unsigned int imageLength[3];        //识别图片长度:[0] = 场景图长度,[1] = 车牌图长
                                              度,[2] = 二值化图长度
        unsigned char * image[3];           //识别图片:[0] = 场景图,[1] = 车牌图,[2] = 二值
                                              化图
    } T_VLPINFO;
```

(14)车牌识别接口错误码(表 7-30)

车牌识别接口错误码　　表 7-30

错误码	错误描述
0	正常
-100	设备无响应
-1000	传入参数错误
-1001	设备被占用
-1002	打开失败
-2000	其他错误
-2000 以上	预留

5)高清视频流接口

功能:获取视频信号,抓拍过车图片,叠加车道过车信息;

(1)初始化视频流(表 7-31)

初始化视频流　　表 7-31

函数描述	int VC_Init(int nType, char * sParas)	
返回值	返回值类型	返回值说明
	int	· >0　打开设备成功,返回值为设备句柄号 · -100　设备无响应 · -1000　传入参数错误 · -1001　设备被占用 · -1002　设备打开失败 · -2000　其他错误

续上表

参数	出入	参数名称	类型	长度	含义
	输入	nType	Int	4	连接方式:0 = 板卡,1 = 网络连接,2 = 车牌识别共用
		sParas	char *	4	连接信息: –串口:填“板卡” 例“VideCard0” –网络:填“网址,端口,用户名,密码” 例“192.168.0.11,8000,admin,password” –车牌识别共用 例“车牌识别句柄”
功能	初始化视频资源				
备注					

(2)释放视频流(表7-32)

释放视频流 表7-32

函数描述	int VC_Deinit(int nHandle)				
返回值	返回值类型		返回值说明		
	int		·0 关闭设备成功 · –100 设备无响应 · –1000 传入参数错误 · –2000 其他错误		
参数	出入	参数名称	类型	长度	含义
	输入	nHandle	int	4	视频卡句柄
功能	释放视频资源				
备注					

(3)启动显示视频(表7-33)

启动显示视频 表7-33

函数描述	int VC_StartDisplay(int nHandle, int nWidth, int nHeight, int nFHandle)	
返回值	返回值类型	返回值说明
	int	·0 操作成功 · –100 设备无响应 · –1000 传入参数错误 · –1003 设置显示错误 · –2000 其他错误

续上表

参数	出入	参数名称	类型	长度	含义
	输入	nHandle	int	4	视频卡句柄
		nWidth	int	4	视频宽度
		nHeight	int	4	视频高度
		nFHandle	int	4	窗体句柄
功能	启动显示视频				
备注					

(4)停止显示视频(表7-34)

停止显示视频 表7-34

函数描述	int VC_StopDisplay(int nHandle)				
返回值	返回值类型		返回值说明		
	int		·0 操作成功 ·－100 设备无响应 ·－1000 传入参数错误 ·－1005 停止显示错误 ·－2000 其他错误		
参数	出入	参数名称	类型	长度	含义
	输入	nHandle	int	4	视频卡句柄
功能	停止显示图像				
备注					

(5)获取图片(表7-35)

获取图片 表7-35

函数描述	int VC_GetImage(int nHandle, int nFormat, char * sImage, int * nLength)
返回值	返回值类型	返回值说明
	int	·0 操作成功 ·－100 设备无响应 ·－1000 传入参数错误 ·－1006 获取图片错误 ·－2000 其他错误

续上表

参数	出入	参数名称	类型	长度	含义
	输入	nHandle	int	4	设备句柄
		nFormat	int	4	获取图片的格式,0:bmp,1:jpeg,其他保留
	输出	sImage	char *	n	存放抓拍图片的缓存,由外部申请和释放
	输出	nLength	int	4	输入为缓存的最大长度,输出为抓拍图片实际长度
功能	获取图片				
备注					

(6)获取图片文件(表7-36)

获取图片文件 表7-36

函数描述	int VC_GetImageFile(intnHandle, int nFormat, char * sFileName)				
返回值	返回值类型			返回值说明	
	int			·0 操作成功 · -100 设备无响应 · -1000 传入参数错误 · -1007 获取图片错误 · -2000 其他错误	
参数	出入	参数名称	类型	长度	含义
	输入	nHandle	int	4	设备句柄
		nFormat	int	4	获取图片的格式,0:bmp,1:jpeg,其他保留
		sFileName	char *	n	抓拍图片文件名
功能	获取图片保存到指定的文件				
备注					

(7)字符叠加(表7-37)

字符叠加 表7-37

函数描述	int VC_TVPDisplay(int nHandle, int nRow, int nCol, char * sText)

续上表

<table>
<tr><td rowspan="2">返回值</td><td colspan="2">返回值类型</td><td colspan="3">返回值说明</td></tr>
<tr><td colspan="2">int</td><td colspan="3">· 0 操作成功
· -100 设备无响应
· -1000 传入参数错误
· -2000 其他错误</td></tr>
<tr><td rowspan="5">参数</td><td>出入</td><td>参数名称</td><td>类型</td><td>长度</td><td>含义</td></tr>
<tr><td rowspan="4">输入</td><td>nHandle</td><td>int</td><td>4</td><td>设备句柄</td></tr>
<tr><td>nRow</td><td>int</td><td>4</td><td>行位置，从 0 开始
0：多行字符叠加，用换行符‘\n’分割，列位置同为 nCol
>0：在第 nRow 行叠加
例：“(2,1)测试”表示在第二行第一列位置测试叠加“测试”文字</td></tr>
<tr><td>nCol</td><td>int</td><td>4</td><td>列位置，从 1 开始</td></tr>
<tr><td>sText</td><td>char *</td><td>n</td><td>叠加内容</td></tr>
<tr><td>功能</td><td colspan="5">在屏幕上叠加文字</td></tr>
<tr><td>备注</td><td colspan="5">叠加内容编码方式为 GBK，至少支持 5 行字符叠加；字符叠加的屏幕边距、字体大小、行距由动态库内部调整，对外隐藏叠加细节；外部程序输入行号而不是坐标</td></tr>
</table>

（8）字符清除（表 7-38）

字符清除 表 7-38

<table>
<tr><td>函数描述</td><td colspan="5">int VC_TVPClear(
int nHandle,
int nRow,
int nCol,
int nLength = 1
)</td></tr>
<tr><td rowspan="2">返回值</td><td colspan="2">返回值类型</td><td colspan="3">返回值说明</td></tr>
<tr><td colspan="2">int</td><td colspan="3">· 0 操作成功
· -100 设备无响应
· -1000 传入参数错误
· -2000 其他错误</td></tr>
<tr><td rowspan="5">参数</td><td>出入</td><td>参数名称</td><td>类型</td><td>长度</td><td>含义</td></tr>
<tr><td rowspan="4">输入</td><td>nHandle</td><td>long</td><td>4</td><td>设备句柄</td></tr>
<tr><td>nRow</td><td>int</td><td>4</td><td rowspan="3">从(row,col)位置开始清除 length 个字符；
row = 0 时表示清屏；
col = 0 时表示清除一行</td></tr>
<tr><td>nCol</td><td>int</td><td>4</td></tr>
<tr><td>nLength</td><td>int</td><td>4</td></tr>
<tr><td>功能</td><td colspan="5">清除屏幕叠加内容</td></tr>
<tr><td>备注</td><td colspan="5"></td></tr>
</table>

(9)同步时间(表7-39)

同步时间　　表7-39

函数描述	int VC_SyncTime(int nHandle, char * sSysTime)				
返回值	返回值类型		返回值说明		
	int		·0　操作成功 ·-100　设备无响应 ·-1000　传入参数错误 ·-2000　其他错误		
参数	出入	参数名称	类型	长度	含义
	输入	nHandle	int	4	设备句柄
		sSystime	char *	14	输入时间格式:yyyyMMddHHmmss
功能	与主机同步时间				
备注	该函数只负责同步时间,不会显示时间				

(10)设置时间显示格式(表7-40)

设置时间显示格式　　表7-40

函数描述	intVC_ShowTime(int nHandle, int nStyle)				
返回值	返回值类型		返回值说明		
	int		·0　操作成功 ·-100　设备无响应 ·-1000　传入参数错误 ·-2000　其他错误		
参数	出入	参数名称	类型	长度	含义
	输入	nHandle	int	4	设备句柄
		nStyle	int	4	显示格式: 0 = 不显示 1 = 显示日期,格式为"yyyy-MM-dd" 2 = 显示时间,格式为"HH:mm:ss" 3 = 显示日期和时间,格式为 "yyyy-MM-dd HH:mm:ss"
功能	按照格式要求显示时间				
备注	调用本函数前,应与主机同步时间				

(11)获取设备状态(表7-41)

获 取 设 备 状 态

表7-41

函数描述	intVC_GetStatus(int nHandle, int * pStatusCode)				
返回值	返回值类型		返回值说明		
	int		·0 操作成功 · -100 设备无响应 · -1000 传入参数错误 · -2000 其他错误		
参数	出入	参数名称	类型	长度	含义
	输入	nHandle	int	4	设备句柄
	输出	pStatusCode	int *	n	设备状态错误码,0表示正常
版本功能	获取设备运行状态				
备注					

(12)获取错误码详细描述(表7-42)

获取错误码详细描述

表7-42

函数描述	int VC_GetStatusMsg(int nStatusCode, char * sStatusMsg, int nStatusMsgLen)				
返回值	返回值类型		返回值说明		
	int		·0 操作成功 · -100 设备无响应 · -1000 传入参数错误 · -2000 其他错误		
参数	出入	参数名称	类型	长度	含义
	输入	nStatusCode	int	4	错误码
	输出	sStatusMsg	char *	n	错误码信息缓存地址
	输入	nStatusMsgLen	int	4	错误码信息缓存长度
功能	查询错误码详细描述				
备注					

(13)获取设备版本信息(表7-43)

获取设备版本信息　　表7-43

<table>
<tr><td>函数描述</td><td colspan="5">intVC_GetHWVersion(
int nHandle
char * sHWVersion,
int nHWVerMaxLen,
char * sAPIVersion,
int nAPIVerMaxLen
)</td></tr>
<tr><td rowspan="2">返回值</td><td colspan="2">返回值类型</td><td colspan="3">返回值说明</td></tr>
<tr><td colspan="2">int</td><td colspan="3">· 0　获取设备信息成功
· −100　设备无响应
· −1000　传入参数错误
· −2000　其他错误</td></tr>
<tr><td rowspan="6">参数</td><td>出入</td><td>参数名称</td><td>类型</td><td>长度</td><td>含义</td></tr>
<tr><td>输入</td><td>nHandle</td><td>int</td><td>4</td><td>设备句柄号</td></tr>
<tr><td>输出</td><td>sHWVersion</td><td>char *</td><td>n</td><td>硬件版本信息</td></tr>
<tr><td>输入</td><td>nHWVerMaxLen</td><td>int</td><td>4</td><td>硬件版本信息缓存最大长度</td></tr>
<tr><td>输出</td><td>sAPIVersion</td><td>char *</td><td>n</td><td>设备固件版本信息</td></tr>
<tr><td>输入</td><td>nAPIVerMaxLen</td><td>int</td><td>4</td><td>设备固件版本信息缓存最大长度</td></tr>
<tr><td>功能</td><td colspan="5">获取设备的硬件版本和固件版本</td></tr>
<tr><td>备注</td><td colspan="5"></td></tr>
</table>

(14)视频卡接口错误码(表7-44)

视频卡接口错误码　　表7-44

错　误　码	错 误 描 述
0	正常
−100	设备无响应
−1000	传入参数错误
−1001	设备被占用
−1002	打开失败
−1003	设置显示错误(Window)
−1004	设置显示错误(Linux)
−1005	停止显示错误
−1006	获取图片错误
−1007	获取图片文件错误
−2000	其他错误
−2000 以上	预留

6)费额显示器控制接口

功能:控制费额显示器显示车辆处理信息。

（1）打开费额显示器（表7-45）

打开费额显示器

表7-45

<table>
<tr><td>函数描述</td><td colspan="5">int FB_Open(
intnType,
char * sParas
)</td></tr>
<tr><td rowspan="2">返回值</td><td colspan="2">返回值类型</td><td colspan="3">返回值说明</td></tr>
<tr><td colspan="2">int</td><td colspan="3">· >0 打开设备成功,返回值为设备句柄号
· -100 设备无响应
· -1000 传入参数错误
· -1001 设备被占用
· -1002 设备打开失败
· -2000 其他错误</td></tr>
<tr><td rowspan="3">参数</td><td>出入</td><td>参数名称</td><td>类型</td><td>长度</td><td>含义</td></tr>
<tr><td>输入</td><td>nType</td><td>int</td><td>1</td><td>连接方式:0 = 串口,1 = USB 串口,2 = 网络连接</td></tr>
<tr><td>输入</td><td>sParas</td><td>char *</td><td>n</td><td>连接信息,如下:
· 串口:"串口"
例如:sParas = "COM1"
· U 口:"U 口"
例如:sParas = "USB1"
· 网口:"IP,端口"
例如:sParas = "192.168.1.111, 3000"</td></tr>
<tr><td>功能</td><td colspan="5">主机与设备建立连接</td></tr>
<tr><td>备注</td><td colspan="5"></td></tr>
</table>

（2）关闭费额显示器（表7-46）

关闭费额显示器

表7-46

<table>
<tr><td>函数描述</td><td colspan="5">int FB_Close(int nHandle)</td></tr>
<tr><td rowspan="2">返回值</td><td colspan="2">返回值类型</td><td colspan="3">返回值说明</td></tr>
<tr><td colspan="2">int</td><td colspan="3">· 0 关闭设备成功
· -100 设备无响应
· -1000 传入参数错误
· -2000 其他错误</td></tr>
<tr><td rowspan="2">参数</td><td>出入</td><td>参数名称</td><td>类型</td><td>长度</td><td>含义</td></tr>
<tr><td>输入</td><td>nHandle</td><td>int</td><td>4</td><td>设备句柄</td></tr>
<tr><td>功能</td><td colspan="5">主机与设备断开连接</td></tr>
<tr><td>备注</td><td colspan="5"></td></tr>
</table>

(3)显示文字(表7-47)

显示文字　　表7-47

<table>
<tr><td>函数描述</td><td colspan="5">int FB_Display(
int nHandle,
int nRow,
int nFlag,
char * sText
)</td></tr>
<tr><td rowspan="2">返回值</td><td colspan="2">返回值类型</td><td colspan="3">返回值说明</td></tr>
<tr><td colspan="2">int</td><td colspan="3">·0　操作成功
· -100　设备无响应
· -1000　传入参数错误
· -1003　设置滚动错误
· -1004　设置颜色错误
· -1005　设置闪烁错误
· -2000　其他错误</td></tr>
<tr><td rowspan="5">参数</td><td>出入</td><td>参数名称</td><td>类型</td><td>长度</td><td>含义</td></tr>
<tr><td rowspan="3">输入</td><td>nHandle</td><td>int</td><td>4</td><td>设备句柄</td></tr>
<tr><td>nRow</td><td>int</td><td>4</td><td>在第 nRow 行显示文字;
nRow = 0 表示全屏显示</td></tr>
<tr><td>nFlag</td><td>int</td><td>4</td><td>按位定义:
Bit1Bit0: 00 = 不滚动,01 = 左滚动,10 = 右滚动,11 保留;
Bit3Bit2: 00 = 红色,01 = 绿色,10 = 黄色,11 保留;
Bit5Bit4:00 = 不闪烁,01 = 闪烁;
Bit31 - Bit6 保留;
全屏显示时(nRow = 0),只能控制整屏颜色和闪烁</td></tr>
<tr><td></td><td>sText</td><td>char *</td><td>n</td><td>显示文字</td></tr>
<tr><td>功能</td><td colspan="5">显示文字</td></tr>
<tr><td>备注</td><td colspan="5">显示内容使用 GBK 编码</td></tr>
</table>

(4)清除文字(表7-48)

清除文字　　表7-48

<table>
<tr><td>函数描述</td><td colspan="2">int FB_Clear(
intnHandle,
int nRow
)</td></tr>
<tr><td rowspan="2">返回值</td><td>返回值类型</td><td>返回值说明</td></tr>
<tr><td>int</td><td>·0　操作成功
· -100　设备无响应
· -1000　传入参数错误
· -2000　其他错误</td></tr>
</table>

续上表

	出入	参数名称	类型	长度	含义
参数	输入	nHandle	int	4	设备句柄
		nRow	int	4	清除第 nRow 行显示内容； nRow = 0 表示清屏
功能	清除显示文字				
备注					

(5)控制通行灯(表 7-49)

控 制 通 行 灯 表 7-49

函数描述	int FB_SetTrafficLed(int nHandle, int nColor, int nFlash)				
返回值	返回值类型		返回值说明		
	int		·0 操作成功 · -100 设备无响应 · -1000 传入参数错误 · -1006 设置通行灯错误 · -1007 设置通行灯闪烁错误 · -2000 其他错误		
参数	出入	参数名称	类型	长度	含义
	输入	nHandle	int	4	设备句柄
		nColor	int	4	通行灯颜色,0 = 红色,1 = 绿色
		nFlash	int	4	通行的状态,0 = 不闪,1 = 闪烁
功能	控制通行灯颜色				
备注					

(6)报警(表 7-50)

报　　警 表 7-50

函数描述	int FB_SetAlarm(int nHandle, int nType)	
返回值	返回值类型	返回值说明
	int	·0 操作成功 · -100 设备无响应 · -1000 传入参数错误 · -1008 设置声报警错误 · -1009 设置光报警错误 · -1010 设置声光报警错误 · -2000 其他错误

续上表

<table>
<tr><td rowspan="3">参数</td><td>出入</td><td>参数名称</td><td>类型</td><td>长度</td><td>含义</td></tr>
<tr><td rowspan="2">输入</td><td>nHandle</td><td>int</td><td>4</td><td>设备句柄</td></tr>
<tr><td>nType</td><td>int</td><td>1</td><td>报警类型:
0 = 无报警
1 = 声报警
2 = 光报警
3 = 声光报警</td></tr>
<tr><td>功能</td><td colspan="5">控制设备报警</td></tr>
<tr><td>备注</td><td colspan="5"></td></tr>
</table>

(7)语音报读(表7-51)

语 音 报 读　　表7-51

<table>
<tr><td>函数描述</td><td colspan="5">int FB_Broadcast(
int nHandle,
char * sText
)</td></tr>
<tr><td rowspan="2">返回值</td><td colspan="2">返回值类型</td><td colspan="3">返回值说明</td></tr>
<tr><td colspan="2">int</td><td colspan="3">·0　操作成功
· -100　设备无响应
· -1000　传入参数错误
· -1011　文本不支持
· -2000　其他错误</td></tr>
<tr><td rowspan="3">参数</td><td>出入</td><td>参数名称</td><td>类型</td><td>长度</td><td>含义</td></tr>
<tr><td rowspan="2">输入</td><td>nHandle</td><td>int</td><td>4</td><td>设备句柄</td></tr>
<tr><td>sText</td><td>char *</td><td>4</td><td>语音报读内容</td></tr>
<tr><td>版本功能</td><td colspan="5">控制语音报读</td></tr>
<tr><td>备注</td><td colspan="5">报读内容为 GBK 编码,暂时取消</td></tr>
</table>

(8)获取设备状态(表7-52)

获 取 设 备 状 态　　表7-52

<table>
<tr><td>函数描述</td><td colspan="2">intFB_GetStatus(
int nHandle,
int * pStatusCode
)</td></tr>
<tr><td rowspan="2">返回值</td><td>返回值类型</td><td>返回值说明</td></tr>
<tr><td>int</td><td>·0　操作成功
· -100　设备无响应
· -1000　传入参数错误
· -2000　其他错误</td></tr>
</table>

续上表

参数	出入	参数名称	类型	长度	含义
	输入	nHandle	int	4	设备句柄
	输出	pStatusCode	int *	4	设备状态错误码,0 表示正常
版本功能	获取设备运行状态				
备注					

(9)获取错误码详细描述(表 7-53)

获取错误码详细描述 表 7-53

函数描述	int FB_GetStatusMsg(int nStatusCode, char * sStatusMsg, int nStatusMsgLen)				
返回值	返回值类型		返回值说明		
	int		·0 操作成功 · -100 设备无响应 · -1000 传入参数错误 · -2000 其他错误		
参数	出入	参数名称	类型	长度	含义
	输入	nStatusCode	int	4	错误码
	输出	sStatusMsg	char *	n	错误码信息描述缓存地址
	输入	nStatusMsgLen	int	4	错误码信息描述缓存长度
功能	查询错误码详细描述				
备注					

(10)获取设备版本信息(表 7-54)

获取设备版本信息 表 7-54

函数描述	intFB_GetHWVersion(int nHandle char * sHWVersion, int nHWVerMaxLen, char * sAPIVersion, int nAPIVerMaxLen)	
返回值	返回值类型	返回值说明
	int	·0 获取设备信息成功 · -100 设备无响应 · -1000 传入参数错误 · -2000 其他错误

续上表

	出入	参数名称	类型	长度	含义
参数	输入	nHandle	int	4	设备句柄号
	输出	sHWVersion	char *	n	硬件版本信息
	输入	nHWVerMaxLen	int	4	硬件版本信息缓存最大长度
	输出	sAPIVersion	char *	n	设备固件版本信息
	输入	nAPIVerMaxLen	int	4	设备固件版本信息缓存最大长度
功能	获取设备的硬件版本和固件版本				
备注					

(11)费额显示器接口错误码(表7-55)

费额显示器接口错误码 表7-55

错 误 码	错 误 描 述
0	正常
-100	设备无响应
-1000	传入参数错误
-1001	设备被占用
-1002	打开失败
-1003	设置滚动错误
-1004	设置颜色错误
-1005	设置闪烁错误
-1006	设置通行灯错误
-1007	设置通行灯闪烁错误
-1008	设置声报警错误
-1009	设置光报警错误
-1010	设置声光报警错误
-1011	文本不支持
-2000	其他错误
-2000 以上	预留

7)情报板接口

功能:控制情报板显示车道信息。

(1)打开情报板(表7-56)

打 开 情 报 板 表7-56

函数描述	int IFB_Open(int nType, char * sParas)

续上表

<table>
<tr><td rowspan="2">返回值</td><td colspan="2">返回值类型</td><td colspan="3">返回值说明</td></tr>
<tr><td colspan="2">int</td><td colspan="3">· >0　打开设备成功,返回值为设备句柄号
· -100　设备无响应
· -1000　传入参数错误
· -1001　设备被占用
· -1002　设备打开失败
· -2000　其他错误</td></tr>
<tr><td rowspan="3">参数</td><td>出入</td><td>参数名称</td><td>类型</td><td>长度</td><td>含义</td></tr>
<tr><td rowspan="2">输入</td><td>nType</td><td>int</td><td>4</td><td>连接方式:0 = 串口,1 = USB 串口,2 = 网络连接</td></tr>
<tr><td>sParas</td><td>char *</td><td>n</td><td>连接信息,如下:
· 串口:"串口"
例如:paras = "COM1,"
· U 口:"U 口"
例如:Paras[ ] = "USB1"
· 网口:"IP,端口"
例如:Paras = "192.168.1.111, 3000"</td></tr>
<tr><td>功能</td><td colspan="5">主机与设备建立连接</td></tr>
<tr><td>备注</td><td colspan="5"></td></tr>
</table>

(2)关闭情报板(表 7-57)

关闭情报板　　表 7-57

<table>
<tr><td>函数描述</td><td colspan="5">int IFB_Close(int nHandle)</td></tr>
<tr><td rowspan="2">返回值</td><td colspan="2">返回值类型</td><td colspan="3">返回值说明</td></tr>
<tr><td colspan="2">int</td><td colspan="3">· 0　关闭设备成功
· -100　设备无响应
· -1000　传入参数错误
· -2000　其他错误</td></tr>
<tr><td rowspan="2">参数</td><td>出入</td><td>参数名称</td><td>类型</td><td>长度</td><td>含义</td></tr>
<tr><td>输入</td><td>nHandle</td><td>int</td><td>4</td><td>设备句柄</td></tr>
<tr><td>功能</td><td colspan="5">主机与设备断开连接</td></tr>
<tr><td>备注</td><td colspan="5"></td></tr>
</table>

(3)显示文字(表 7-58)

显示文字　　表 7-58

<table>
<tr><td>函数描述</td><td>int IFB_Display(
int nHandle,
int nStyle,
char * sText
)</td></tr>
</table>

续上表

返回值	返回值类型		返回值说明		
	int		·0　操作成功 ·－100　设备无响应 ·－1000　传入参数错误 ·－1006　设置滚动失败 ·－1007　设置颜色失败 ·－1003　设置闪烁失败 ·－1004　设置对齐失败 ·－1005　设置大小失败 ·－2000　其他错误		
参数	出入	参数名称	类型	长度	含义
	输入	nHandle	int	4	设备句柄
		nStyle	int	4	按位定义： Bit1Bit0：00＝不滚动，01＝左滚动，10＝右滚动，11保留； Bit3Bit2：00＝红色，01＝绿色，10＝黄色，11保留； Bit5Bit4：00＝不闪烁，01＝闪烁； Bit7Bit6：00＝居中对齐，01＝右对齐，10＝左对齐； Bit11Bit10Bit9Bit8：选择字体大小，可支持16个等级 Bit31－Bit12保留； 当启用滚动显示时，对齐无效
		sText	char *	n	显示文字
功能	显示文字				
备注	文字编码为GBK				

(4)清屏(表7-59)

清　屏　　表7-59

函数描述	intIFB_Clear(int nHandle)				
返回值	返回值类型		返回值说明		
	int		·0　操作成功 ·－100　设备无响应 ·－1000　传入参数错误 ·－2000　其他错误		
参数	出入	参数名称	类型	长度	含义
	输入	nHandle	int	4	设备句柄
功能	清屏				
备注					

（5）获取设备状态（表7-60）

获 取 设 备 状 态　　表7-60

<table>
<tr><td>函数描述</td><td colspan="5">int IFB_GetStatus(
　　int nHandle,
　　int * pStatusCode
　　)</td></tr>
<tr><td rowspan="2">返回值</td><td colspan="2">返回值类型</td><td colspan="3">返回值说明</td></tr>
<tr><td colspan="2">int</td><td colspan="3">·0　操作成功
·-100　设备无响应
·-1000　传入参数错误
·-2000　其他错误</td></tr>
<tr><td rowspan="3">参数</td><td>出入</td><td>参数名称</td><td>类型</td><td>长度</td><td>含义</td></tr>
<tr><td>输入</td><td>nHandle</td><td>int</td><td>4</td><td>设备句柄</td></tr>
<tr><td>输出</td><td>pStatusCode</td><td>int *</td><td>4</td><td>设备状态错误码,0 表示正常</td></tr>
<tr><td>版本功能</td><td colspan="5">获取设备运行状态</td></tr>
<tr><td>备注</td><td colspan="5"></td></tr>
</table>

（6）获取错误码详细描述（表7-61）

获取错误码详细描述　　表7-61

<table>
<tr><td>函数描述</td><td colspan="5">int IFB_GetStatusMsg(
　　int nStatusCode,
　　char * sStatusMsg,
　　int nStatusMsgLen
　　)</td></tr>
<tr><td rowspan="2">返回值</td><td colspan="2">返回值类型</td><td colspan="3">返回值说明</td></tr>
<tr><td colspan="2">int</td><td colspan="3">·0　操作成功
·-100　设备无响应
·-1000　传入参数错误
·-2000　其他错误</td></tr>
<tr><td rowspan="4">参数</td><td>出入</td><td>参数名称</td><td>类型</td><td>长度</td><td>含义</td></tr>
<tr><td>输入</td><td>nStatusCode</td><td>int</td><td>4</td><td>错误码</td></tr>
<tr><td>输出</td><td>sStatusMsg</td><td>char *</td><td>n</td><td>错误码信息描述缓存地址</td></tr>
<tr><td>输入</td><td>nStatusMsgLen</td><td>int</td><td>4</td><td>错误码信息描述缓存长度</td></tr>
<tr><td>功能</td><td colspan="5">查询错误码详细描述</td></tr>
<tr><td>备注</td><td colspan="5"></td></tr>
</table>

(7)获取设备版本信息(表7-62)

获取设备版本信息　　表7-62

<table>
<tr><td>函数描述</td><td colspan="5">int IFB_GetHWVersion(
int nHandle
char * sHWVersion,
int nHWVerMaxLen,
char * sAPIVersion,
int nAPIVerMaxLen
)</td></tr>
<tr><td rowspan="2">返回值</td><td colspan="2">返回值类型</td><td colspan="3">返回值说明</td></tr>
<tr><td colspan="2">int</td><td colspan="3">· 0　获取设备信息成功
· -100　设备无响应
· -1000传入参数错误
· -2000其他错误</td></tr>
<tr><td rowspan="6">参数</td><td>出入</td><td>参数名称</td><td>类型</td><td>长度</td><td>含义</td></tr>
<tr><td>输入</td><td>nHandle</td><td>int</td><td>4</td><td>设备句柄号</td></tr>
<tr><td>输出</td><td>sHWVersion</td><td>char *</td><td>n</td><td>硬件版本信息</td></tr>
<tr><td>输入</td><td>nHWVerMaxLen</td><td>int</td><td>4</td><td>硬件版本信息缓存最大长度</td></tr>
<tr><td>输出</td><td>sAPIVersion</td><td>char *</td><td>n</td><td>设备固件版本信息</td></tr>
<tr><td>输入</td><td>nAPIVerMaxLen</td><td>int</td><td>4</td><td>设备固件版本信息缓存最大长度</td></tr>
<tr><td>功能</td><td colspan="5">获取设备的硬件版本和固件版本</td></tr>
<tr><td>备注</td><td colspan="5"></td></tr>
</table>

(8)情报板接口错误码(表7-63)

情报板接口错误码　　表7-63

错 误 码	错 误 描 述
0	正常
-100	设备无响应
-1000	传入参数错误
-1001	设备被占用
-1002	设备打开失败
-1003	设置闪烁失败
-1004	设置对齐失败
-1005	设置大小失败
-1006	设置滚动失败
-1007	设置颜色失败
-2000	其他错误
-2000 以上	预留

8)读卡器接口

功能:控制读卡器读写用户卡。

(1)打开读卡器(表7-64)

打 开 读 卡 器 表7-64

<table>
<tr><td>函数描述</td><td colspan="5">int JT_OpenReader (int nMode, char * sParas)</td></tr>
<tr><td rowspan="2">返回值</td><td colspan="2">返回值类型</td><td colspan="3">返回值说明</td></tr>
<tr><td colspan="2">int</td><td colspan="3">· >0 打开设备成功,返回值为设备句柄号
· -100 设备无响应
· -1000 传入参数错误
· -1001 设备被占用
· -1002 设备打开失败
· -2000 其他错误</td></tr>
<tr><td rowspan="3">参数</td><td>出入</td><td>参数名称</td><td>类型</td><td>长度</td><td>含义</td></tr>
<tr><td rowspan="2">输入</td><td>nMode</td><td>int</td><td>4</td><td>0:串口,1:TCP/IP,2:USB 口,其他保留</td></tr>
<tr><td>sParas</td><td>char *</td><td>n</td><td>连接方式及端口信息,具体格式如下:
·串口:"串口",
例如:sParas = "COM1"
·网口:"连接方式,IP,端口",
例如:sParas = "192.168.1.111,3000"
·U 口:"连接方式,U 口",
例如:sParas = "USB1"</td></tr>
<tr><td>功能</td><td colspan="5">PC 机与读写器之间建立通信连接</td></tr>
<tr><td>备注</td><td colspan="5"></td></tr>
</table>

(2)关闭读卡器(表7-65)

关 闭 读 卡 器 表7-65

<table>
<tr><td>函数描述</td><td colspan="5">int JT_CloseReader(
int nHandle
)</td></tr>
<tr><td rowspan="2">返回值</td><td colspan="2">返回值类型</td><td colspan="3">返回值说明</td></tr>
<tr><td colspan="2">int</td><td colspan="3">· 0 关闭设备成功
· -100 设备无响应
· -1000传入参数错误
· -2000其他错误</td></tr>
<tr><td rowspan="2">参数</td><td>出入</td><td>参数名称</td><td>类型</td><td>长度</td><td>含义</td></tr>
<tr><td>输入</td><td>nHandle</td><td>int</td><td>4</td><td>设备句柄号</td></tr>
<tr><td>功能</td><td colspan="5">PC 机与读写器之间断开通信连接</td></tr>
<tr><td>备注</td><td colspan="5"></td></tr>
</table>

(3)打开卡片(表 7-66)

打开卡片　　表 7-66

<table>
<tr><td>函数描述</td><td colspan="5">int JT_OpenCard(
int nHandle.
int * pCardPlace,
char * sPhysicsCardno
)</td></tr>
<tr><td rowspan="2">返回值</td><td colspan="2">返回值类型</td><td colspan="3">返回值说明</td></tr>
<tr><td colspan="2">int</td><td colspan="3">· 0　CPU 卡
· 1　卡片类型为块格式
· 2　卡片类型为 MAD 格式
· 3　卡片类型为 PRO 卡
· 其他正值预留的卡片类型定义值
· -1　无卡
· -2　打开卡片失败
· -100　设备无响应
· -1000　传入参数错误
· -2000　其他错误</td></tr>
<tr><td rowspan="4">参数</td><td>出入</td><td>参数名称</td><td>类型</td><td>长度</td><td>含义</td></tr>
<tr><td>输入</td><td>nHandle</td><td>int</td><td>4</td><td>端口句柄号</td></tr>
<tr><td rowspan="2">输出</td><td>pCardPlace</td><td>int *</td><td>4</td><td>1:卡片放在 1 区;2:卡片放在 2 区;其他:选其他位置</td></tr>
<tr><td>sPhysicsCardno</td><td>char *</td><td>8</td><td>返回的物理卡号,字符串形式,低字节在前,非接触式返回物理卡号</td></tr>
<tr><td>功能</td><td colspan="5">打开 IC 卡</td></tr>
<tr><td>备注</td><td colspan="5"></td></tr>
</table>

(4)关闭卡片(表 7-67)

关闭卡片　　表 7-67

<table>
<tr><td>函数描述</td><td colspan="5">int JT_CloseCard(int nHandle)</td></tr>
<tr><td rowspan="2">返回值</td><td colspan="2">返回值类型</td><td colspan="3">返回值说明</td></tr>
<tr><td colspan="2">int</td><td colspan="3">· 0　关闭卡片成功
· -1　无卡
· -3　关闭卡片失败
· -100 设备无响应
· -1000传入参数错误
· -2000其他错误</td></tr>
<tr><td rowspan="2">参数</td><td>出入</td><td>参数名称</td><td>类型</td><td>长度</td><td>含义</td></tr>
<tr><td>输入</td><td>nHandle</td><td>int</td><td>4</td><td>端口句柄号</td></tr>
<tr><td>功能</td><td colspan="5">关闭卡片,挂起非接触式卡</td></tr>
<tr><td>备注</td><td colspan="5"></td></tr>
</table>

(5)设置读写器发光二极管(表7-68)

设置读写器发光二极管 表7-68

函数描述	int JT_LEDDisplay(int nHandle, int nRed, int nGreen, int nBlue)				
返回值	返回值类型		返回值说明		
	int		· 0 设置发光二极管状态成功 · -1003红色灯设置错误 · -1004绿色灯设置错误 · -1005蓝色灯设置错误 · -2000其他错误		
参数	出入	参数名称	类型	长度	含义
	输入	nHandle	int	4	设备句柄号
		nRed	int	1	对应红色灯,0x01—亮,0x02—灭,0x03—闪烁,默认为灭
		nGreen	int	1	对应绿色灯,0x01—亮,0x02—灭,0x03—闪烁,默认为灭
		nBlue	int	1	对应蓝色灯,0x01—亮,0x02—灭,0x03—闪烁,默认为灭
功能	控制读写器发光二极管状态				
备注					

(6)设置读写器发音(表7-69)

设置读写器发音 表7-69

函数描述	int JT_AudioControl(int nHandle, int nTimes, int nVoice)				
返回值	返回值类型		返回值说明		
	int		等于0成功;否则失败		
参数	出入	参数名称	类型	长度	含义
	输入	nHandle	int	4	设备句柄号
		nTimes	int	4	发音次数
		nVoice	int	4	发音声调,取值范围是0x01~0x07,频率可由提供商自定义
功能	控制读写器发音状态				
备注					

（7）CPU 通用指令函数（表 7-70）

CPU 通用指令函数

表 7-70

函数描述	int JT_CPUCommand (int nHandle, char * sCommand, int nLenCom, char * sReply, int * pLenRep)				
返回值	返回值类型		返回值说明		
	int		· 0 成功 · 其他卡片返回错误代码或设备提供商自定义错误代码		
参数	出入	参数名称	类型	长度	含义
	输入	nHandle	int	4	端口句柄号
		sCommand	char *	n	命令内容（十六进制字符串）
		nLenCom	int	4	命令长度（命令字符串长度）
	输出	sReply	char *	n	返回数据内容缓存地址，包含 SW1 与 SW2
		pLenRep	int *	4	输入为缓存大小，返回为数据长度
功能	CPU 卡指令的通用支持函数，可实现 CPU 卡的任意 COS 指令				
备注					

（8）复位 SAM 卡（表 7-71）

复位 SAM 卡

表 7-71

函数描述	int JT_SamReset(int nHandle, int nSockID, int nProtocolType)				
返回值	返回值类型		返回值说明		
	int		· 成功 · 其他卡片返回错误代码或设备提供商自定义错误代码		
参数	出入	参数名称	类型	长度	含义
	输入	nHandle	int	4	端口句柄号
		nSockID	int	4	SAM 卡槽顺序号，1 ~ 4
		nProtocolType	int	4	SAM 卡通信协议类型，如果为 0 则代表 $T=0$ 协议，为 1 则代表 $T=1$ 协议，其他值保留
功能	复位 SAM 卡				
备注					

注：参数 T 是指传输协议（ISO7816 接触读卡协议）。$T=0$ 时，异步半双工字符传输；$T=1$ 时，异步半双工块传输。

(9)SAM 卡通用指令函数(表 7-72)

SAM 卡通用指令函数 表 7-72

<table>
<tr><td>函数描述</td><td colspan="5"><pre>int JT_SamCommand(
        int nHandle,
        int nSockID,
        char * sCommand,
        int nLenCom,
        char * sReply,
        int * pLenRep
)</pre></td></tr>
<tr><td rowspan="2">返回值</td><td colspan="2">返回值类型</td><td colspan="3">返回值说明</td></tr>
<tr><td colspan="2">int</td><td colspan="3">· 0 成功
· 其他卡片返回错误代码或设备提供商自定义错误代码</td></tr>
<tr><td rowspan="7">参数</td><td>出入</td><td>参数名称</td><td>类型</td><td>长度</td><td>含义</td></tr>
<tr><td rowspan="4">输入</td><td>nHandle</td><td>int</td><td>4</td><td>端口句柄号</td></tr>
<tr><td>nSockID</td><td>int</td><td>4</td><td>SAM 卡槽顺序号,1 ~ 4</td></tr>
<tr><td>sCommand</td><td>char *</td><td>n</td><td>命令内容(十六进制字符串)</td></tr>
<tr><td>nLenCom</td><td>int</td><td>4</td><td>命令长度(命令字符串长度)</td></tr>
<tr><td rowspan="2">输出</td><td>sReply</td><td>char *</td><td>n</td><td>返回数据内容缓存地址,包含 SW1 与 SW2</td></tr>
<tr><td>pLenRep</td><td>int *</td><td>4</td><td>输入为缓存大小,返回为数据长度</td></tr>
<tr><td>功能</td><td colspan="5">SAM 卡指令的通用支持函数,可实现 SAM 卡的任意 COS 指令</td></tr>
<tr><td>备注</td><td colspan="5"></td></tr>
</table>

(10)获取设备状态(表 7-73)

获取设备状态 表 7-73

<table>
<tr><td>函数描述</td><td colspan="5"><pre>int JT_GetStatus(
        int nHandle,
        int * pStatusCode
)</pre></td></tr>
<tr><td rowspan="2">返回值</td><td colspan="2">返回值类型</td><td colspan="3">返回值说明</td></tr>
<tr><td colspan="2">int</td><td colspan="3">0 表示成功,其他表示失败</td></tr>
<tr><td rowspan="3">参数</td><td>出入</td><td>参数名称</td><td>类型</td><td>长度</td><td>含义</td></tr>
<tr><td>输入</td><td>nHandle</td><td>int</td><td>4</td><td>设备句柄</td></tr>
<tr><td>输出</td><td>pStatusCode</td><td>int *</td><td>4</td><td>设备状态错误码,0 表示正常</td></tr>
<tr><td>版本功能</td><td colspan="5">获取设备运行状态</td></tr>
<tr><td>备注</td><td colspan="5"></td></tr>
</table>

(11)获取错误码详细描述(表7-74)

获取错误码详细描述　　表7-74

<table>
<tr><td>函数描述</td><td colspan="5">int JT_GetStatusMsg(
int nStatusCode,
char * sStatusMsg,
int nStatusMsgLen
)</td></tr>
<tr><td rowspan="2">返回值</td><td colspan="2">返回值类型</td><td colspan="3">返回值说明</td></tr>
<tr><td colspan="2">int</td><td colspan="3">0 表示成功,其他表示失败</td></tr>
<tr><td rowspan="4">参数</td><td>出入</td><td>参数名称</td><td>类型</td><td>长度</td><td>含义</td></tr>
<tr><td>输入</td><td>nStatusCode</td><td>int</td><td>4</td><td>错误码</td></tr>
<tr><td>输出</td><td>sStatusMsg</td><td>char *</td><td>n</td><td>错误码信息描述缓存地址</td></tr>
<tr><td>输入</td><td>nStatusMsgLen</td><td>int</td><td>4</td><td>错误码信息描述缓存长度</td></tr>
<tr><td>功能</td><td colspan="5">查询错误码详细描述</td></tr>
<tr><td>备注</td><td colspan="5"></td></tr>
</table>

(12)获取设备版本信息(表7-75)

获取设备版本信息　　表7-75

<table>
<tr><td>函数描述</td><td colspan="5">int JT_ReaderVersion(
int nHandle
char * sRDVersion,
int nRDVerMaxLen,
char * sAPIVersion,
int nAPIVerMaxLen
)</td></tr>
<tr><td rowspan="2">返回值</td><td colspan="2">返回值类型</td><td colspan="3">返回值说明</td></tr>
<tr><td colspan="2">int</td><td colspan="3">· 0　获取设备信息成功
· −100 设备无响应
· −1000传入参数错误
· −2000其他错误</td></tr>
<tr><td rowspan="6">参数</td><td>出入</td><td>参数名称</td><td>类型</td><td>长度</td><td>含义</td></tr>
<tr><td>输入</td><td>nHandle</td><td>int</td><td>4</td><td>设备句柄号</td></tr>
<tr><td>输出</td><td>sRDVersion</td><td>char *</td><td>n</td><td>读写器版本信息</td></tr>
<tr><td>输入</td><td>nRDVerMaxLen</td><td>int</td><td>4</td><td>读写器版本信息缓存最大长度</td></tr>
<tr><td>输出</td><td>sAPIVersion</td><td>char *</td><td>n</td><td>读写器接口函数版本信息</td></tr>
<tr><td>输入</td><td>nAPIVerMaxLen</td><td>int</td><td>4</td><td>读写器接口函数版本信息缓存最大长度</td></tr>
<tr><td>功能</td><td colspan="5">获取版本信息</td></tr>
<tr><td>备注</td><td colspan="5"></td></tr>
</table>

(13)获取设备动态库版本(表7-76)

获取设备动态库版本 表7-76

<table>
<tr><td>函数描述</td><td colspan="5">int JT_GetVersion(
char * sVersion,
int nVerLen
)</td></tr>
<tr><td rowspan="2">返回值</td><td colspan="2">返回值类型</td><td colspan="3">返回值说明</td></tr>
<tr><td colspan="2">int</td><td colspan="3">· 0 操作成功
· -100 设备无响应
· -1000传入参数错误
· -2000其他错误</td></tr>
<tr><td rowspan="3">参数</td><td>出入</td><td>参数名称</td><td>类型</td><td>长度</td><td>含义</td></tr>
<tr><td>输出</td><td>sVersion</td><td>char *</td><td>n</td><td>版本信息缓存地址</td></tr>
<tr><td>输入</td><td>nVerLen</td><td>int</td><td>4</td><td>版本信息缓存大小</td></tr>
<tr><td>功能</td><td colspan="5">获取设备驱动的动态库版本信息</td></tr>
<tr><td>备注</td><td colspan="5"></td></tr>
</table>

(14)读卡器接口错误码(表7-77)

读卡器接口错误码 表7-77

错 误 码	错 误 描 述
0	正常
-1	无卡
-2	打开卡片失败
-3	关闭卡片失败
-100	设备无响应
-1000	传入参数错误
-1001	设备被占用
-1002	设备打开失败
-1003	红色灯设置错误
-1004	绿色灯设置错误
-1005	蓝色灯设置错误
-2000	其他错误
-2000 以上	预留

9)动态库接口定义

(1)约束说明

各设备如果采用动态库方式提供接口调用,均按本小节的定义进行约束。

①Windows 平台的动态库,采用 Windows API 默认的函数调用协议:__stdcall。

②非 Windows 平台的动态库,采用 C/C ++ 标准默认的函数调用协议。

(2)函数格式说明

各设备接口定义的格式如下:D_EXTERN_C D_SHARE_EXPORT T_RETURN D_CALLTYPEFunc (Paras)。

上述各个符号的定义如下:

①T_RETURN:返回类型。

②Func:函数名称。

③Paras:形参列表。

④D_EXTERN_C、D_SHARE_EXPORT、D_CALLTYPE 都为宏定义,具体的声明如下:

```
#if defined(__cplusplus)
#define D_EXTERN_C extern "C"
#else
#define D_EXTERN_C
#endif

#ifdef __SHARE_EXPORT
#define D_SHARE_EXPORT D_DECL_EXPORT
#else
#define D_SHARE_EXPORT D_DECL_IMPORT
#endif

#ifdef __OS_WIN    //Windows 环境定义
#define D_CALLTYPE __stdcall
#define D_DECL_EXPORT __declspec(dllexport)
#define D_DECL_IMPORT __ declspec(dllimport)
#else //非 Windows 环境定义
#define D_CALLTYPE
#define D_DECL_EXPORT      __attribute__((visibility("default")))
#define D_DECL_IMPORT      __attribute__((visibility("default")))
#endif
```

另外需要注意的是,如在 Windows 环境下开发,需做如下设置。

①如果使用 Qt(mingw)开发,需要增加编译选项:

```
windows{
QMAKE_LFLAGS += -Wl, -kill -at
}
```

②如果使用 VS 开发,需要在工程的.def 文件,增加导出函数说明:

```
EXPORTS
;Explicit exports can go here
Func
```

步骤如下：

a. 在工程源文件加入一个. def 文件；

b. 项目→属性→连接器→输入→模块定义文件加入“. def”。

7.2.4 界面总体设计

车道软件采用窗口界面设计，风格简洁明了，操作简单，无需鼠标即可完成所有收费业务。

7.2.4.1 车道软件界面

货车 ETC 车道软件界面如图 7-52 所示，界面区域对应功能列表见表 7-78。

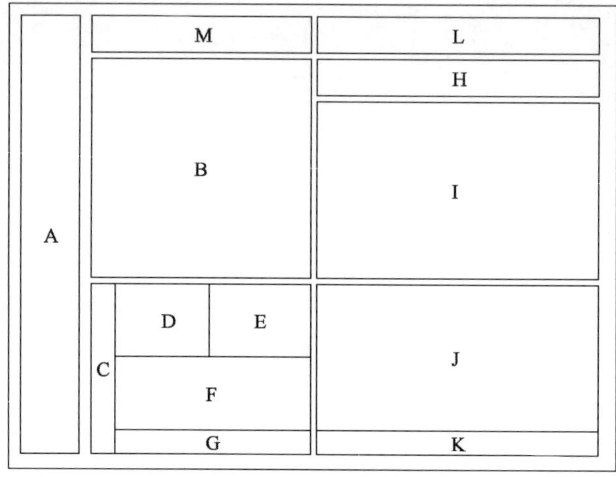

图 7-52 货车 ETC 车道软件界面

界面区域对应功能列表 表 7-78

区域	显示模块名	描 述
A	外设状态显示	天线、栏杆机、顶棚灯、车检器
B	视频流及字符叠加显示窗口	车道过车视频、叠加站名、车道、工号等
C	车辆队列	当前车道的车辆队列信息
D	费额显示区	实时对外设费额显示屏进行动态显示，包括费额显示屏信息、报警器、通行灯等
E	图像区	通过车牌识别设备抓拍的过车图片及车牌识别结果在界面进行显示。此区域为可配置区
F	交易信息区	显示当前车辆的交易详情，如车牌、车型、车种、金额、余额、入口站、通行时间、轴型等
G	状态	显示特殊事件、报警内容等
H	警告区	未上传流水、存储空间不足、参数表未更新等
I	历史交易信息	分为两个部分： 上半部分：显示计重队列，包含轴型、总重等。 下半部分：显示历史交易信息，包含车次、车牌、轴型、支付卡、金额、累计金额

续上表

区域	显示模块名	描　述
J	日志区	精简日志
K	版本信息、系统时间及网络状态	费率版本号、黑名单版本号等 当前系统时间、网络状态
L	工班及车道信息	路段、站名、车道号、工班号、登录人姓名
M	系统信息	系统名称、当前车道程序的版本号、授权信息

7.2.4.2 系统控制界面示意图

系统控制界面如图7-53～图7-55所示。

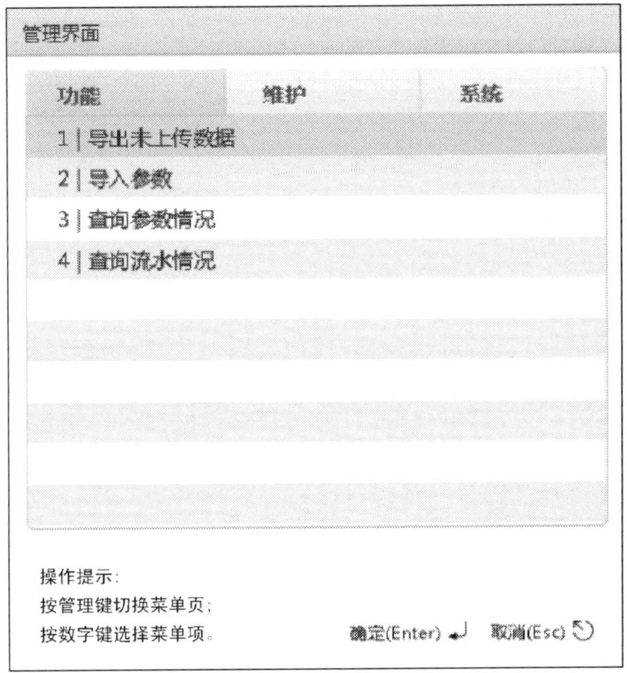

图7-53 管理窗口功能界面示意图

7.2.5 通信服务设计

7.2.5.1 流水上传

(1)实现过车交易流水、图像流水、监测流水和工班流水上传至收费站的功能;
(2)上传信息记录于日志。

7.2.5.2 参数接收

(1)接收收费站下发的收费参数表,如费率表、区域参数表、工班表、节假日免费表、联网黑名单表、车牌黑名单表、车牌白名单表、标识站车牌信息表、公务卡免费信息表、路段编码表、站编码表、操作员表等。

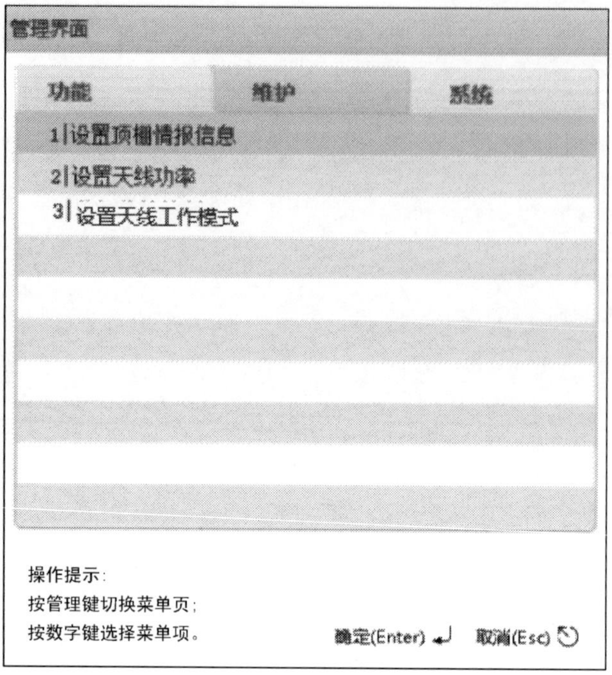

管理界面

功能 维护 系统

1|设置顶栅情报信息

2|设置天线功率

3|设置天线工作模式

操作提示:
按管理键切换菜单页;
按数字键选择菜单项。

确定(Enter) 取消(Esc)

图7-54　管理窗口维护界面示意图

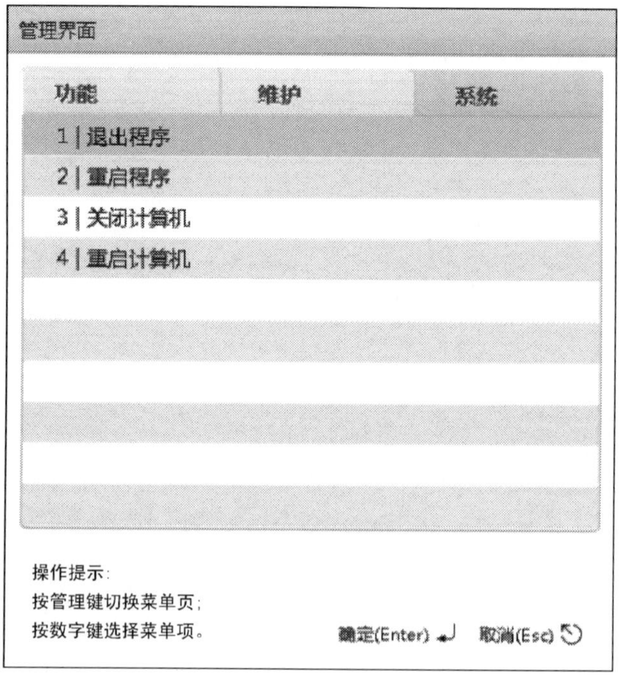

管理界面

功能 维护 系统

1 | 退出程序

2 | 重启程序

3 | 关闭计算机

4 | 重启计算机

操作提示:
按管理键切换菜单页;
按数字键选择菜单项。

确定(Enter) 取消(Esc)

图7-55　管理窗口系统界面示意图

(2)参数接收的信息记录入日志。

7.2.5.3 数据备份

提供将车道生成的数据(流水信息、车牌识别、抓拍信息)和下发参数进行本地备份的功能。车道备份数据见表7-79。

备份数据 表7-79

序号	数据
1	出口流水
2	入口流水
3	出口图像(可选)
4	入口图像(可选)
5	出口工班记录
6	入口工班记录
7	下发参数备份

7.3 系统出错处理设计

7.3.1 出错信息

在软件的开发过程中,需要考虑系统在出现异常情况下的恢复方式。在系统设计中,除了满足功能性需求外,对系统的高可用性、数据的安全性等非功能性需求要有充分的考虑。

下面定义部分常见的软件错误类型见表7-80。

软件错误类型 表7-80

错误类型	子项	错误原因
参数加载错误	加载错误	加载失败
	数据错误	与输入数据不符
设备启动错误	启动	设备启动失败
	响应	设备响应超时
TCP连接错误	连接	连接超时
		连接断开
	其他错误	Socket自身错误

续上表

错误类型	子项	错误原因
系统错误	输入错误	用户账户信息错误
		类型非法
	运行时错误	内存溢出
		线程死锁
		数据表被锁
其他	服务器错误	服务器被重启
	时间错误	服务器间时间不同步

7.3.2 应急措施

对于系统可能出现的错误，在设计阶段需要充分考虑，系统需记录错误日志，通过界面提示系统异常。在错误发生后，可参照以下处理方式：

(1)敏感参数更新加载出错时，系统应做下班处理，并上报监控，避免收费异常。

(2)生成交易流水失败时，系统报错并做下班处理，避免收费纠纷。

(3)关键设备启动失败或长期无响应时应做下班处理，并上报监控，避免收费异常。

7.3.3 系统维护设计

主要对车道各种数据进行维护，如定期备份消息文件及日志文件。

7.4 系统安全设计

7.4.1 数据传输安全性设计

在应用层面的安全性设计上，可采用角色管理和用户身份验证的安全策略。

(1)角色管理

角色管理将系统不同模块权限和对象权限整合成一个集合，即角色。通过对系统功能模块的划分，不同的模块对不同的角色有着不同的访问权限控制，从而限制了那些没有该功能模块访问权限的用户访问该功能模块。

(2)用户身份验证

对于系统关键操作，需对用户名和密码验证通过后方可授权操作。

7.4.2 应用系统安全性设计

对于数据存储安全设计需要从两个方面着手，首先，采用预防性的技术，防范危及数据完整性的事件发生；其次，一旦数据的完整性受到损坏时采取有效的恢复手段，恢复被损坏的数据。

定期备份、镜像技术、归档、转储、分级存储管理、奇偶校验、灾难恢复计划、故障发生前的预前分析和电源调节系统等都是恢复数据完整性和防止数据丢失的方法。

7.5 系统部署

货车 ETC 车道系统部署如图 7-56 所示。

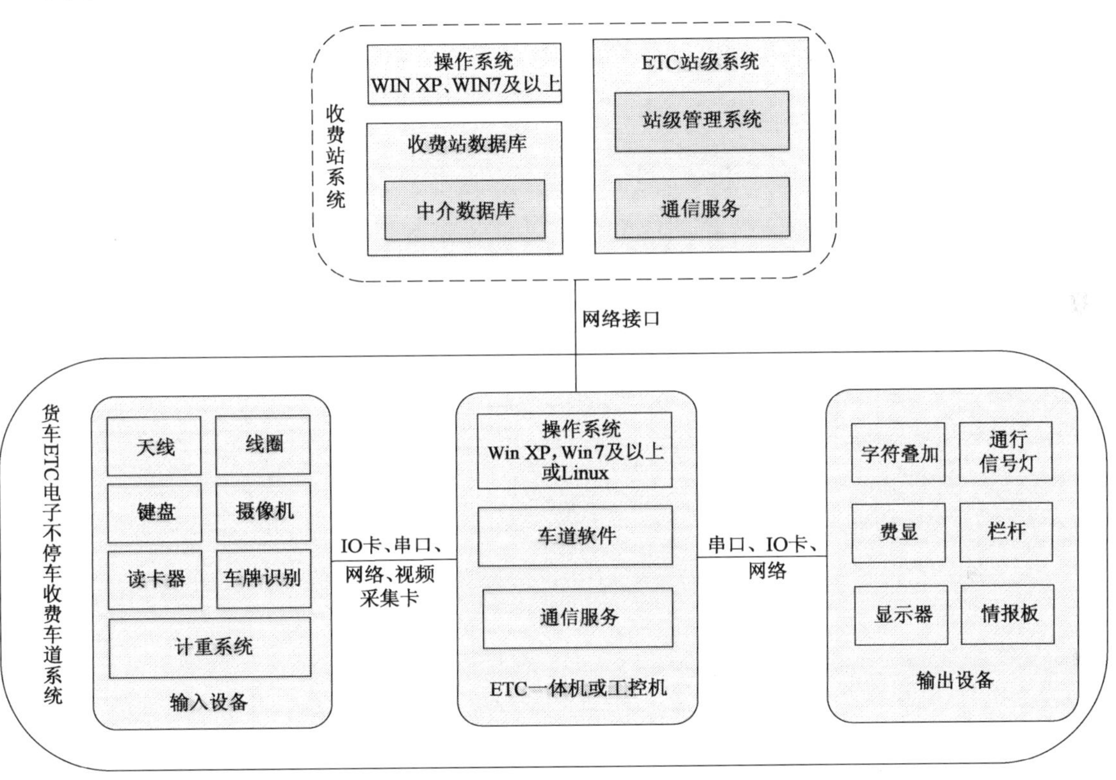

图 7-56 货车 ETC 车道系统部署图

第 8 章　PC-RSU 接口规范

8.1　接 口 要 求

8.1.1　接口描述

如图 8-1 所示,路侧单元的外部数据接口可分为如下三类。

(1)α 接口:电子标签与路侧单元之间的 DSRC 接口。

(2)β 接口:路侧单元设备驱动程序的应用编程接口(API)。

(3)γ 接口:路侧单元与车道控制机(器)之间的接口。

本方案规定 γ 接口——PC-RSU 通信接口。

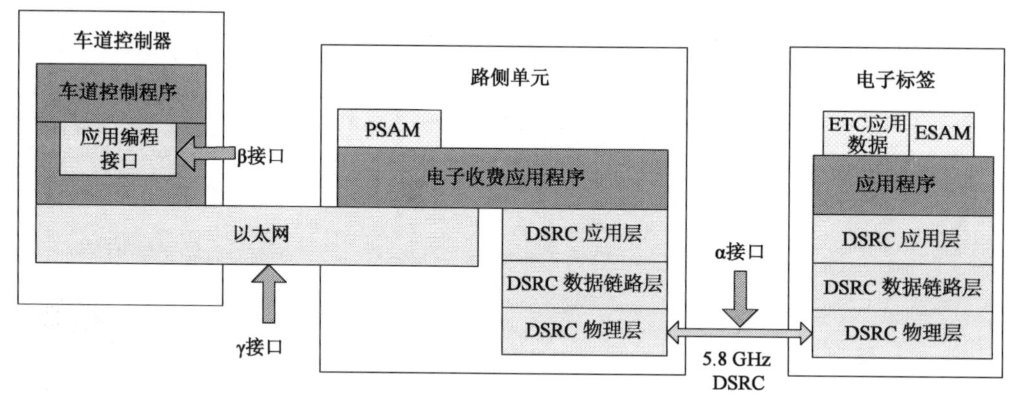

图 8-1　接口类型说明

8.1.2　接口参数

(1)接口形式:标准 RJ45 以太网接口。

(2)通信速率:100M/1000M 自适应。

(3)通信协议:传输控制协议(Transmission Control Protocol,TCP)。

(4)工作模式:路侧单元为服务端,车道控制机或其他终端为客户端。

(5)通信端口:9527。

(6)RSU 默认 IP:192.168.9.209。

采用以太网接口通信时,路侧单元作为服务端,启动后监听通信端口,等待客户端连接。车道控制机或其他终端作为客户端,主动向服务端发起 TCP 连接请求。建立 TCP 连接后,服务端与客户端即可正常通信。

8.1.3　通信数据帧格式

RSU 和 PC 通信的数据帧格式如下:

STX	VER	SEQ	LEN	DATA	CRC

数据帧中各数据域的说明如表 8-1 所示。如无特别注明,数据均采用无符号整型编码。以字节表示的数据,均为高位字节在前、低位字节在后的大端模式。对于未定义或者保留的参数默认值填 00H。

数据帧格式　　表 8-1

字　段	描　　述
STX	帧开始标志,2 字节,取值为 FFFFH
VER	协议版本号,当前版本为 00H
SEQ	帧序列号,1 个字节。 (1)RSU 的帧序列号的低半字节为 1 ~ 9,高半字节为 0; (2)帧序列号每次加一,用于标识每次的通信; (3)RSU 发送的帧序号为 0XH,其中 X 为 1,2,3,4,5,6,7,8,9; (4)车道控制机发送的帧序号为 X0H,其中 X 为 1,2,3,4,5,6,7,8,9
LEN	DATA 域的长度,4 字节(VER = 0x00,高 2 字节保留,低两字节为 DATA 域长度)
DATA	帧数据内容
CRC	从 VER 到 DATA 所有字节的 CRC16 校验值,2 字节,初始值为 FFFFH

8.1.4　通信方式

路侧单元作为服务端,启动后监听通信端口,等待车道控制机客户端连接;车道控制机发起 TCP 连接请求,建立 TCP 连接后,车道控制机与路侧单元开始通信:

(1)车道控制机主动发送初始化指令对路侧单元进行初始化。

(2)路侧单元发送信息帧给车道控制机,车道控制机应返回应答指令给路侧单元;否则路侧单元将重复发送该指令,直到达到最大重传次数。最大重传次数为 3,重传时间间隔为 120ms。

(3)路侧单元与车道控制机建立连接后,每隔 10s 发送一次心跳数据帧(简称"心跳")给车道控制机,告知车道控制机 TCP 连接状态良好;车道控制机不回复或者回复空应答。

8.1.5　CRC 校验算法

```
#define CRC_POLYNOM      0x8408
//init_crc 为计算 crc 初始值,根据协议,该值为 0xFFFF
//u16 为 16 位无符号整型编码
u16 calc_crc16(int init_crc, u8 *crc_data, int len)
{
```

```
    int crc = init_crc, cnt, k;
    for(cnt = 0; cnt < len; cnt++)
      {//loop data length
        crc ^= crc_data[cnt];
        for(k = 0; k < 8; k++)
        {//every bit data
            if(crc & 0x1)
              {
                crc = (crc >> 1) ^ CRC_POLYNOM;
              }else
                {
                crc = (crc >> 1);
            }
        }
    }
    crc = (~crc) & 0xFFFF;
    return (u16)crc;
}
```

8.2 集成命令接口

集成命令接口 DATA 域包含“命令字”和“数据内容”两项，下面详细介绍路侧单元与车道控制机命令集。

8.2.1 车道控制机发送的指令

8.2.1.1 指令类型及功能

车道控制机发往路侧单元的指令类型和具体功能如表 8-2 所示。

车道控制机的指令类型和功能 表 8-2

代　码	指令名称	功能说明
C0H	初始化指令	对路侧单元的关键参数，如功率、车道模式、路径信息处理模式等进行初始化设置
C1H	继续交易指令	对收到路侧单元发来的信息应答，表示确认收到信息，并要求继续处理指定车载单元
C2H	停止交易指令	对收到路侧单元发来的信息应答，表示确认收到信息，并要求当前不再继续处理指定车载单元
C4H	开关路侧单元指令	打开和关闭路侧单元
C6H	消费交易指令	对指定车载单元（IC 卡）的电子钱包扣费，同时写入过站信息

8.2.1.2 指令描述

1)初始化指令

初始化指令对路侧单元进行工作参数设定,描述见表8-3。因参数、数据元等字段用于指示软件系统的代码级开发,各字段的多个英文单词间不应有空格填充。

初始化指令 表8-3

位置	字节数	参数	说明	
0	1	CmdType	指令代码,此处取值 C0H	
1	4	Seconds	UNIX 时间(从1970-01-01 00:00:00 开始)	
5	7	Datetime	当前日期时间,YYYYMMDDhhmmss	
12	1	LaneMode	车道工作模式:3-封闭式 ETC 入口;4-封闭式 ETC 出口;6-ETC 开放式;7-标识站;8-省界合建站	
13	1	BSTInterval	路侧单元自动发送 BST 的间隔,单位 ms,建议值 20ms	
14	1	TxPower	路侧单元功率级数	
15	1	PLLChannelID	信道号	
16	1	TransMode	1:复合交易	

17	1	WorkType	X
			 0
			  0
			   0
			    0
			     0
			      X
			X
				是否有标识站应用:1 有,0 无
				保留,填充0
				保留,填充0
				保留,填充0
				保留,填充0
				保留,填充0
				路径识别文件选择:1 EF04+0008,0 EF04+0009
				是否清除标识站内容:1 清除,0 不清除

18	1	Reserved	保留字节,填充0	
19	2	Len_EF04	处理 EF04 长度,Worketype[7]为1存在字段才存在,不存在则填充0	
21	1	Len_0008	处理0008长度,Worketype[1]为1存在字段才存在,不存在则填充0	
22	2	Len_0009	处理0009长度,Worketype[1]为0存在字段才存在,不存在则填充0	

注:1. 路侧单元通电后设置监听端口,等待车道控制机连接。
2. 当车道控制机成功连接到路侧单元后,发送 C0 指令设定初始化参数。
3. 路侧单元收到车道控制机发送的 C0 命令后,若路侧单元初始化成功,则向车道控制机发送 B0 帧作为应答,RSUStatus 为00H。
4. 读路径信息文件将在 B4 帧返回;清路径文件操作入口在消费前完成,清理失败不再继续消费,失败错误码在 B5 帧返回;出口/合建站在消费成功后 RSU 尝试清除路径信息。

2)继续交易指令

继续交易指令应答并告知路侧单元继续进行正常电子收费交易,描述见表8-4。

继续交易指令　　表8-4

位　置	字　节　数	参　数	说　明
0	1	CmdType	指令代码，此处取值 C1H
1	4	OBUID	车载单元 MAC 地址
5	8	OBUDivFactor	车载单元一级分散因子

注：如果车道控制机在收到路侧单元发送过来的 IC 卡信息（B4 帧）后回应了 C1 指令，则路侧单元视其为 C2 指令，防止误操作。

3）停止交易指令

停止交易指令描述见表8-5。

停止交易指令　　表8-5

位　置	字　节　数	参　数	说　明
0	1	CmdType	指令代码，此处取值 C2H
1	4	OBUID	车载单元 MAC 地址
5	1	StopType	1：重新搜索车载单元 2：重新发送当前帧

注：1. 当 StopType = 1 时，表示不对该车载单元进行交易处理，路侧单元须重新搜索车载单元，该指令对路侧单元发送过来的 B2、B3、B4、B5 帧有效。
2. 当 StopType = 2 时，指令只对路侧单元发送过来的 B3、B4、B5 帧有效。

4）开关路侧单元指令

开关路侧单元指令描述见表8-6。

开关路侧单元指令　　表8-6

位　置	字　节　数	参　数	说　明
0	1	CmdType	指令代码，此处取值 C4H
1	1	ControlType	0：关闭路侧单元 1：打开路侧单元 其他值：保留

注：1. 路侧单元收到关路侧单元指令后，如果当前没有交易存在，立即关闭路侧单元；如果尚有未完成的交易（无需车道控制机参与的），则应继续完成当前的交易操作，之后再关闭路侧单元。
2. 当路侧单元处于关闭状态下，除了 C4 指令之外，在收到 C0 指令后，也可以打开路侧单元。
3. 本指令与车道控制机发送的其他指令之间的时间间隔应在 2ms 以上；路侧单元不回复此帧。

5）消费交易指令

消费交易指令只对路侧单元发送过来的正常 B4 帧回应有效，指令描述见表8-7。

消费交易指令　　表8-7

位　置	字　节　数	参　数	说　明
0	1	CmdType	指令代码，此处取值 C6H
1	4	OBUID	车载单元 MAC 地址
5	8	CardDivFactor	IC 卡一级分散因子

续上表

位 置	字 节 数	参 数	说 明
13	1	WriteRecord	写 0019 记录： 0：写 ICCard0019File 专用记录 1：写 ICCard0019File 预留记录 1 2：写 ICCard0019File 预留记录 2 3：写 ICCard0019File 预留记录 3 4：写 ICCard0019File 预留记录 4 5：写 ICCard0019File 预留记录 5 6：写 ICCard0019File 预留记录 6 7：写 ICCard0019File 预留记录 7 其他：保留
13	4	ConsumeMoney	扣款额，高字节在前
17	7	PurchaseTime	YYYYMMDDhhmmss，用此时间去计算 TAC 码
24	63	Station	过站信息，IC 卡 0019 文件记录(不足 63 字节补 0 处理)

8.2.2 路侧单元发送的数据帧

8.2.2.1 数据帧类型及功能

路侧单元发往车道控制机的信息帧类型和具体功能见表 8-8。

路侧单元的信息帧类型和功能 表 8-8

代码	指 令 名 称	功 能 说 明
B0H	设备状态信息帧	路侧单元的当前设备状态信息
B2H	车载单元信息帧	路侧单元检测到车载单元后，发送的车载单元系统信息
B3H	车辆信息帧	路侧单元读取到的 ETC 车辆信息
B4H	IC 卡信息帧	路侧单元读取到的车载单元内 IC 卡信息
B5H	交易信息帧	路侧单元与车载单元交易完成后的结果信息

8.2.2.2 数据帧描述

1)设备状态信息帧

路侧单元在通电或收到车道控制机初始化指令后，发送设备状态信息帧给车道控制机，设备状态信息帧格式描述见表 8-9。

设备状态信息帧 表 8-9

位 置	字 节 数	参 数	说 明
0	1	FrameType	数据帧类型标识，此处取值 B0H
1	1	RSUStatus	路侧单元主状态参数，0x00 表示正常，否则表示异常
2	1	PSAMNum	PSAM 卡个数
3	6*n*	RSUTerminalID1 RSUTerminalID2 …… RSUTerminalID*n*	PSAM 卡终端机编号，*n* 为 PSAM 卡个数

续上表

位　置	字　节　数	参　　数	说　　明
3 +6n	1	RSUAlgId	算法标识，默认填写 0x00
4 +6n	1	RSUManuID	路侧单元厂商代码
5 +6n	3	RSUID	路侧单元编号
8 +6n	2	RSUVersion	路侧单元软件版本号，采用本标准版本不低于 2000H
10 +6n	1	WorkStatus	工作模式返回状态，正确——00，否者不支持设置的路径信息处理模式
11 +6n	4	Reserved	保留字节

注：1. 路侧单元启动后监听通信端口，等待车道控制机客户端连接；车道控制机发起 TCP 连接请求，建立 TCP 连接后，发送 C0 帧对路侧单元进行初始化。
2. 路侧单元完成初始化返回设备状态信息帧。
3. 工作模式设置错误时，路径信息处理模式不支持。

2）车载单元信息帧

车载单元信息帧格式描述见表 8-10。收到该信息帧后，车道控制机应答 C1 指令。

车载单元信息帧

表 8-10

位　置	字　节　数	参　　数	说　　明
0	1	FrameType	数据帧类型标识，此处取值 B2
1	4	OBUID	车载单元 MAC 地址
5	1	ErrorCode	执行状态代码，取值为“00”时有后续数据
6	8	IssuerIdentifier	发行商代码
14	1	ContractType	协约类型
15	1	ContractVersion	协约版本
16	8	SerialNumber	合同序列号
24	4	DateofIssue	启用日期
28	4	DateofExpire	过期日期
32	1	EquitmentCV	设备类型及版本
33	2	OBUStatus	车载单元状态

注：1. 路侧单元在搜索到车载单元后发送车载单元 MAC 地址给车道控制机，表示通信区域内存在此车载单元，同时 ErrorCode 为零。
2. 路侧单元在其通信区域内始终搜索不到车载单元的情况下，也需要定时向车道控制机发送此帧，发送间隔 10s，作为心跳信息使用，表示路侧单元正常工作状态，同时 ErrorCode 非零，取值为 80H。车道控制机可不应答心跳信息的 B2 帧。
3. ErrorCode 为 FFH 时，代表该帧为测试帧。

车载单元信息帧中 OBUStatus 的编码格式见表 8-11。

3）车辆信息帧

车辆信息帧包含 ETC 车辆信息，帧格式描述见表 8-12。收到该信息帧后：

（1）车道控制机应答 C1 指令，路侧单元继续对该车载单元进行操作；

（2）车道控制机应答 C2 指令，路侧单元将重新搜索车载单元。

OBUStatus 编码格式 表 8-11

字节	位	说　明
1	bit7	0/1：IC 卡存在/不存在
	bit6	保留位
	bit5	0/1：接触式界面/非接触界面
	bit4	保留位，填 0
	bit3	0/1：IC 卡正常/出错
	bit2	0/1：车载单元未锁/被锁
	bit1	0/1：车载单元未被拆动/被拆动
	bit0	0/1：车载单元电池正常/电池电量低
2	—	ESAM 系统信息文件第 27 字节“拆卸状态”

车辆信息帧 表 8-12

位　置	字　节　数	参　　数	说　明
0	1	FrameType	数据帧类型标识，此处取值 B3H
1	4	OBUID	车载单元 MAC 地址
5	1	ErrorCode	执行状态代码
6	12	VehicleLicencePlateNumber	OBU 记载的车牌号
18	2	VehicleLicencePlateColor	车牌颜色
20	1	VehicleClass	车辆类型
21	1	VehicleUserType	车辆用户类型
22	4	VehicleDimensions	车辆尺寸，包括长(2 个字节)、宽(1 个字节)、高(1 个字节)
26	1	VehicleWheels	车轮数
27	1	VehicleAxles	车轴数
28	2	VehicleWheelBases	轴距，二进制表示，长度为 2 个字节，单位为分米；如 0x28，表示轴距为 4m
30	3	VehicleWeightLimits	车辆载重(货车)或座位数(客车)，二进制表示，单位为 kg/座
33	16	VehicleSpecificInformation	车辆特征描述，字符用 ASCⅡ 编码表示，汉字用 GB2312 码表示，如“奔驰 307”
49	16	VehicleEngineNumber	车辆发动机号
65	2	VehAxisInfo	建议：写货车轴型信息[轴型 157(十进制)：0x00 0x9D]最多支持 5 轴组
67	18	ReservedInfo	保留字段

注：如果 ErrorCode 为 00H，说明后续 IC 卡信息合法有效；如果 ErrorCode 为 08H，表示无 DSRC 数据返回；如果 ErrorCode 为 FFH，表示该帧为测试帧。

4）IC 卡信息帧

IC 卡信息帧包含 IC 卡发行及过站信息，帧格式描述见表 8-13。收到该信息帧后：

（1）车道控制机应答写卡 C6 指令，则路侧单元对车载单元进行写卡操作或者继续获取其他文件信息；

（2）车道控制机应答 C2 指令，参数 StopType = 1，则路侧单元不对车载单元进行操作；

（3）车道控制机应答 C2 指令，参数 StopType = 2，则路侧单元需要重新发送 B4 帧给车道控制机。

IC 卡信息帧 表 8-13

位置	字节数	参数	说明
0	1	FrameType	类型标识，此处取值 B4H
1	4	OBUID	车载单元 MAC 地址
5	1	ErrorCode	执行状态代码
6	1	TransType	交易类型（10H：复合交易）
7	4	CardRestMoney	卡余额
11	50	IssuerInfo	卡片发行信息（0015 文件内容），非 4x 版本 IC 卡后 7 字节补 00H
61	63	LastStation	上次过站信息（0019 文件记录，不足 63 字节补充 0 处理）
124	Len_EF04	EF04 路径信息	读取 EF04 数据，C0 指令中 Worktype 字节 bit7 为 1 时字段存在
124 + Len_EF04	Len_0008	0008 路径信息	读取 0008 数据，C0 指令中 Worktype 字节 bit7 为 1、bit1 为 1 时存在
124 + Len_EF04 + Len_0008	Len_0009	0009 路径信息	读取 0009 长度，C0 指令中 Worktype 字节 bit7 为 1、bit1 为 0 时存在

注：1. 如果 ErrorCode 为 00H，说明后续 IC 卡信息有效；如果 ErrorCode 为 08H，表示无 DSRC 数据返回；如果 ErrorCode为 FFH，表示该帧为测试帧。

2. 路径信息文件解析需要根据初始化配置参数解析。

ErrorCode 的代码含义定义见表 8-14。

错误代码定义 表 8-14

代码值	错误类型说明
00H	本次交易成功执行，后续各项信息及卡信息合法有效
01H	读取 EF04 无数据返回
02H	读取 0008 无数据返回
03H	读取 0009 无数据返回
08H	无 DSRC 数据返回
FFH	测试数据帧

5)交易信息帧

路侧单元发送交易信息帧内容,表示本次交易成功结束。帧格式描述见表8-15。

正常情况下,车道控制机应答C1指令。车道控制机应答C2指令且参数StopType=2时,路侧单元应重新发送B5帧给车道控制机。

交易信息帧　表8-15

位置	字节数	参数	说明
0	1	FrameType	数据帧类型标识,此处取值B5H
1	4	OBUID	车载单元MAC地址
5	1	ErrorCode	执行状态代码
6	6	PSAMNo	PSAM卡终端机编号
12	7	TransTime	交易时间,BCD编码,格式:YYYYMMDDhhmmss
19	1	TransType	交易类型,取值为0x09(复合消费),其他保留
20	4	TAC	交易认证码
24	2	ICCPayserial	IC卡脱机交易序号
26	4	PSAMTransSerial	PSAM卡终端交易序号
30	4	CardBalance	交易后余额

ErrorCode的代码含义定义见表8-16。

错误代码定义　表8-16

代码值	错误类型说明
00H	本次交易成功执行,后续各项信息及卡信息合法有效
01H	IC卡版本错误
03H	复合消费初始化与更新记录文件缓存,返回数据失败
04H	计算MAC1返回状态码为非9000H
05H	PSAM卡MAC1计算失败
06H	扣款失败
07H	MAC2校验失败
08H	无DSRC数据返回
09H	复合消费返回APDU状态码为非9000H
0AH	复合消费返回数据非法
0BH	计算TAC失败
0CH	清EF04文件失败
0DH	清0008文件失败
0EH	清0009文件失败
FFH	测试数据帧

8.3 PC-RSU 通信流程

PC-RSU 交易通信流程见图 8-2。

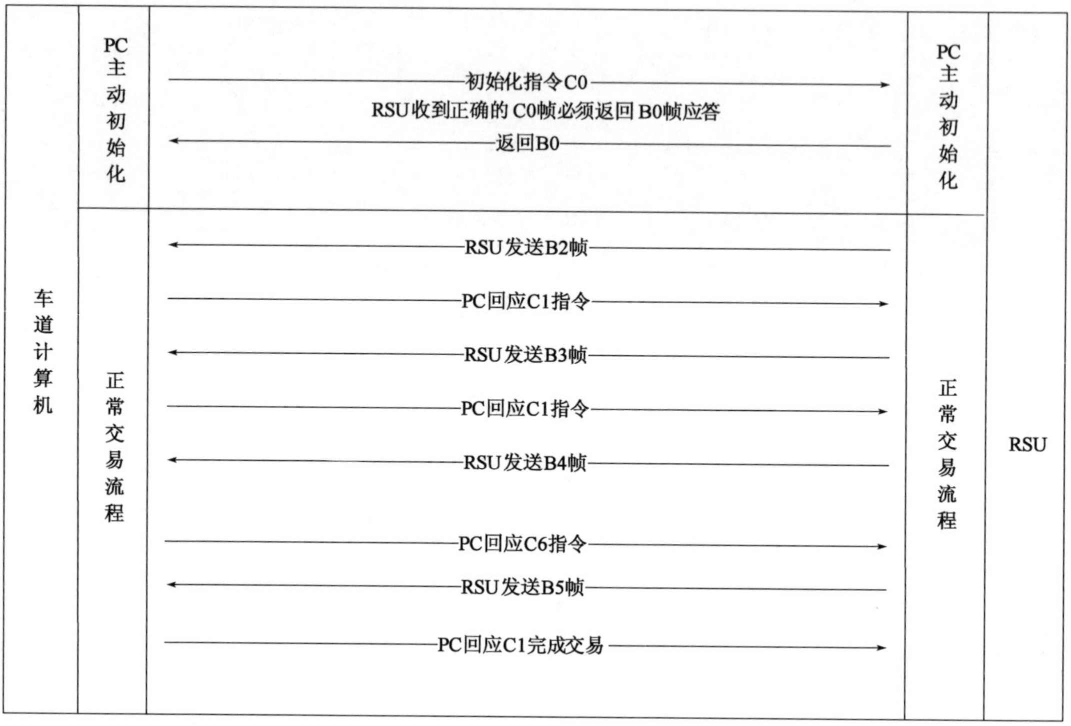

车道计算机				RSU
	PC主动初始化	初始化指令C0 → RSU收到正确的C0帧必须返回B0帧应答 ← 返回B0	PC主动初始化	
	正常交易流程	← RSU发送B2帧 PC回应C1指令 → ← RSU发送B3帧 PC回应C1指令 → ← RSU发送B4帧 PC回应C6指令 → ← RSU发送B5帧 PC回应C1完成交易 →	正常交易流程	

图 8-2　PC-RSU 交易通信流程图

第 9 章　计重系统通信协议

9.1　数据通信要求

数据通信应采用统一的动态库接口和通信协议。

9.1.1　接口参数

(1)接口形式:标准 RS232 接口(半双工的异步通信方式)。

(2)波特率:≥9600bps。

(3)数据位:8 位。

(4)停止位:1 位。

(5)奇偶校验:无。

(6)数据格式:异步通信数据结构定义见表 9-1。

数据结构定义　　表 9-1

起始位	数据位	校验位	停止位
1bit	8bits	无校验	1bit

注:所有数据均采用高字节在前,低字节在后(除非有特殊说明)。

9.1.2　CRC16 校验

static unsigned int crctab[256] =

{0x0000, 0x1021, 0x2042, 0x3063, 0x4084, 0x50A5, 0x60C6, 0x70E7, 0x8108, 0x9129, 0xA14A, 0xB16B, 0xC18C, 0xD1AD, 0xE1CE, 0xF1EF, 0x1231, 0x0210, 0x3273, 0x2252, 0x52B5, 0x4294, 0x72F7, 0x62D6, 0x9339, 0x8318, 0xB37B, 0xA35A, 0xD3BD, 0xC39C, 0xF3FF, 0xE3DE, 0x2462, 0x3443, 0x0420, 0x1401, 0x64E6, 0x74C7, 0x44A4, 0x5485, 0xA56A, 0xB54B, 0x8528, 0x9509, 0xE5EE, 0xF5CF, 0xC5AC, 0xD58D, 0x3653, 0x2672, 0x1611, 0x0630, 0x76D7, 0x66F6, 0x5695, 0x46B4, 0xB75B, 0xA77A, 0x9719, 0x8738, 0xF7DF, 0xE7FE, 0xD79D, 0xC7BC, 0x48C4, 0x58E5, 0x6886, 0x78A7, 0x0840, 0x1861, 0x2802, 0x3823, 0xC9CC, 0xD9ED, 0xE98E, 0xF9AF, 0x8948, 0x9969, 0xA90A, 0xB92B, 0x5AF5, 0x4AD4, 0x7AB7, 0x6A96, 0x1A71, 0x0A50, 0x3A33, 0x2A12, 0xDBFD, 0xCBDC, 0xFBBF, 0xEB9E, 0x9B79, 0x8B58, 0xBB3B, 0xAB1A, 0x6CA6, 0x7C87, 0x4CE4,

```
0x5CC5, 0x2C22, 0x3C03, 0x0C60, 0x1C41, 0xEDAE, 0xFD8F, 0xCDEC, 0xDDCD,
0xAD2A, 0xBD0B, 0x8D68, 0x9D49, 0x7E97, 0x6EB6, 0x5ED5, 0x4EF4, 0x3E13,
0x2E32, 0x1E51, 0x0E70, 0xFF9F, 0xEFBE, 0xDFDD, 0xCFFC, 0xBF1B, 0xAF3A,
0x9F59, 0x8F78, 0x9188, 0x81A9, 0xB1CA, 0xA1EB, 0xD10C, 0xC12D, 0xF14E,
0xE16F, 0x1080, 0x00A1, 0x30C2, 0x20E3, 0x5004, 0x4025, 0x7046, 0x6067,
0x83B9, 0x9398, 0xA3FB, 0xB3DA, 0xC33D, 0xD31C, 0xE37F, 0xF35E, 0x02B1,
0x1290, 0x22F3, 0x32D2, 0x4235, 0x5214, 0x6277, 0x7256, 0xB5EA, 0xA5CB,
0x95A8, 0x8589, 0xF56E, 0xE54F, 0xD52C, 0xC50D, 0x34E2, 0x24C3, 0x14A0,
0x0481, 0x7466, 0x6447, 0x5424, 0x4405, 0xA7DB, 0xB7FA, 0x8799, 0x97B8,
0xE75F, 0xF77E, 0xC71D, 0xD73C, 0x26D3, 0x36F2, 0x0691, 0x16B0, 0x6657,
0x7676, 0x4615, 0x5634, 0xD94C, 0xC96D, 0xF90E, 0xE92F, 0x99C8, 0x89E9,
0xB98A, 0xA9AB, 0x5844, 0x4865, 0x7806, 0x6827, 0x18C0, 0x08E1, 0x3882,
0x28A3, 0xCB7D, 0xDB5C, 0xEB3F, 0xFB1E, 0x8BF9, 0x9BD8, 0xABBB, 0xBB9A,
0x4A75, 0x5A54, 0x6A37, 0x7A16, 0x0AF1, 0x1AD0, 0x2AB3, 0x3A92, 0xFD2E,
0xED0F, 0xDD6C, 0xCD4D, 0xBDAA, 0xAD8B, 0x9DE8, 0x8DC9, 0x7C26, 0x6C07,
0x5C64, 0x4C45, 0x3CA2, 0x2C83, 0x1CE0, 0x0CC1, 0xEF1F, 0xFF3E, 0xCF5D,
0xDF7C, 0xAF9B, 0xBFBA, 0x8FD9, 0x9FF8, 0x6E17, 0x7E36, 0x4E55, 0x5E74,
0x2E93, 0x3EB2, 0x0ED1, 0x1EF0};
    #define xcrc(crc,cp) (crctab[((crc>>8)&0xff)^(cp&0xff)]^(crc<<8))
    //命令字加校验码
    void ConCRC(unsignedcharcCon[],intilen)
    {
        unsigned short crc16;
          crc16 = 0;
        for(inti=0;i<ilen;i++)
          crc16=xcrc(crc16,cCon[i]);
        cCon[ilen]=(unsignedchar)(crc16>>8);
        cCon[ilen+1]=(unsignedchar)(crc16&0xff);
    }
```

9.2 动态库接口规范

计重系统动态库文件名为 WtSys_V10. dll。

WtSys 为计重系统抽象层,仅定义对应业务层的接口,具体实现方法由 WtSys_V10. dll 实现。

WtSys_V10. dll 应提供以下 C 语言格式 DLL 接口。

(1)打开串口(表9-2)

打开串口 表9-2

<table>
<tr><td>函数描述</td><td colspan="5">bool WtSys_OpenCom(int iComID,int bps)</td></tr>
<tr><td rowspan="2">返回值</td><td colspan="2">返回值类型</td><td colspan="3">返回值说明</td></tr>
<tr><td colspan="2">bool</td><td colspan="3">· true 打开串口成功
· false 打开串口失败</td></tr>
<tr><td rowspan="3">参数</td><td>出入</td><td>参数名称</td><td>类型</td><td>长度</td><td>含义</td></tr>
<tr><td rowspan="2">输入</td><td>iComID</td><td>int</td><td>4</td><td>串口号</td></tr>
<tr><td>bps</td><td>int</td><td>4</td><td>传输速率</td></tr>
<tr><td>功能</td><td colspan="5">上位机与计重系统之间建立通信连接</td></tr>
<tr><td>备注</td><td colspan="5"></td></tr>
</table>

(2)关闭串口(表9-3)

关闭串口 表9-3

<table>
<tr><td>函数描述</td><td colspan="5">bool WtSys_CloseCom()</td></tr>
<tr><td rowspan="2">返回值</td><td colspan="2">返回值类型</td><td colspan="3">返回值说明</td></tr>
<tr><td colspan="2">bool</td><td colspan="3">· true 关闭串口成功
· false 关闭串口失败</td></tr>
<tr><td rowspan="2">参数</td><td>出入</td><td>参数名称</td><td>类型</td><td>长度</td><td>含义</td></tr>
<tr><td>输入</td><td>无</td><td></td><td></td><td></td></tr>
<tr><td>功能</td><td colspan="5">关闭串口,释放动态链接库占用系统资源</td></tr>
<tr><td>备注</td><td colspan="5"></td></tr>
</table>

(3)计重系统初始化(表9-4)

计重系统初始化 表9-4

<table>
<tr><td>函数描述</td><td colspan="5">int WtSys_InitCarNum(int InitType)</td></tr>
<tr><td rowspan="2">返回值</td><td colspan="2">返回值类型</td><td colspan="3">返回值说明</td></tr>
<tr><td colspan="2">int</td><td colspan="3">· ≥0 初始化成功,并返回实际缓存的车辆数据量
· -1 初始化失败</td></tr>
<tr><td rowspan="2">参数</td><td>出入</td><td>参数名称</td><td>类型</td><td>长度</td><td>含义</td></tr>
<tr><td>输入</td><td>InitType</td><td>int</td><td>4</td><td>· -1 初始化并返回缓存的车辆数据量(保留现状)
· 0 初始化并强制清空缓存
· n 初始化并部分清除缓存,只保留最后 n 辆车的数据(如果实际缓存的车辆数据量小于 n,初始化后不清除缓存,返回实际缓存的车辆数据量)</td></tr>
<tr><td>功能</td><td colspan="5">计重系统缓存初始化</td></tr>
<tr><td>备注</td><td colspan="5"></td></tr>
</table>

(4)检查计重系统状态(表9-5)

检查计重系统状态 表9-5

<table>
<tr><td>函数描述</td><td colspan="5">int WtSys_Test( )</td></tr>
<tr><td rowspan="2">返回值</td><td colspan="2">返回值类型</td><td colspan="3">返回值说明</td></tr>
<tr><td colspan="2">int</td><td colspan="3">· Byte0：
· BIT0：0-正常 1-计重系统传感器故障
· BIT1：0-正常 1-红外光幕故障
· BIT2：0-正常 1-线圈故障
· BIT3：0-正常 1-轮轴识别器故障
· BIT4：0-正常 1-通信故障
· BIT5：0-正常 1-秤体故障
· BIT6：0-正常 1-过载
· Byte1、Byte2：计量参数版本
· Byte3：冗余</td></tr>
<tr><td rowspan="2">参数</td><td>出入</td><td>参数名称</td><td>类型</td><td>长度</td><td>含义</td></tr>
<tr><td>输入</td><td>无</td><td></td><td></td><td></td></tr>
<tr><td>功能</td><td colspan="5">检查计重系统设备状态；按位数表示状态码，状态码可叠加</td></tr>
<tr><td>备注</td><td colspan="5"></td></tr>
</table>

(5)清除首车数据(表9-6)

消除首车数据 表9-6

<table>
<tr><td>函数描述</td><td colspan="5">bool WtSys_ClearOne( )</td></tr>
<tr><td rowspan="2">返回值</td><td colspan="2">返回值类型</td><td colspan="3">返回值说明</td></tr>
<tr><td colspan="2">bool</td><td colspan="3">· true 清除成功
· false 清除失败</td></tr>
<tr><td rowspan="2">参数</td><td>出入</td><td>参数名称</td><td>类型</td><td>长度</td><td>含义</td></tr>
<tr><td>输入</td><td>无</td><td></td><td></td><td></td></tr>
<tr><td>功能</td><td colspan="5">清除保存的首辆车数据；
若通信正常时为真清除，同时清除动态库和计重系统缓存的数据；
若通信中断时为伪清除，只对动态库数据加上清除标记，待通信恢复时自动使动态库和计重系统中缓存的数据保持一致，伪清除的数据被自动真清除</td></tr>
<tr><td>备注</td><td colspan="5"></td></tr>
</table>

(6)获取当前总车辆数(表9-7)

获取当前总车辆数 表9-7

<table>
<tr><td>函数描述</td><td colspan="5">int WtSys_GetVehicleCount( )</td></tr>
<tr><td rowspan="2">返回值</td><td colspan="2">返回值类型</td><td colspan="3">返回值说明</td></tr>
<tr><td colspan="2">int</td><td colspan="3">· ≥0 总车数，0 为没有车
· −1 失败</td></tr>
<tr><td rowspan="2">参数</td><td>出入</td><td>参数名称</td><td>类型</td><td>长度</td><td>含义</td></tr>
<tr><td>输入</td><td>无</td><td></td><td></td><td></td></tr>
<tr><td>功能</td><td colspan="5">取当前总车辆数</td></tr>
<tr><td>备注</td><td colspan="5"></td></tr>
</table>

(7)获取指定车辆的轴数(表9-8)

获取指定车辆的轴数　　表9-8

<table>
<tr><td>函数描述</td><td colspan="5">int WtSys_GetAxisCount(int VehicleID)</td></tr>
<tr><td rowspan="2">返回值</td><td colspan="2">返回值类型</td><td colspan="3">返回值说明</td></tr>
<tr><td colspan="2">int</td><td colspan="3">· ≥0 总轴数(车辆被错分时,总轴数可能为1)
· -1 失败</td></tr>
<tr><td rowspan="2">参数</td><td>出入</td><td>参数名称</td><td>类型</td><td>长度</td><td>含义</td></tr>
<tr><td>输入</td><td>VehicleID</td><td>int</td><td>4</td><td>缓存的车辆序号(1、2、…)</td></tr>
<tr><td>功能</td><td colspan="5">取指定序号的车辆总轴数</td></tr>
<tr><td>备注</td><td colspan="5"></td></tr>
</table>

(8)获取指定车辆的轴组数(表9-9)

获取指定车辆的轴组数　　表9-9

<table>
<tr><td>函数描述</td><td colspan="5">int WtSys_GetAxisGroupCount(int VehicleID)</td></tr>
<tr><td rowspan="2">返回值</td><td colspan="2">返回值类型</td><td colspan="3">返回值说明</td></tr>
<tr><td colspan="2">int</td><td colspan="3">· ≥0 总轴组数(车辆被错分时,总轴组数可能为1)
· -1 失败</td></tr>
<tr><td rowspan="2">参数</td><td>出入</td><td>参数名称</td><td>类型</td><td>长度</td><td>含义</td></tr>
<tr><td>输入</td><td>VehicleID</td><td>int</td><td>4</td><td>缓存的车辆序号(1、2、…)</td></tr>
<tr><td>功能</td><td colspan="5">取指定序号的车辆总轴组数</td></tr>
<tr><td>备注</td><td colspan="5"></td></tr>
</table>

(9)获取指定轴的数据(表9-10)

获取指定轴的数据　　表9-10

<table>
<tr><td>函数描述</td><td colspan="5">int WtSys_GetAxisData(int VehicleID, int AxisID, int * AxisType, long * Weight, int * AxisSpeed, int * MeterVer)</td></tr>
<tr><td rowspan="2">返回值</td><td colspan="2">返回值类型</td><td colspan="3">返回值说明</td></tr>
<tr><td colspan="2">int</td><td colspan="3">· ≥0 总车数,0为没有车
· -1 失败</td></tr>
<tr><td rowspan="7">参数</td><td>出入</td><td>参数名称</td><td>类型</td><td>长度</td><td>含义</td></tr>
<tr><td rowspan="2">输入</td><td>VehicleID</td><td>int</td><td>4</td><td>缓存的车辆序号(1、2、…)</td></tr>
<tr><td>AxisID</td><td>int</td><td>4</td><td>轴号(1、2、…)</td></tr>
<tr><td rowspan="4">输出</td><td>AxisType</td><td>int</td><td>4</td><td>胎型(1~2)</td></tr>
<tr><td>Weight</td><td>long</td><td>8</td><td>轴重,kg</td></tr>
<tr><td>AxisSpeed</td><td>int</td><td>4</td><td>车辆上秤时的速度,km/h</td></tr>
<tr><td>MeterVer</td><td>int</td><td>4</td><td>计量版本号</td></tr>
<tr><td>功能</td><td colspan="5">取指定轴的详细数据</td></tr>
<tr><td>备注</td><td colspan="5"></td></tr>
</table>

(10)获取指定轴组的数据(表9-11)

获取指定轴组的数据　　表9-11

函数描述	int WtSys_GetAxisGroupData(int VehicleID, int AxisGroupID, int * AxisGroupType, long * Weight, int * AxisSpeed, int * MeterVer)				
返回值	返回值类型		返回值说明		
	int		· ≥0 总车数,0为没有车 · -1 失败		
参数	出入	参数名称	类型	长度	含义
	输入	VehicleID	int	4	缓存的车辆序号(1、2、…)
		AxisGroupID	int	4	轴组号(1、2、…)
	输出	AxisGroupType	int	4	轴组型(0~9)
		Weight	long	8	轴重,kg
		AxisSpeed	int	4	车辆上秤时的速度,km/h
		MeterVer	int	4	计量版本号
功能	取指定轴组的明细数据				
备注					

(11)手动强制收尾(表9-12)

手动强制收尾　　表9-12

函数描述	int WtSys_ManualEndVehicle( )				
返回值	返回值类型		返回值说明		
	int		· ≥0 成功 · -1 失败		
参数	出入	参数名称	类型	长度	含义
	输入	无			
功能	模拟手动强制收尾				
备注					

(12)获取制造商参数(表9-13)

获取制造商参数　　表9-13

函数描述	int WtSys_GetFactoryInfo (char * Manufacturer, char * ProductType, char * ManufactureDate, char * ProductSoftVer)				
返回值	返回值类型		返回值说明		
	int		· ≥0 成功 · -1 失败		
参数	出入	参数名称	类型	长度	含义
	输出	Manufacturer	char		制造商描述
		ProductType	char		产品类型描述

续上表

参数	输出	ManufactureDate	char		生产日期
		ProductSoftVer	char		称重控制器软件版本号
功能	获取计重系统制造商参数				
备注					

(13)同步车辆数据(表9-14)

同步车辆数据 表9-14

函数描述	bool WtSys_SyncVehicle()				
返回值	返回值类型		返回值说明		
	bool		· true 成功 · false 失败		
参数	出入	参数名称	类型	长度	含义
	输入	无			
功能	同步仪表缓存车辆数据至上位机				
备注					

(14)同步仪表时间(表9-15)

同步仪表时间 表9-15

函数描述	bool WtSys_ SyncTime()				
返回值	返回值类型		返回值说明		
	bool		· true 成功 · false 失败		
参数	出入	参数名称	类型	长度	含义
	输入	无			
功能	同步时间,重新设置称重仪表时间				
备注					

(15)设置过车模式(表9-16)

设置过车模式 表9-16

函数描述	int WtSys_SetGoThroughMode(int Mode)				
返回值	返回值类型		返回值说明		
	int		· ≥0 成功 · -1 失败		
参数	出入	参数名称	类型	长度	含义
	输入	Mode	Int		过车模式: 0,一车一杆; 1,连续过车; 2,一车一杆跟车模式
功能	整车称重使用,设置过车模式				
备注	0:一车一杆表示前车完全下秤后,才能抬杆允许后车进入; 1:连续过车表示栏杆保持抬杆状态; 2:一车一杆跟车模式表示秤上只有一辆车并且称重信息已经上传上位机,即可允许后车进入				

(16)设置通行灯状态(表9-17)

设置通行灯状态 表9-17

函数描述	int WtSys_ SetGoThroughLightColor(int LightColor)				
返回值	返回值类型		返回值说明		
	int		· ≥0 成功 · －1 失败		
参数	出入	参数名称	类型	长度	含义
	输入	LightColor	Int		通行灯颜色： 0 绿灯； 1 红灯
功能	整车称重使用，设置通行灯状态				
备注					

(17)设置车辆类型信息(表9-18)

设置车辆类型信息 表9-18

函数描述	int WtSys_SetVehicleInfo(int VehicleType)				
返回值	返回值类型		返回值说明		
	int		· ≥0 成功 · －1 失败		
参数	出入	参数名称	类型	长度	含义
	输入	VehicleType	int	4	车辆类型， 0 无 OBU；1 有 OBU 客车；2 有 OBU 货车
功能	设置车辆类型信息，0 无 OBU；1 有 OBU 客车；2 有 OBU 货车				
备注	采用双天线时选配				

(18)保持抬杆状态(表9-19)

保持抬杆状态 表9-19

函数描述	int WtSys_OpenManual( )				
返回值	返回值类型		返回值说明		
	int		· ≥0 成功 · －1 失败		
参数	出入	参数名称	类型	长度	含义
	输入	无			
功能	控制整车式计重系统前辅助分车栏杆保持抬杆状态，在车队开始时调用				
备注					

(19)取消保持抬杆状态(表9-20)

取消保持抬杆状态 表9-20

函数描述	int WtSys_CloseManual()				
返回值	返回值类型		返回值说明		
	int		· ≥0 成功 · -1 失败		
参数	出入	参数名称	类型	长度	含义
	输入	无			
功能	控制整车式计重系统前辅助分车栏杆落下,取消保持抬杆状态,在车队结束时调用				
备注					

(20)按轴数强制收尾(表9-21)

按轴数强制收尾 表9-21

函数描述	int WtSys_AxisNumEndVehicle (int AxisCount)				
返回值	返回值类型		返回值说明		
	int		· ≥0 成功 · -1 失败		
参数	出入	参数名称	类型	长度	含义
	输入	AxisCount	int		轴数
功能	按照轴数强制收尾				
备注					

(21)获取光栅状态(表9-22)

获取光栅状态 表9-22

函数描述	int WtSys_GetInfraredCoverState()				
返回值	返回值类型		返回值说明		
	int		· ≥0 遮挡 · -1 未遮挡		
参数	出入	参数名称	类型	长度	含义
	输入	无			
功能	获取光栅状态				
备注					

9.3 数据通信协议

数据帧格式见表9-23。

9.3.1 数据帧类型

计重系统集成接口帧类型和功能见表9-24。

数据帧格式　表 9-23

字　段	字节数	备　注
帧头	1	FrameHead(FF)
流水号/从机地址	1	Index
命令号	1	OrdNum
帧内容	N	Content
帧校验位	2	CRC16 循环冗余校验(从帧头 FF 开始计算)

计重系统集成接口帧类型和功能　表 9-24

命令号	指令名称	功能说明	回复说明
0x01	缓存初始化	初始化车道控制器部分/全部缓存	需称重控制器应答
0x02	称重信息帧	车辆称重信息帧,出车后主动上传	需车道机应答
0x03	手动强制收尾帧	人工处理超长车时,车道机强制收尾	需称重控制器应答
0x04	复位信息帧	称重控制器启动后,主动上传此命令	需车道机应答
0x05	设备状态信息帧	称重控制器主动上传称重设备状态	无需车道机应答
0x06	倒车信息帧	车辆倒出车道后,上传此信息帧	需车道机应答
0x07	清除首车	收费完成后调用,清除首车缓存	需称重控制器应答
0x08	同步数据	车道机根据需要调用此命令	称重数据逐条上传
0x09	获取设备厂商参数	获取厂家、设备类型、软件版本等	需称重控制器应答
0x0A	获取当前缓存车数	获取称重控制器的缓存车数	需称重控制器应答
0x0B	设置仪表时间	重新校准仪表时间	需称重控制器应答
0x0C	设置过车模式(整车)	设置连续过车、一车一杆等模式	需称重控制器应答
0x0D	设置通行灯状态	车道机控制器通信灯状态	需称重控制器应答
0x0E	通知车辆类型	通知称重控制器车辆的 OBU(双天线选配)	需称重控制器应答
0x0F	前栏杆保持抬杆	车队模式时,调用此命令	需称重控制器应答
0x10	前栏杆取消抬杆	车队结束时,调用此命令	需称重控制器应答
0x11	按轴数强制收尾	通知称重控制器车辆的轴数,仪表轴数达到要求后即可强制收尾并出车	需称重控制器应答
0x12	光栅状态变化帧	光栅状态发生变化时,称重控制器主动上传至车道机	需要车道机应答

9.3.2 详细命令帧格式说明

9.3.2.1 缓存初始化帧

缓存初始化帧(表 9-25),方向:车道机→称重控制器,需要称重控制器的回复。

缓存初始化帧　　表 9-25

位　置	字　节　数	数　据　元	数据内容
0	1	HeadFlag	帧头标识:0xFF
1	1	Index	从机地址:保留,默认为 0
2	1	Cmd	命令号:0x01
3	1	Length	信息帧的长度,从 0xFF 到 CRC 校验结束,0 ~ 255
4	1	Num	0:初始化,并清除所有缓存; Num = 1 ~ 10:初始化,并保留 Num 个缓存
5、6	2	CRC	CRC16 循环冗余校验

缓存初始化应答帧(表 9-26),方向:称重控制器→车道机,称重控制器在收到缓存初始化指令后,需要回复此应答帧。

缓存初始化应答帧　　表 9-26

位　置	字　节　数	数　据　元	数据内容
0	1	HeadFlag	帧头标识:0xFF
1	1	Index	流水号:1 ~ 9 循环;每上传 1 条指令,序列号 + 1
2	1	Cmd	命令号:0x01
3	1	Length	信息帧的长度,从 0xFF 到 CRC 校验结束,0 ~ 255
4	1	Result	0:成功; 1:失败
5、6	2	CRC	CRC16 循环冗余校验

9.3.2.2　称重信息帧

称重信息帧(表 9-27),方向:称重控制器→车道机,需要车道机的回复。

称重信息帧　　表 9-27

位　置	字　节　数	数　据　元	数据内容
0	1	HeadFlag	帧头标识:0xFF
1	1	Index	流水号:1 ~ 9 循环;每上传 1 条指令,序列号 + 1
2	1	Cmd	命令号:0x02
3、4	2	Length	信息帧的长度,从 0xFF 到 CRC 校验结束,0 ~ 65535
5 ~ 11	7	Time	(年/月/日/时/分/秒): 年两个字节表示,其余各一个字节; 年,>2000;月,1 ~ 12;日,1 ~ 31;时,0 ~ 23;分/秒,0 ~ 59。 例如:2017-08-08　18:18:18 上传的帧数据为: 07 E1 08 08 12 12 12(十六进制数)
12、13	2	Speed	车速: 0 ~ 65536(权值 0.1km/h,读数与权值相乘为实际值)

续上表

位　置	字 节 数	数　据　元	数据内容
14	1	Accelerated	加速度： －128～127（权值0.1m/s^2，读数与权值相乘为实际值）
15	1	AxleNum	轴数 N:0～255
16	1	AxleGroupType	轴组数 M:0～255
17	1	ProtocolVersion	通信协议版本:0～255（当前版本号:0）
17＋2	2	Axle1Wgt	单轴1质量:0～65535，权值10kg
⋮	⋮	⋮	⋮
17＋2N	2	AxleNWgt	单轴 N 质量:0～65535，权值10kg
19＋2N	2	AxleGroup1Wgt	轴组1质量:0～65535，权值10kg
⋮	⋮	⋮	⋮
19＋2N＋2M	2	AxleGroupMWgt	轴组 M 质量:0～65535，权值10kg
19＋2N＋2M＋1	1	AxleGroup1Type	轴组1的轴组型： 1:单轴单胎 2:单轴双胎 3:双联轴单胎 4:双联轴单双胎 5:双联轴双胎 6:三联轴单胎 7:三联轴双胎 8:三联轴单单双胎 9:三联轴单双双胎 0:其他轴型/异型轴
⋮	⋮	⋮	⋮
19＋2N＋3M	1	AxleGroupMType	轴组 M 的轴组型： 1:单轴单胎 2:单轴双胎 3:双联轴单胎 4:双联轴单双胎 5:双联轴双胎 6:三联轴单胎 7:三联轴双胎 8:三联轴单单双胎 9:三联轴单双双胎 0:其他轴型/异型轴

续上表

位置	字节数	数据元	数据内容
19 + 2N + 3M + 2	2	AxleDistance	轴1与轴2间距： 0 ~ 65535；权值(0.01m)
⋮	⋮	⋮	⋮
19 + 4N − 2 + 3M	2	AxleDistance	轴 N − 1 与轴 N 间距： 0 ~ 65535；权值(0.01m)
19 + 4N + 3M	2	CRC	CRC16 循环冗余校验

注：1. 加速度为补码方式，最高位为符号位，例如：0xFF 为 −1，最高位为 1 时，其他 7 位取反后加 1 即为实际值，最高位为 0 时，其十进制值即为实际值。

2. 当称重控制器检测有车通过时应主动上报称重信息帧。

3. 如果车道控制机未响应称重信息帧，称重控制器需每 1 秒钟重新上报一次最高的称重信息帧。

4. 称重控制器需保存≥10 辆车的称重信息，当车道控制机开始响应时，称重控制器需以 1 秒为间隔，逐车上报未上传的车辆称重信息，上传完毕后不删除。

5. 如果车道控制机回应失败应答帧时，称重控制器需立即重新上报称重信息帧。

6. 称重信息帧中各轴组重量的累加值应等于单轴重量的累加值。

7. 当速度、加速度无法正确得到时默认为 0。

称重信息应答帧(表 9-28)，方向：车道机→称重控制器，车道机在收到称重信息帧指令后，需要回复应答帧。

称重信息应答帧 表 9-28

位置	字节数	数据元	数据内容
0	1	HeadFlag	帧头标识：0xFF
1	1	Index	应答序列号：与收到的帧命令序列号一致
2	1	Cmd	命令号：0x02
3	1	Length	信息帧的长度，从 0xFF 到 CRC 校验结束，0 ~ 255
4	1	Result	0：成功； 1：失败
5、6	2	CRC	CRC16 循环冗余校验

9.3.2.3 手动强制收尾信息帧

手动强制收尾信息帧(表 9-29)，方向：车道机→称重控制器，手动收尾，并上传重量信息，需要称重控制器的回复。

手动强制收尾信息帧 表 9-29

位置	字节数	数据元	数据内容
0	1	HeadFlag	C 帧头标识：0xFF
1	1	Index	从机地址：保留，默认为 0
2	1	Cmd	命令号：0x03
3	1	Length	信息帧的长度，从 0xFF 到 CRC 校验结束，0 ~ 255
4	1	Reserve	保留
5、6	2	CRC	CRC16 循环冗余校验

手动强制收尾信息应答帧(表9-30),方向:称重控制器→车道机,称重控制器在强制收尾指令后,需要回复此应答帧。

手动强制收尾信息应答帧　　表9-30

位置	字节数	数据元	数据内容
0	1	HeadFlag	帧头标识:0xFF
1	1	Index	流水号:1~9循环;每上传1条指令,序列号+1
2	1	Cmd	命令号:0x03
3	1	Length	信息帧的长度,从0xFF到CRC校验结束,0~255
4	1	Result	0:成功; 1:失败
5、6	2	CRC	CRC16循环冗余校验

9.3.2.4 复位信息帧

复位信息帧(表9-31),方向:称重控制器→车道机,称重控制器重启后发送,需要车道机的回复。

复位信息帧　　表9-31

位置	字节数	数据元	数据内容
0	1	HeadFlag	帧头标识:0xFF
1	1	Index	流水号:0x00
2	1	Cmd	命令号:0x04
3	1	Length	信息帧的长度,从0xFF到CRC校验结束,0~255
5~11	7	Time	(年/月/日/时/分/秒): 年两个字节表示,其余各一个字节; 年,>2000;月,1~12;日,1~31;时,0~23;分/秒,0~59。 例如:2017-08-08 18:18:18上传的帧数据为: 07 E1 08 08 12 12 12(十六进制数)
12、13	2	CRC	CRC16循环冗余校验

注:1. 应是称重系统重新启动后发送的第一条协议帧。且命令序列号为0。
2. 如果车道控制机未响应复位信息帧,称重控制器需每隔一秒钟重新上报复位信息帧;且只有复位信息帧得到确认后才可以发送其他帧。
3. 如果车道控制机回应失败应答帧,称重控制器需立即重新上报复位信息帧。

复位信息应答帧(表9-32),方向:车道机→称重控制器,车道机收到复位信息帧指令后,需要回复此应答帧。

复位信息应答帧　表 9-32

位置	字节数	数据元	数据内容
0	1	HeadFlag	帧头标识:0xFF
1	1	Index	应答序列号:与收到的帧命令序列号一致
2	1	Cmd	命令号:0x04
3	1	Length	信息帧的长度,从 0xFF 到 CRC 校验结束,0 ~ 255
4	1	Result	0:成功; 1:失败
5、6	2	CRC	CRC16 循环冗余校验

9.3.2.5　状态数据信息帧

状态数据信息帧(表 9-33),方向:称重控制器→车道机,无需车道机回复。

状态数据信息帧　表 9-33

位置	字节数	数据元		数据内容
0	1	HeadFlag		帧头标识:0xFF
1	1	Index		命令序列号:1 ~ 9 循环;每上传 1 条指令,序列号 +1
2	1	Cmd		命令号:0x05
3	1	Length		信息帧的长度,从 0xFF 到 CRC 校验结束,0 ~ 255
4 ~ 7	4	DevStatus	Byte3	Byte3:冗余保留 Byte1 ~ 2:计量参数版本(0 ~ 65535) Byte0: BIT0:0-正常;1-称重系统传感器故障。 BIT1:0-正常;1-红外光幕故障。 BIT2:0-正常;1-线圈故障。 BIT3:0-正常;1-轮轴识别器故障。 BIT4:0-正常;1-通信故障。 BIT5:0-正常;1-秤体故障。 BIT6:0-正常;1-过载
			Byte2	
			Byte1	
			Byte0	
8、9	2	CRC		循环冗余校验

注:1. 称重控制器在空闲状态时每隔 5s 主动上报一次状态信息帧,车道控制机将不再进行主动的查询,当车道控制机连续 3 个周期即 15s 收不到状态信息将提示线路故障,因为称重信息帧中也含有状态信息,因此发送称重信息帧后的 5s 中内不发送状态帧。
2. 当称重控制器检测自身状态变化后需主动上报状态信息帧。
3. 对于称重控制器上报的状态信息帧,车道控制机不进行任何回应。
4. 秤体故障:长期负重量或不能回零。
5. Byte1、Byte2:计量参数修改保存版本,0 起始,每次修改 +1。
6. 状态字的最高位的 1 个字节冗余。

9.3.2.6　倒车信息帧

倒车信息帧(表 9-34),方向:称重控制器→车道机,称重控制器检测到车辆倒出车道后发送,需要车道机的回复。

倒车信息帧　　表 9-34

位置	字节数	数据元	数据内容
0	1	HeadFlag	帧头标识:0xFF
1	1	Index	流水号:1～9 循环;每上传 1 条指令,序列号 +1
2	1	Cmd	命令号:0x06
3	1	Length	信息帧的长度,从 0xFF 到 CRC 校验结束,0～255
5～11	7	Time	(年/月/日/时/分/秒) 年两个字节表示,其余各一个字节; 年,>2000;月,1～12;日,1～31;时,0～23;分/秒,0～59 例如:2017-08-08　18:18:18 上传的帧数据为: 07 E1 08 08 12 12 12(十六进制数)
12、13	2	CRC	CRC16 循环冗余校验

注:1. 车辆上秤收尾后,又完全退出称重平台,称重控制器应检测到车辆退出,并向车道控制机发送倒车帧。
2. 如果车道控制机未响应倒车信息帧,称重控制器需每 1 秒钟重新上报倒车信息帧。
3. 如果车道控制机回应失败应答帧,称重控制器需立即重新上报倒车信息帧。

倒车信息应答帧(表 9-35),方向:车道机→称重控制器,车道机收到倒车信息帧指令后,需要回复此应答帧。

倒车信息应答帧　　表 9-35

位置	字节数	数据元	数据内容
0	1	HeadFlag	帧头标识:0xFF
1	1	Index	应答序列号:与收到的帧命令序列号一致
2	1	Cmd	命令号:0x06
3	1	Length	信息帧的长度,从 0xFF 到 CRC 校验结束,0～255
4	1	Result	0:成功; 1:失败
5、6	2	CRC	CRC16 循环冗余校验

9.3.2.7　清除首车信息帧

清除首车信息帧(表 9-36),方向:车道机→称重控制器,车道机收费完成后,发送此命令,需要称重控制器的回复。

清除首车信息帧　　表 9-36

位置	字节数	数据元	数据内容
0	1	HeadFlag	帧头标识:0xFF
1	1	Index	从机地址:保留,默认为 0
2	1	Cmd	命令号:0x07
3	1	Length	信息帧的长度,从 0xFF 到 CRC 校验结束,0～255
4	1	Reserve	保留,默认为 0
5、6	2	CRC	CRC16 循环冗余校验

清除首车信息应答帧(表9-37),方向:称重控制器→车道机,称重控制器在收到清除首车指令后,需要回复此应答帧。

清除首车信息应答帧　表9-37

位置	字节数	数据元	数据内容
0	1	HeadFlag	帧头标识:0xFF
1	1	Index	流水号:1~9循环;每上传1条指令,序列号+1
2	1	Cmd	命令号:0x07
3	1	Length	信息帧的长度,从0xFF到CRC校验结束,0~255
4	1	Result	0:成功; 1:失败
5、6	2	CRC	CRC16循环冗余校验

9.3.2.8　同步数据信息帧

同步数据信息帧(表9-38),方向:车道机→称重控制器,车道机异常后发送此命令,需要称重控制器的回复。

同步数据信息帧　表9-38

位置	字节数	数据元	数据内容
0	1	HeadFlag	帧头标识:0xFF
1	1	Index	从机地址:保留,默认为0
2	1	Cmd	命令号:0x08
3	1	Length	信息帧的长度,从0xFF到CRC校验结束,0~255
4	1	Reserve	保留,默认为0
5、6	2	CRC	CRC16循环冗余校验

同步数据信息应答帧(表9-39),方向:称重控制器→车道机,称重控制器在同步数据指令后,需要回复此应答帧。

同步数据信息应答帧　表9-39

位置	字节数	数据元	数据内容
0	1	HeadFlag	帧头标识:0xFF
1	1	Index	流水号:1~9循环;每上传1条指令,序列号+1
2	1	Cmd	命令号:0x08
3	1	Length	信息帧的长度,从0xFF到CRC校验结束,0~255
4	1	Result	≥0:成功,值为车辆数; -1:失败
5、6	2	CRC	CRC16循环冗余校验

注:1. 车道机重新启动且称重控制器的缓存中存储有未删除的车辆称重数据时,将称重控制器的缓存内数据同步至车道机中。同步时,先将车道机缓存内数据清除,再将称重控制器的缓存内数据存储在车道机缓存。

2. 实现过程:车道机向称重控制器发送同步请求,称重控制器返回应答帧(含待同步的车辆数);称重控制器开始向车道机发送称重数据,称重数据格式为0x02帧格式。

9.3.2.9 获取设备厂商参数信息帧

获取设备厂商参数信息帧(表9-40),方向:车道机→称重控制器,获取设备厂商参数时发送,需要称重控制器的回复。

获取设备厂商参数信息帧 表9-40

位置	字节数	数据元	数据内容
0	1	HeadFlag	帧头标识:0xFF
1	1	Index	从机地址:保留,默认为0
2	1	Cmd	命令号:0x09
3	1	Length	信息帧的长度,从0xFF到CRC校验结束,0~255
4	1	Reserve	保留,默认为0
5、6	2	CRC	CRC16循环冗余校验

获取设备厂商参数信息应答帧(表9-41),方向:称重控制器→车道机,称重控制器在收到获取设备厂商参数指令后,需要回复此应答帧。

获取设备厂商参数信息应答帧 表9-41

位置	字节数	数据元	数据内容
0	1	HeadFlag	帧头标识:0xFF
1	1	Index	流水号:1~9循环;每上传1条指令,序列号+1
2	1	Cmd	命令号:0x09
3	1	Length	信息帧的长度,从0xFF到CRC校验结束,0~255
4	1	CompanyCode	厂商代码: 1-托利多; 2-万集; 3-紫光捷通; 4-四方; 5-德鲁泰; 6-盘天; 7-金钟; 8-恒科; 9-众加利; 0-其他
5	1	DevCode	1-整车; 2-轴组秤; 3-轴重秤; 4-其他
6~9	4	ProductionDate	(年/月/日): 年两个字节表示,其余各一个字节; 年,>2000;月,1~12;日,1~31
10	1	SoftVer	软件版本号0~255
11、12	2	CRC	CRC16循环冗余校验

9.3.2.10 获取当前缓存车数信息帧

获取当前缓存车数信息帧(表9-42),方向:车道机→称重控制器,车道机查询未处理缓存数时发送,需要称重控制器的回复。

获取当前缓存车数信息帧 表9-42

位置	字节数	数据元	数据内容
0	1	HeadFlag	帧头标识:0xFF
1	1	Index	从机地址:保留,默认为0
2	1	Cmd	命令号:0x0A
3	1	Length	信息帧的长度,从0xFF到CRC校验结束,0~255
4	1	Reserve	保留,默认为0
5、6	2	CRC	CRC16循环冗余校验

获取当前缓存车数信息应答帧(表9-43),方向:称重控制器→车道机,称重控制器在收到获取缓存车数指令后,需要回复此应答帧。

获取当前缓存车数信息应答帧 表9-43

位置	字节数	数据元	数据内容
0	1	HeadFlag	帧头标识:0xFF
1	1	Index	流水号:1~9循环;每上传1条指令,序列号+1
2	1	Cmd	命令号:0x0A
3	1	Length	信息帧的长度,从0xFF到CRC校验结束,0~255
4	1	Num	未处理缓存车辆数 0~255
5、6	2	CRC	CRC16循环冗余校验

9.3.2.11 设置仪表时间信息帧

设置仪表时间信息帧(表9-44),方向:车道机→称重控制器,车道机设置仪表时间时发送,需要称重控制器的回复。

设置仪表时间信息帧 表9-44

位置	字节数	数据元	数据内容
0	1	HeadFlag	帧头标识:0xFF
1	1	Index	从机地址:保留,默认为0
2	1	Cmd	命令号:0x0B
3	1	Length	信息帧的长度,从0xFF到CRC校验结束,0~255
4~10	7	Time	(年/月/日/时/分/秒): 年两个字节表示,其余各一个字节; 年,>2000,月,1~12;日,1~31;时,0~23;分/秒,0~59。 例如:2017-08-08 18:18:18上传的帧数据为: 07 E1 08 08 12 12 12(十六进制数)
11、12	2	CRC	CRC16循环冗余校验

设置仪表时间信息应答帧(表9-45),方向:称重控制器→车道机,称重控制器收到设置仪表时间后,更新时钟,并回复应答帧。

设置仪表时间信息应答帧 表9-45

位置	字节数	数据元	数据内容
0	1	HeadFlag	帧头标识:0xFF
1	1	Index	流水号:1~9循环;每上传1条指令,序列号+1
2	1	Cmd	命令号:0x0B
3	1	Length	信息帧的长度,从0xFF到CRC校验结束,0~255
4	1	Result	0:成功; 1:失败
5、6	2	CRC	CRC16循环冗余校验

9.3.2.12 设置过车模式(整车)信息帧

设置过车模式(整车)信息帧(表9-46),方向:车道机→称重控制器,车道机设置过车模式时发送,需要称重控制器的回复。

设置过车模式(整车)信息帧 表9-46

位置	字节数	数据元	数据内容
0	1	HeadFlag	帧头标识:0xFF
1	1	Index	从机地址:保留,默认为0
2	1	Cmd	命令号:0x0B
3	1	Length	信息帧的长度,从0xFF到CRC校验结束,0~255
4	1	Mode	过车模式: 0:一车一杆; 1:连续过车; 2:一车一杆跟车模式
5、6	2	CRC	CRC16循环冗余校验

注:过车模式中的0、1、2解释如下:
一车一杆(0)表示前车完全下秤后,才能抬杆允许后车进入;
连续过车(1)表示栏杆保持抬杆状态;
一车一杆跟车模式(2)表示秤上只有一辆车并且称重信息已经上传上位机,即可允许后车进入。

设置过车模式信息应答帧(表9-47),方向:称重控制器→车道机,称重控制器在收到设置过车模式指令后,回复此应答帧。

设置过车模式信息应答帧 表9-47

位置	字节数	数据元	数据内容
0	1	HeadFlag	帧头标识:0xFF
1	1	Index	流水号:1~9循环;每上传1条指令,序列号+1
2	1	Cmd	命令号:0x0C

续上表

位置	字节数	数据元	数据内容
3	1	Length	信息帧的长度,从0xFF到CRC校验结束,0~255
4	1	Result	0:成功 1:失败
5、6	2	CRC	CRC16循环冗余校验

9.3.2.13 设置通行灯状态信息帧

设置通行灯状态信息帧(表9-48),方向:车道机→称重控制器,车道机设置通行灯时发送,需要称重控制器的回复。

设置通行灯状态信息帧　　表9-48

位置	字节数	数据元	数据内容
0	1	HeadFlag	帧头标识:0xFF
1	1	Index	从机地址:保留,默认为0
2	1	Cmd	命令号:0x0D
3	1	Length	信息帧的长度,从0xFF到CRC校验结束,0~255
4	1	Mode	0:绿灯; 1:红灯
5、6	2	CRC	CRC16循环冗余校验

设置通行灯状态信息应答帧(表9-49),方向:称重控制器→车道机,称重控制器在收到设置通行灯指令后,回复此应答帧。

设置通行灯状态信息应答帧　　表9-49

位置	字节数	数据元	数据内容
0	1	HeadFlag	帧头标识:0xFF
1	1	Index	流水号:1~9循环;每上传1条指令,序列号+1
2	1	Cmd	命令号:0x0D
3	1	Length	信息帧的长度,从0xFF到CRC校验结束,0~255
4	1	Result	0:成功; 1:失败
5、6	2	CRC	CRC16循环冗余校验

9.3.2.14 通知车辆类型信息帧(双天线选配)

通知车辆类型信息帧(表9-50),方向:车道机→称重控制器,车道机通知车辆类型时发送,需要称重控制器的回复。

通知车辆类型信息帧　表 9-50

位置	字节数	数据元	数据内容
0	1	HeadFlag	帧头标识:0xFF
1	1	Index	从机地址:保留,默认为 0
2	1	Cmd	命令号:0x0E
3	1	Length	信息帧的长度,从 0xFF 到 CRC 校验结束,0 ~ 255
4	1	Mode	0:无 OBU; 1:有 OBU 客车; 2:有 OBU 货车
5、6	2	CRC	CRC16 循环冗余校验

通知车辆类型信息应答帧(表 9-51),方向:称重控制器→车道机,称重控制器在收到通知车辆类型指令后,回复此应答帧。

通知车辆类型信息应答帧　表 9-51

位置	字节数	数据元	数据内容
0	1	HeadFlag	帧头标识:0xFF
1	1	Index	流水号:1 ~ 9 循环;每上传 1 条指令,序列号 +1
2	1	Cmd	命令号:0x0E
3	1	Length	信息帧的长度,从 0xFF 到 CRC 校验结束,0 ~ 255
4	1	Result	0:成功; 1:失败
5、6	2	CRC	CRC16 循环冗余校验

9.3.2.15　前栏杆保持抬杆信息帧

前栏杆保持抬杆信息帧(表 9-52),方向:车道机→称重控制器,车队模式时,车道机调用此命令,需要称重控制器的回复。

前栏杆保持抬杆信息帧　表 9-52

位置	字节数	数据元	数据内容
0	1	HeadFlag	帧头标识:0xFF
1	1	Index	从机地址:保留,默认为 0
2	1	Cmd	命令号:0x0F
3	1	Length	信息帧的长度,从 0xFF 到 CRC 校验结束,0 ~ 255
4	1	Reserve	保留
5、6	2	CRC	CRC16 循环冗余校验

前栏杆保持抬杆信息应答帧(表 9-53),方向:称重控制器→车道机,称重控制器在收到保持抬杆指令后,回复此应答帧。

前栏杆保持抬杆信息应答帧　表9-53

位置	字节数	数据元	数据内容
0	1	HeadFlag	帧头标识:0xFF
1	1	Index	流水号:1~9循环;每上传1条指令,序列号+1
2	1	Cmd	命令号:0x0F
3	1	Length	信息帧的长度,从0xFF到CRC校验结束,0~255
4	1	Result	0:成功; 1:失败
5、6	2	CRC	CRC16循环冗余校验

9.3.2.16　前栏杆取消保持抬杆

前栏杆取消保持抬杆信息帧(表9-54),方向:车道机→称重控制器,取消车队模式时,车道机调用此命令,需要称重控制器的回复。

前栏杆取消保持抬杆信息帧　表9-54

位置	字节数	数据元	数据内容
0	1	HeadFlag	帧头标识:0xFF
1	1	Index	从机地址:保留,默认为0
2	1	Cmd	命令号:0x10
3	1	Length	信息帧的长度,从0xFF到CRC校验结束,0~255
4	1	Reserve	保留
5、6	2	CRC	CRC16循环冗余校验

取消前栏杆保持抬杆信息应答帧(表9-55),方向:称重控制器→车道机,称重控制器在收到取消保持抬杆指令后,回复此应答帧。

取消前栏杆保持抬杆信息应答帧　表9-55

位置	字节数	数据元	数据内容
0	1	HeadFlag	帧头标识:0xFF
1	1	Index	流水号:1~9循环;每上传1条指令,序列号+1
2	1	Cmd	命令号:0x10
3	1	Length	信息帧的长度,从0xFF到CRC校验结束,0~255
4	1	Result	0:成功; 1:失败
5、6	2	CRC	CRC16循环冗余校验

9.3.2.17　按轴数强制收尾

按轴数强制收尾信息帧(表9-56),方向:车道机→称重控制器,需要按轴数强制收尾时,车道机调用此命令,需要称重控制器的回复。

按轴数强制收尾信息帧 表9-56

位置	字节数	数据元	数据内容
0	1	HeadFlag	帧头标识:0xFF
1	1	Index	从机地址:保留,默认为0
2	1	Cmd	命令号:0x10
3	1	Length	信息帧的长度,从0xFF到CRC校验结束,0~255
4	1	AxleNum	强制收尾轴数,1~30
5、6	2	CRC	CRC16循环冗余校验

按轴数强制收尾信息应答帧(表9-57),方向:称重控制器→车道机,称重控制器在收到按轴数强制收尾指令后,回复此应答帧。

按轴数强制收尾信息应答帧 表9-57

位置	字节数	数据元	数据内容
0	1	HeadFlag	帧头标识:0xFF
1	1	Index	流水号:1~9循环;每上传1条指令,序列号+1
2	1	Cmd	命令号:0x11
3	1	Length	信息帧的长度,从0xFF到CRC校验结束,0~255
4	1	Result	0:成功; 1:失败
5、6	2	CRC	CRC16循环冗余校验

注:通知称重控制器车辆的轴数,仪表轴数达到要求后即可强制收尾并出车。

9.3.2.18 光栅状态变化信息帧

光栅状态变化信息帧(表9-58),方向:称重控制器→车道机,当光栅状态发生变化时,称重控制器立即主动上传,无需车道机回复。

光栅状态变化信息帧 表9-58

位置	字节数	数据元	数据内容
0	1	HeadFlag	帧头标识:0xFF
1	1	Index	命令序列号:1~9循环;每上传1条指令,序列号+1
2	1	Cmd	命令号:0x05
3	1	Length	信息帧的长度,从0xFF到CRC校验结束,0~255
4	1	Infrared Status	1:从不遮挡→遮挡; 2:从遮挡→不遮挡
5、6	2	CRC	循环冗余校验

第 10 章　入口治超货车 ETC 技术要求

10.1　总 体 要 求

入口治超货车 ETC 车道既要遵循普通货车 ETC 车道的基本技术要求,同时也要遵循入口治超相关技术要求,具备发现并拦截超限超载车辆的能力。总体上应符合以下要求:

(1)满足货车计重 ETC 车道的基本要求;

(2)具备检测车辆外廓尺寸的功能;

(3)具备检测车辆轴型的功能;

(4)具备提示并拦截超限车辆的功能。

10.2　系 统 构 成

相比于普通货车 ETC 车道,入口治超货车 ETC 车道不仅包含本书第 3 章 3.1 节的相关硬件设备,还应当增加车辆外廓检测设备,用于检测车辆外廓尺寸,便于拦截超限车辆。新增设备如表 10-1 所示。

新 增 设 备　　表 10-1

设 备 名 称	布 设 环 境	接　口
车辆外廓检测设备	收费亭外	网口

10.3　车道布局及布设方式

10.3.1　一体式治超货车 ETC 车道布局

如果收费广场未设置有超限检测站,入口治超货车 ETC 车道原则上应当参照本书第 3 章 3.5 节以及第 6 章的相关要求进行设计,优先选用单天线双栏杆布局,同时在岛头安装车辆外廓检测设备,用于检测车辆的长、宽、高等外廓尺寸,便于及时发现超限车辆并进行拦截。

设备组成:一体式治超货车 ETC 车道布局(图 10-1)由车道控制机、计重设备、车辆外廓检测设备、岛头自动栏杆机、岛尾自动栏杆机、RSU、车道摄像机、非接触 IC 卡读写器(可选)、费额显示器(带报警器)、车牌自动识别设备、LED 情报板、字符叠加器(可选)、线圈检测器等组成。

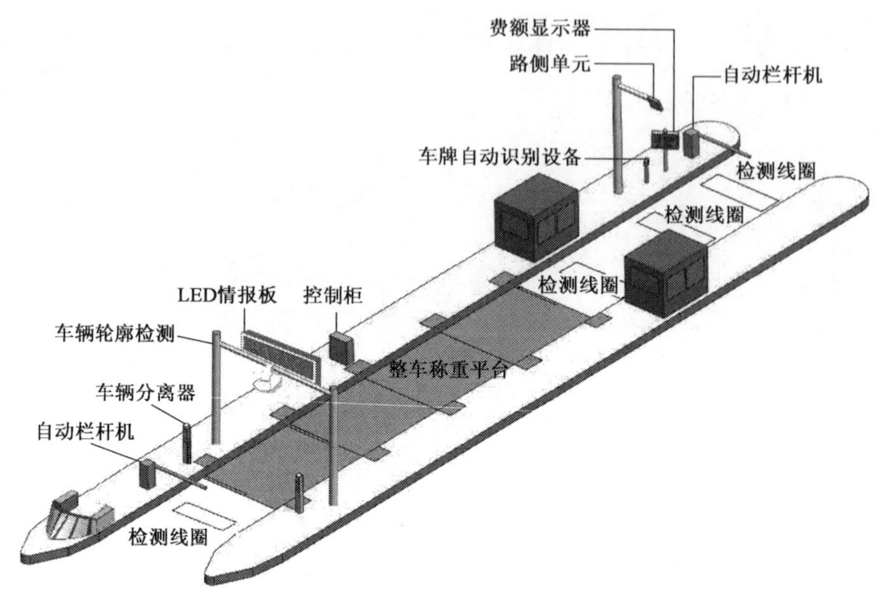

图 10-1　一体式治超货车 ETC 车道布局示意图

布局特点:此布局中车辆外廓检测设备安装在岛头,不占用收费广场空间,在车辆收尾时同时可以获得车重数据及外廓信息,便于软件在车辆驶入交易区域前进行判断并及时报警提示,具备超限检测功能的同时也具有较高的安全性。

10.3.2　分离式治超货车 ETC 车道布局

如果收费广场已设置有超限检测站,超限检测站与入口 ETC 车道之间可以采用入口治超联动方案,即超限检测站将计重数据、车牌信息、外廓尺寸等信息与入口货车 ETC 车道进行信息共享,若车辆通过时检测结果为不超限,车辆驶入 ETC 车道时若匹配到超限检测信息,则允许交易放行;若未匹配到超限检测信息,则报警并进行拦截。

设备组成:分离式治超货车 ETC 车道布局(图 10-2)由超限检测站及后端 ETC 车道组成,其中超限检测站主要由车道控制机、计重设备、车辆外廓检测设备、RSU(可选)、车道摄像机、车牌自动识别设备、LED 情报板、超宽车限行标志等组成。

布局特点:此布局对超限检测站功能进行深度挖掘,安装 RSU 天线,使其具备货车 ETC 车道的基本功能,同时降低收费站货车 ETC 车道建设成本,提高资源利用率。

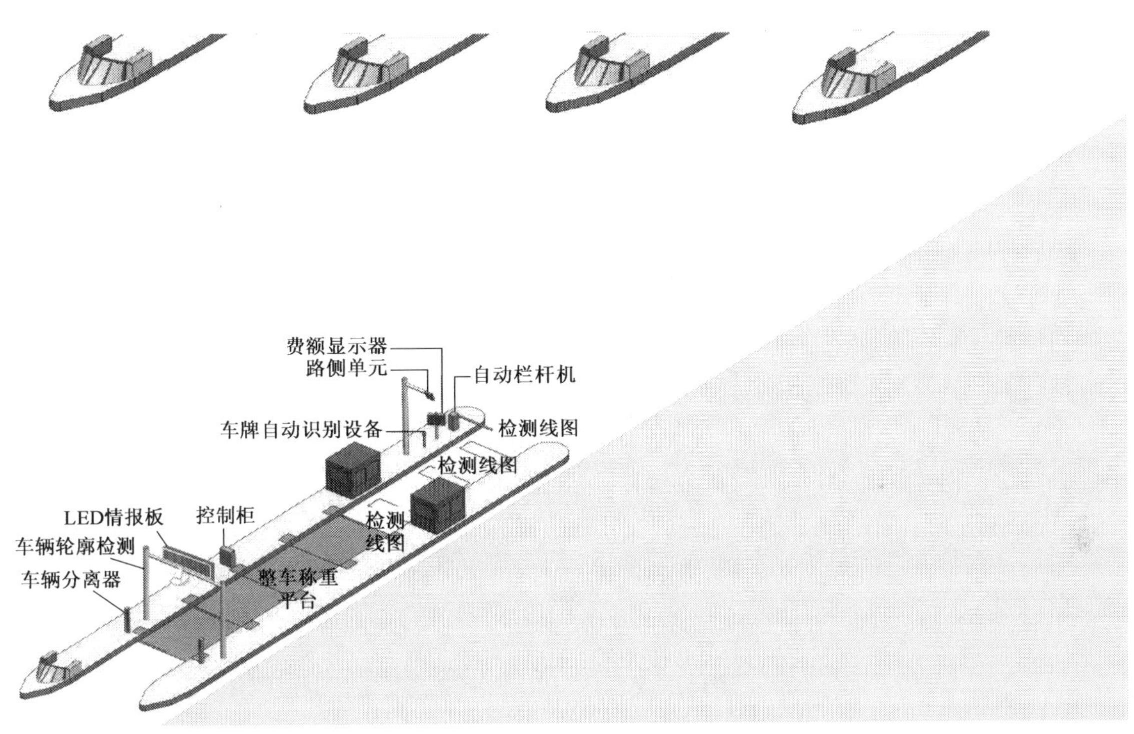

图 10-2　分离式治超货车 ETC 车道布局示意图

10.4　外廓检测设备技术要求

满足《汽车外廓尺寸检测仪》(JT/T 1012—2015)的相关要求。

在以下环境条件下,检测仪应能正常工作:

(1)工作温度:-40 ~80℃。

(2)相对湿度:不大于90%。

(3)非直射光对测量结果无影响。

(4)传感器防护等级:IP68。

检测仪应具有汽车外廓尺寸的测量功能,包括长、宽、高三个方向。应能判断货车外轮廓超标:①车货总高度从地面算起超过 4m;②车货总宽度超过 2.55m;③车货总长度超过 18.1m。

检测仪应具有测量结果显示和存储功能。

检测仪应具有标准通信接口,并提供接口定义及相关通信协议。

检测仪的显示分度值为 1mm。

检测仪的测量示值误差和重复性应符合表 10-2 的要求。

测量示值误差和重复性要求　　表 10-2

测量参数	示值误差	重复性
长度	±0.8% 或 ±50mm	≤0.8%
宽度	±0.8% 或 ±20mm	≤0.8%
高度	±0.8% 或 ±20mm	≤0.8%

检测仪应具有良好的绝缘性能,绝缘电阻不得小于 5MΩ。

检测仪应有接地装置和接地标志,安装使用时应可靠接地。

所有垂直安装的杆件与地面的连接应垂直、牢固。

操作件应有清晰的文字标识或符号标志。

部件表面应光滑平整,不应有锈蚀、裂缝和变形。涂层表面均匀,金属基底应经过除油、除锈和防锈处理。应光滑平整,不应有明显的流痕、橘皮和起泡现象。

电气元件、部件、插接件装配牢靠,布线整齐、合理,焊点光滑、无虚焊。

数字式显示仪表应无影响读数的缺陷。

在雨、雪、雾等恶劣气候条件下能够可靠检测。

10.5　入口治超货车 ETC 车道业务设计流程

入口治超货车 ETC 车道业务设计流程如图 10-3 所示。

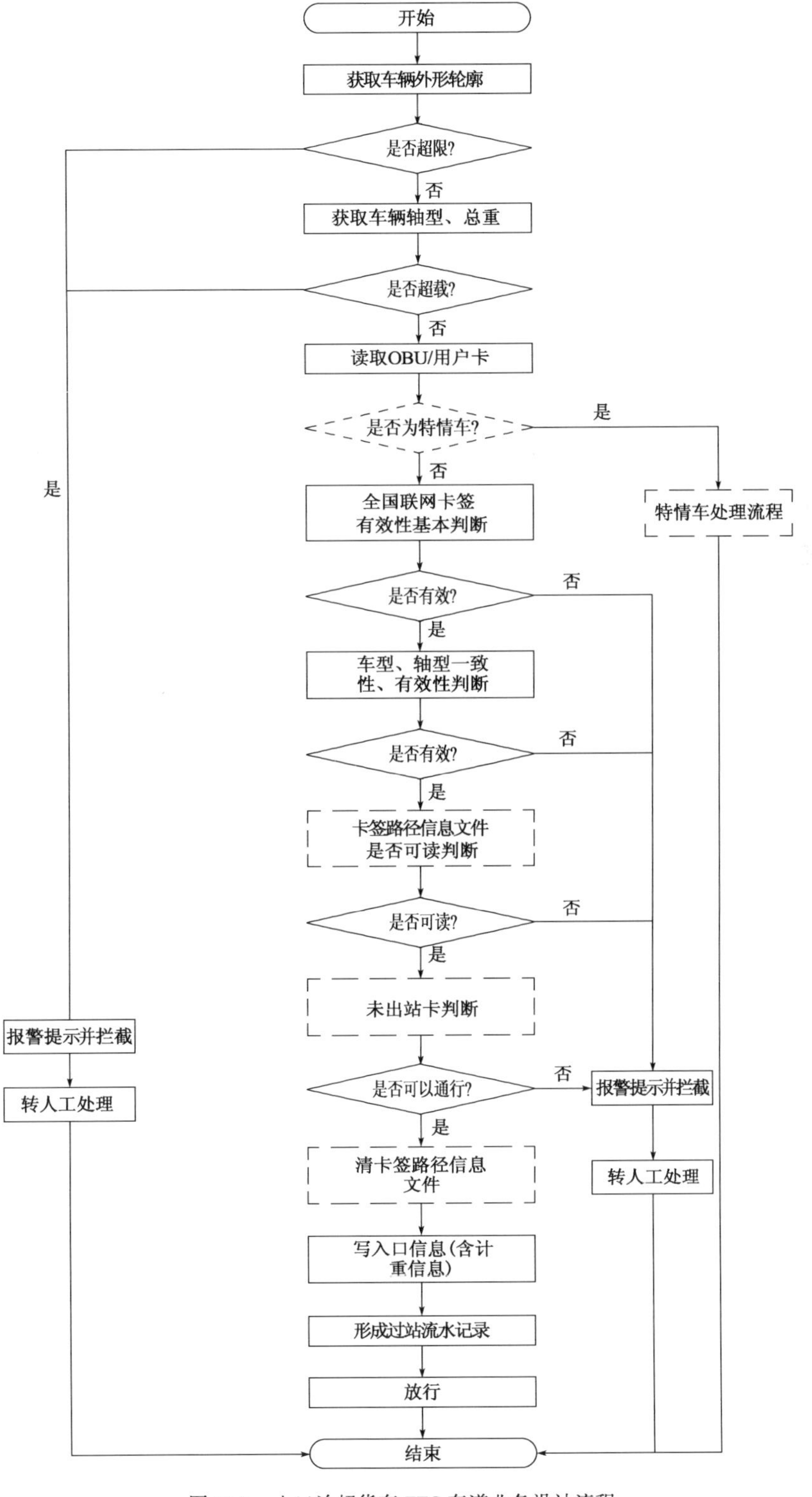

图 10-3　入口治超货车 ETC 车道业务设计流程

10.6 外廓检测设备动态库接口规范

1. ReceiveMsg(IntPtr windowHandle,string ip,int port);//该动态库中的类构造方法
windowHandle-窗口句柄
ip-服务器 ip
Port-端口
2. void Init();//启动服务器,开启数据接收处理线程
3. int getL();//获取车长,返回值为车长
4. int getW();//获取车宽,返回值为车宽
5. int getH();//获取车高,返回值为车高
注意:
调用 2/3/4/5 方法前必须新建一个全局的 ReceiveMsg 对象,示例:

```
public ReceiveMsg rs = null;
private void button1_Click(object sender,EventArgs e)
{
    rs = new ReceiveMsg(this.Handle,textBox1.Text.ToString(),
                        int.Parse(textBox2.Text.ToString()));
    rs.Init();
}
```

发送的消息为:

```
public int WM_VEHCOMING = RegisterWindowMessage("VEHCOMING");//车来了的信号
PostMessage(windowHandle,WM_VEHCOMING,new IntPtr(0),new IntPtr(1));
public int WM_TAILPASSED = RegisterWindowMessage("TAILPASSED");//车收尾的信号
PostMessage(windowHandle, WM_TAILPASSED, new IntPtr(0), new IntPtr(2));
public int WM_VEHOUTLWH = RegisterWindowMessage("VEHOUTLWH");//车长宽高数据的信号
PostMessage(windowHandle, WM_VEHOUTLWH, new IntPtr(0), new IntPtr(3));
```

动态链接库基本要求,见表 10-3。

动态链接库基本要求 表 10-3

函数名称	function Init():bool
说明	一般在系统启动时调用,此函数中封装对外廓测量仪启动的必要操作,例如初始化网络参数等
参数	无
返回值	初始化成功,返回 true;初始化失败,返回 false

续上表

函数名称	Function getL( ):int
说明	收到 WM_VEHOUTLWH 消息后调用,返回测量长度值
参数	无
返回值	0:设备未返回长度测量值,或者无测量长度功能; >0:车长数据成功返回
函数名称	Function getW( ):int
说明	收到 WM_VEHOUTLWH 消息后调用,返回测量宽度值
参数	无
返回值	0:设备未返回宽度测量值,或者无测量宽度功能; >0:车宽数据成功返回
函数名称	Function getH( ):int
说明	收到 WM_VEHOUTLWH 消息后调用,返回测量高度值
参数	无
返回值	0:设备未返回高度测量值; >0:车高数据成功返回
以下为动态库中的三个消息	
消息名称	WM_VEHCOMING
说明	车辆驶入外廓检测仪检测区域时,发送该消息
消息名称	WM_TAILPASSED
说明	车尾驶离外廓检测仪检测区域时,发送该消息
消息名称	WM_VEHOUTLWH
说明	设备输出检测结果时,发送该消息

第 11 章　货车前装电子标签技术要求

11.1　总 体 要 求

前装车载单元应符合《电子收费　专用短程通信　第 1 部分:物理层》(GB/T 20851.1—2019)、《电子收费　专用短程通信　第 2 部分:数据链路层》(GB/T 20851.2—2019)、《电子收费　专用短程通信　第 3 部分:应用层》(GB/T 20851.3—2019)系列标准规定的 A 类上下行链路(ASK 调制方式,FM0 编码)的各项要求,同时应符合货车车厂对于车载电子部件的电器性能、安全性、可靠性要求。

11.2　货车前装电子标签功能模块及分类

11.2.1　货车前装电子标签功能模块

货车 ETC 前装电子标签必要功能模块,应包括主控模块、DSRC 射频模块、射频天线、IC 卡读写模块、嵌入式安全模块(ESAM)、电源模块、人机接口。

主控模块是货车前装电子标签核心,连接并控制其他功能模块,实现符合现行《电子收费　专用短程通信》(GB/T 20851)系列标准的 DSRC 逻辑链路层、应用层通信协议、设备应用功能,以及车辆通信接口功能。

DSRC 射频模块包括 HDLC 协议处理、FM0 编码、5.8G 射频前端等,在主控模块的控制下实现 DSRC 物理层和逻辑链路层部分功能。射频天线实现 5.8G 微波信号发射及接收,是货车前装电子标签关键部件之一,天线增益及方向等指标直接影响货车前装电子标签性能及应用效果。

IC 卡读写模块在主控模块控制下完成对 ETC 用于卡的读写操作,IC 卡读写接口遵循 ISO-7816 或 ISO-14443Type A 标准。

嵌入式安全模块为货车前装电子标签关键信息存储介质,同时承担车辆信息加密及设备安全认证功能。

电源模块将车载电源转换为货车前装电子标签内部电源,为其他功能模块供电。货车前装电子标签应采用车辆电源供电,工作电压范围不小于直流 7 ~ 36V。电子标签可采用车辆 ACC 电源供电或车载电池直接供电,采用车载电池直接供电时,在车辆熄火状态下,电子标签电流消耗应小于 100μA。

人机接口模块在主控模块的控制下实现货车前装电子标签与用户间的交互,典型的交互方式包括按键、指示灯、蜂鸣器、显示屏、语音提示等，保证驾驶员在车辆行驶状态下可以通过听觉信息获取完整的与安全、法规及金额相关的信息。货车前装电子标签可将人机交互部件集成于人机交互模块，也可以通过车辆通信接口将部分或全部人机交互部件转移至车内其他部件，实现人机界面集成或共享。

11.2.2　货车前装电子标签分类

货车前装电子标签主要分为一体式电子标签、分体式电子标签和嵌入式电子标签三类。一体式电子标签是指必要功能模块集中于单一结构的产品形式；分体式电子标签是指必要功能模块按功能或工程需要分布于两个或多个结构部件，并以线缆或无线方式连接的产品形式；嵌入式电子标签是指必须通过与其他车载电子设备共享硬件或软件实现所有必要功能模块的产品形式，宜采取分体式射频天线模块，以保证通信性能。

11.3　货车前装电子标签功能要求

货车前装电子标签应具备现行《电子收费　专用短程通信》（GB/T 20851）系列标准规定的基本功能，支持 DSRC 设备发行、高速公路 ETC 收费、多义性路径标识、ETC 停车场等应用场景。除上述基本功能外，货车前装电子标签宜支持的扩展功能包括社会化发行、车辆数据通信和蓝牙数据连接等。

货车前装电子标签还宜具备车辆数据通信功能，通过有线方式与车辆连接，接口形式宜采用 CAN 或串口。标签同车辆的通信可按应用划分数据通道，包括人机交互通道（用于实现 ETC 应用中的查询，提示等人机交互的增强）、透明传输通道（用于实现对于电子标签内 ESAM、IC 卡等设备的访问）和车辆认证通道（用于实现电子标签对于车辆识别信息的获取，车辆识别信息应包括车辆 VIN 码）。

11.4　货车前装电子标签安装规范

一体式电子标签应安装于驾驶舱内风挡玻璃下边缘左右居中位置。

分体式电子标签及嵌入式电子标签射频天线模块应安装于驾驶舱内风挡玻璃下边缘左右居中位置；其他功能模应安装于驾驶舱内，宜采取隐蔽安装形式。

11.5　货车前装电子标签可靠性技术要求

11.5.1　电磁兼容性技术要求

无线电骚扰特性应满足《车辆、船和内燃机　无线电骚扰特性　用于保护车载接收机的限值和测量方法》（GB/T 18655—2018）。

由传导和耦合引起的电骚扰应符合《道路车辆　由传导和耦合引起的电骚扰　第 1 部

分:定义和一般描述》(GB/T 21437.1—2008)、《道路车辆　由传导和耦合引起的电骚扰　第2部分:沿电源线的电瞬态传导》(GB/T 21437.2—2008)、《道路车辆　由传导和耦合引起的电骚扰　第3部分:除电源线外的导线通过容性和感性耦合的电瞬态发射》(GB/T 21437.3—2012)。

由静电放电引起的电骚扰应符合《道路车辆　电气/电子部件对静电放电抗扰性的试验方法》(GB/T 19951—2019)。

对窄带辐射电磁能的抗扰性应符合《道路车辆　电气/电子部件对窄带辐射电磁能的抗扰性试验方法　第1部分:一般规定》(GB/T 33014.1—2016)、《道路车辆　电气/电子部件对窄带辐射电磁能的抗扰性试验方法　第2部分:电波暗室法》(GB/T 33014.2—2016)、《道路车辆　电气/电子部件对窄带辐射电磁能的抗扰性试验方法　第4部分:大电流注入(BCI)法》(GB/T 33014.4—2016)、《道路车辆窄带辐射电磁能量的电干扰元部件试验方法　第8部分:磁场抗扰性》(ISO 11452.8—2015)和《道路车辆　电气电子部件对窄带辐射电磁能的抗扰性试验方法　第9部分:便携式发射机模拟法》(ISO 11452.9—2012)。

电源电压变化抗扰性应符合《道路车辆　电气及电子设备的环境条件和试验　第2部分:电气负荷》(GB/T 28046.2—2019)。

11.5.2　电器负荷技术要求

电气适应性应符合《道路车辆　电气及电子设备的环境条件和试验　第2部分:电气负荷》(ISO 16750-2:2012)。

11.5.3　环境适应性技术要求

环境适应性应符合《道路车辆　电气及电子设备的环境条件和试验　第4部分:气候负荷》(GB/T 28046.4—2011)。

机械性能应符合《道路车辆　电气及电子设备的环境条件和试验　第3部分:机械负荷》(GB/T 28046.3—2011)。

11.5.4　使用寿命性技术要求

货车前装电子标签应与所适配的整车或所适配整车集成的舒适性电子部件采用相同的质量保证及售后服务条款。

附录一　货车 ETC 车道日志格式规范

1　总则

标准化 ETC 车道日志统一格式包含定义文件格式、文件命名格式、文件存放、文件存储、日志级别以及日志内容的统一。

日志文件宜采取防篡改措施,需要时可以安全上传或导出。

2　术语

日志(Log)

本规范中,日志指 ETC 车道应用软件相关操作和操作结果按时间有序的集合。每个日志文件由日志记录组成,每条日志记录描述了一次单独的系统事件。

3　日志文件内容格式

日志文件采用文本文件存储,文件内容采用 GB18030 编码,每行以“<回车><换行>”即“\r\n”结尾。

4　日志文件命名格式

(1)按车道每自然日(0 点到 24 点)一个日志文件。

(2)在车道保存时,单个日志文件命名格式:YYYYMMDD. log。示例:20170210. log。

(3)日志文件需要上传或导出时,上传或导出的日志文件宜采用如下命名格式:

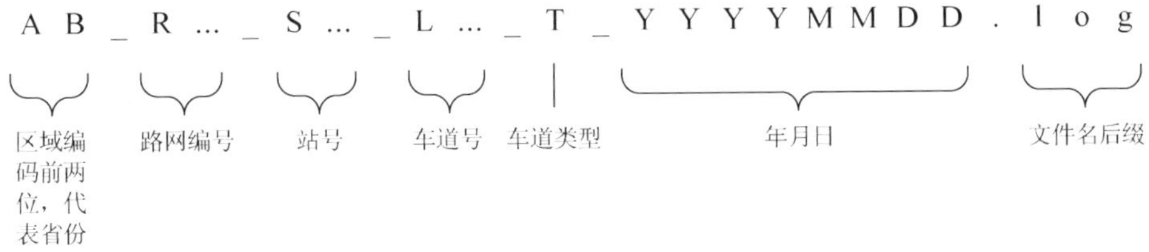

示例:37_10_040101_21_4_20170210. log

5　日志文件存放位置

日志文件统一存放在车道机中,在车道软件文件夹下,日志文件夹名称为 ETCLog。

示例:D:\ETCLane\ETCLog

6　日志文件保存时间

车道上的日志文件建议保留 180d,过期日志能够定期清理。

7 日志信息级别规范

日志信息输出的优先级从高到低至少应分为5档，分别是Fatal、ERROR、WARN、INFO、DEBUG。这些级别用来指定这条日志信息的重要程度。在测试阶段可以打开所有级别的日志，系统上线后，建议只输出INFO以上级别（含INFO）。各级别的日志信息作用规定如下：

7.1 致命（Fatal）

严重的错误，系统无法正常运行，如硬盘空间满等系统级别的错误。这个级别很少被用，常暗含系统或者系统的组件迫近崩溃。

7.2 错误（Error）

软件运行过程中产生的导致交易无法继续进行的信息。这种信息较多，主要用于记录软件运行过程中产生的一些错误信息。比如交易过程中出现错误码等。

7.3 警告（Warn）

软件可以正常运行，但需要引起注意的警告信息。这个级别预示较小的问题，由软件外部的因素造成的，比如用户输入了不符合条件的参数。

7.4 信息（Info）

系统运行的主要关键时点的操作信息，一般用于记录业务日志。但同时，也应该有足够的信息以保证可以记录再现缺陷的路径。这个级别记录了系统日常运转中有意义的事件。

7.5 调试（Debug）

系统运行中的调试信息，便于开发人员进行错误分析和修正，一般用于程序日志，关心程序操作（细粒度），不太关心业务操作（粗粒度）。系统出现问题时，必须抛出异常，在处理异常时记录日志，且日志级别必须是前3个级别（Fatal\Error\Warn）中的一种。

8 日志内容规范

日志内容是车道软件在运行过程中产生的关键信息，日志输出要求关键信息产生时立即输出到日志文件。日志内容输出的原则是能够通过日志信息后期还原出某个时间段的软件运行及交易情况。

日志内容的格式为：

HH:MM:SS.zzz + 空格 + [level] + 日志内容[|第一关键字|第二关键字|数值/信息（无此项时，为空）|]

本章节定义了ETC车道主要业务信息的关键字种类。在满足本规范定义的基础上，各省（自治区、直辖市）可根据需要，补充其他关键字种类，用于记录本省（自治区、直辖市）个性化日志信息。

8.1 第一关键字的定义

车道软件日志第一关键字定义见附表1-1。

车道软件日志第一关键字定义　　附表 1-1

第一关键字	信息说明
LaneInfo	车道基本信息
FrameData	车道软件与 RSU 交互的原始数据信息
RSUInfo	RSU 的基本信息
OBUInfo	OBU 的基本信息
VehicleInfo	OBU 内车辆信息
IccInfo	卡内基本信息
TollCardInfo	收费信息
ConsumeInfo	消费信息
TranResult	交易结果
DevInfo	设备信息
Other	其他信息
WeightInfo	计重信息

8.2 第二关键字的定义

8.2.1 LaneInfo

LaneInfo 是车道基本信息，包括车道配置信息、车道的参数信息、车道版本等。

车道软件日志基本信息关键字定义见附表 1-2。

车道软件日志基本信息关键字定义　　附表 1-2

第二关键字	日志级别	数值/信息说明
StationID	Info	本站编码
LaneID	Info	本车道编码
LaneType	Info	本车道类型
RSUComm	Info	RSU 串口号
RSUPower	Info	RSU 功率
RSUChannelID	Info	RSU 信道
LaneVersion	Info	车道软件版本
AppStart	Info	车道软件启动
Login	Info	上班，登录收费员、班次等
Logout	Info	下班，下班收费员
Squaddate	Info	当前的逻辑日志

示例：

10:49:20.296 [Info] |LaneInfo|LaneVersion|3.0.0.1|

10:49:20.296 [Info] |LaneInfo|StationID|600503|

10:49:20.296［Info］|LaneInfo|LaneID|91|

10:49:20.296［Info］|LaneInfo|LaneType|3|

10:49:20.296［Info］|LaneInfo|AppStart||

10:49:20.296［Info］|LaneInfo|Login|上班,收费员:×××|

8.2.2 FrameData

FrameData(原始帧数据)是指车道收费软件与 RSU 通信的原始数据信息,原始信息依 16 进制字符串的形式输出。

车道软件日志通信信息关键字定义见附表 1-3。

车道软件日志通信信息关键字定义 附表 1-3

第二关键字	日 志 级 别	数值/信息说明
RSU Passed	Info	RSU 发送给上位软件的信息
PC Send	Info	上位机软件发送给 RSU 的信息
ErrCode	Info	帧信息中的错误代码

示例:

10:49:20.296［Info］|FrameData |RSU Passed|58 B2 61 46 B3 5C 00 BA D3 B1 B1 00 01 00 01 13 01 02 15 09 17 03 69 20 16 05 09 20 26 05 09 10 20 01 3B|

10:49:20.296［Info］|FrameData |PCSend|FF FF 85 C1 61 46 B3 5C 8C FF|

8.2.3 RSUInfo

RSUInfo 是指 RSU 设备的状态信息,该信息在设备初始化时返回,其中包括 RSU 编码、版本及状态等。

车道软件日志 RSU 状态信息关键字定义见附表 1-4。

车道软件日志 RSU 状态信息关键字定义 附表 1-4

第二关键字	日 志 级 别	数值/信息说明
RSUID	Info	路侧单元编号
RSUStatus	Info	路侧单元状态
PSAMNum	Info	PSAM 卡个数
TerminalID1	Info	PSAM 卡 1 终端机编号
TerminalID2	Info	PSAM 卡 2 终端机编号
RSUVendor	Info	路侧单元厂商代码
RSUVersion	Info	路侧单元版本号

示例:

10:49:20.296［Info］|RSUInfo|RSUID|123|

10:49:20.296［Info］|RSUInfo|RSUStatus|0|

8.2.4 OBUInfo

OBUInfo 是指车载 OBU 设备的基本信息,该信息在 RSU 扫描到车载 OBU 设备时返回,其中包括 OBU 编码、有效期及状态等。

车道软件日志 OBU 信息关键字定义见附表 1-5。

车道软件日志 OBU 信息关键字定义　　附表 1-5

第二关键字	日 志 级 别	数值/信息说明
OBUMAC	Info	电子标签 MAC 地址
OBUVender	Info	OBU 厂商代码
OBUID	Info	OBU 发行商代码
OBUNum	Info	OBU 合同序列号
OBUStartTime	Info	OBU 合同签署日期
OBUEndTime	Info	OBU 合同到期日期
OBUVersion	Info	OBU 版本
OBUState	Info	OBU 状态

示例：

10:49:20.296[Info]|OBUInfo|OBUID|136083443|

8.2.5　VehicleInfo

VehicleInfo 是指电子标签中记录的车辆信息，其中包括车型、车牌等。

车道软件日志车辆信息关键字定义见附表 1-6。

车道软件日志车辆信息关键字定义　　附表 1-6

第二关键字	日 志 级 别	数值/信息说明
OBUPlate	Info	车牌号码
OBUPlateColor	Info	车牌颜色
OBUVehClass	Info	车辆类型
OBUUserType	Info	车辆用户类型
OBUWeight	Info	OBU 车辆载重

示例：

10:49:20.296[Info]|VehicleInfo|OBUPlate|鲁 A12345|

10:49:20.296[Info]|VehicleInfo|OBUPlateColor|0|

8.2.6　IccInfo

IccInfo 是指卡片内部基本信息，及 0015 文件中记录的内容。

车道软件日志卡片信息关键字定义见附表 1-7。

车道软件日志卡片信息关键字定义　　附表 1-7

第二关键字	日 志 级 别	数值/信息说明
CPUIssuer	Info	ETC 卡发卡方标识
CPUCardType	Info	ETC 卡卡片类型
CPUVersion	Info	ETC 卡卡片版本号
CPUNetID	Info	ETC 卡片路网编号

续上表

第二关键字	日 志 级 别	数值/信息说明
CPUCardSnNo	Info	ETC 卡表面编号
CPUCardID	Info	ETC 卡内部编号
CPUStartTime	Info	ETC 卡启用时间
CPUEndTime	Info	ETC 卡到期时间
CPUCardPlate	Info	ETC 卡车牌号
CPUCardUserType	Info	ETC 卡用户类型
CPUCardPlateColor	Info	ETC 卡车牌颜色
CPUCardVehClass	Info	ETC 卡车型
CPUBalanceBefore	Info	扣前余额

示例：

10:49:20.296[Info]|IccInfo|CPUCardID|3701000023000001|

10:49:20.296[Info]|IccInfo|CPUCardType|23|

8.2.7 TollCardInfo

TollCardInfo 是指收费信息，及 0019 文件中记录信息。

车道软件日志收费信息关键字定义见附表 1-8。

车道软件日志收费信息关键字定义 附表 1-8

第二关键字	日 志 级 别	数值/信息说明
EnNetID	Info	入口路网编码
EnStationID	Info	入口站编号
EnLaneID	Info	入口车道编号
EnTime	Info	入口日期及时间
EnVehicleClass	Info	入口车型
EnPassStatus	Info	入/出口状态
EnPlate	Info	入口车牌号
EnPlateColor	Info	入口车牌颜色

8.2.8 ConsumeInfo

ConsumeInfo 是指消费信息，其中包括应收通行费，扣款金额、折扣率等。

车道软件日志消费信息关键字定义见附表 1-9。

车道软件日志消费信息关键字定义 附表 1-9

第二关键字	日 志 级 别	数值/信息说明
TollMoney	Info	计算的应收金额
ETCMoney	Info	折扣后的最终金额
TollDistance	Info	入口到出口的收费总里程
PayRebate	Info	卡片所享受的折扣率(‰)

8.2.9 TranResult

TranResult 是指交易结果信息，扣款后返回的扣款信息。

车道软件交易结果信息关键字定义见附表 1-10。

车道软件交易结果信息关键字定义 附表 1-10

第二关键字	日 志 级 别	数值/信息说明
TransTime	Info	扣款时间
TransType	Info	交易类型
TAC	Info	TAC 码
ICCPayserial	Info	IC 卡脱机交易序号
PSAMTainserial	Info	PSAM 卡终端交易序号
CardAfterBalance	Info	交易后余额
TradeStatus	Info	交易状态： 0-未知； 1-交易成功； 2-逻辑失败，如无 CPU 卡、挂失、非法拆卸等逻辑原因交易失败； 3-物理失败，正常执行写卡等操作但是最终交易失败； 4-无标签（或漏读）
LogicalFailCause	Error	逻辑失败原因（见“逻辑失败原因对应编码”）
OpMiliSecond	Info	交易时长

8.2.10 DevInfo

DevInfo 是指设备状态信息，设备发生变化时记录。

车道软件日志设备状态信息关键字定义见附表 1-11。

车道软件日志设备状态信息关键字定义 附表 1-11

第二关键字	日 志 级 别	数值/信息说明
Loop1	Info	0-无车；1-有车
Loop2	Info	0-无车；1-有车
Bar	Info	0-落杆；1-抬杆
PassLight	Info	0-红灯；1-绿灯
Capture	Info	时间、图像文件名（含路径）
FD	Info	费额显示器显示内容

费额显示器显示内容及逻辑失败原因对应编码见附表 1-12。

车道软件日志逻辑失败编码表

附表 1-12

编　码	项　目	费额显示器
1	无标签	未检测到电子标签
2	标签未启用	电子标签未启用
3	标签过期	电子标签已过期
4	标签黑名单	电子标签被禁用
5	标签非法拆卸	电子标签已拆卸
6	标签电量低	电子标签电量低
7	标签无卡	ETC 卡未插好，请插卡
8	标签无效车型	电子标签车型无效
9	前车干扰	前方有异常车辆
10	卡未启用	ETC 卡未启用
11	卡过期	ETC 卡已过期
12	未联网卡	ETC 卡无效
13	无效卡类型	ETC 卡无效
14	黑名单挂失卡	卡已挂失
15	黑名单注销卡	卡已注销
16	黑名单透支卡	卡已透支
17	黑名单禁用卡	卡已禁用
18	写卡失败	写卡异常，交易失败
19	将锁卡	卡校验异常，拒绝交易
20	已锁卡	ETC 卡已被锁，交易失败
21	卡签发行属地不一致	标签和卡发行机构不一致
22	出入口不匹配	入口无效
23	出入口车型不一致	出入口车型不一致
24	出入口车牌不一致	出入口车牌不一致
25	无入口信息	无入口信息
26	非法 U 转车	入口无效
27	车牌绑定不符	标签和卡车牌不一致
28	行驶超时	行驶超时
29	超时停留	超时停留，请注意落杆
30	余额不足	余额不足，请及时充值
31	PSAM 锁	系统故障
32	PSAM 卡异常	系统故障
33	车辆黑名单	车辆禁用
34	交易失败	交易失败
35	路径不可达/无费率	入口无效
36	路径不唯一	路径标识信息不完整
37	下班	车道关闭

8.2.11 Other

Other是其他信息。车道软件日志其他信息关键字定义见附表1-13。

车道软件日志其他信息关键字定义 附表1-13

第二关键字	日志级别	数值/信息说明
人工操作	Info	如人工处理落杆、人工处理异常等
交接班	Info	如已上班、下班成功等
时间同步	Info	如成功与站级取得时间同步
参数管理	Info	参数加载、参数生效等

8.2.12 WeightInfo

WeightInfo是计重系统的信息,包含计重系统状态、计重数据。车道软件日志计重系统信息关键字编码见附表1-14。

车道软件日志计重系统信息关键字编码 附表1-14

第二关键字	日志级别	数值/信息说明
Manufacturer	Info	制造商
ProductType	Info	产品类型
ManufactureDate	Info	生产日期
ProductSoftVer	Info	软件版本号
Status	Info	Byte0: BIT0:0-正常;1-称重系统传感器故障 BIT1:0-正常;1-红外光幕故障 BIT2:0-正常;1-线圈故障 BIT3:0-正常;1-轮轴识别器故障 BIT4:0-正常;1-通信故障 BIT5:0-正常;1-秤体故障 BIT6:0-正常;1-过载 Byte1、Byte2:计量参数版本 Byte3:冗余
SynTime	Info	时间同步
Infared	Info	光栅状态: 0-被遮挡,1-未遮挡
Change	Info	计重队列变化 负数为减少的数量,正数为增加的数量
AxisCount	Info	总轴数
AxisData	Info	指定轴数据
AxisGroupCount	Info	总轴组数
AxisGroupData	Info	指定轴组数据

附录二　货车 ETC 车道监测信息数据字典

目前,各省仅会将出口原始交易消息传输至国家中心,这样将无法根据原始交易消息对交易信息表进行精简。因此,对于本 ETC 车道监测的数据字典设计,将对当中的交易信息表区分为交易异常和交易正常两类,并且前提条件是需要将入口、出口的原始交易消息均传输至国家中心,且入口原始交易消息参照出口消息格式标准,当中包含有车道详细信息(含路网、路段、车道等编号)、卡表面号、OBU 合同序列号、入口车辆信息以及卡交易序列号等交易校验信息,以便实现后续相关系统或平台可对这两类数据进行关联使用。

对于 ETC 交易信息表主要包括有:交易异常信息表和交易正常信息表。对于这两类表,当天线搜索到标签,或者车道上游第一个光栅检测到车辆进入车道,或者当车牌识别设备识别到车牌时,即表明满足可生成对应交易信息表的条件。

1　交易异常(TB_ETCTradeList_Spe)

交易异常信息表数据定义见附表 2-1。

交易异常信息表数据定义　　附表 2-1

序号	字　段　名	别　　名	数 据 类 型	字节宽度	强制	主键	备注
1	监测流水号	LaneSupervisorNo	VarChar	30	True	PK	
2	路网编号	NetID	SmallInt	2	True		
3	路段编码	RoadID	Smallint	2	True		
4	站编码	StationID	Integer	4	True		
5	广场编码	SquareID	SmallInt	2	True		
6	车道编号	LaneID	Smallint	2	True		
7	工班日期	Squaddate	DateTime	8	True		
8	自然日期	GenDate	DateTime	8	True		
9	生成时间	Optime	DateTime	8	True		
10	失败原因	LogicalFileCause	Smallint	2	False		
11	帧信息错误码	BnErrCause	VarChar	4	False		
12	异常交易时长	AbnorOpMiliSecond	SmallInt	2	True		
13	OBU 合同序列号	OBUSN	Varchar	20	False		
14	OBU 物理地址	OBUMAC	VarChar	16	False		
15	OBU 版本号	OBUVersion	Integer	4	False		
16	OBU 状态	OBUState	Integer	4	False		

续上表

序号	字 段 名	别　名	数 据 类 型	字节宽度	强制	主键	备注
17	OBU 车牌号	OBUPlate	Varchar	12	False		
18	OBU 车牌颜色	OBUPlateColor	SmallInt	2	False		
19	OBU 车型	OBUVehClass	TinyInt	1	False		
20	非现金卡卡片版本号	CPUVersion	Integer	4	False		
21	非现金卡片路网编号	CPUIssuer	SmallInt	2	False		
22	非现金卡表面编号	CPUCardSnNo	Varchar	16	False		
23	入口车型	EnVehicleClass	TinyInt	1	False		
24	入/出口状态	EnPassStatus	TinyInt	1	False		
25	入口车牌号	EnPlate	Varchar	12	False		
26	入口车牌颜色	EnPlateColor	SmallInt	2	False		
27	交易 RSU 耗时	OpRSUMiliSecond	SmallInt	2	False		
28	交易 OBU 耗时	OpOBUMiliSecond	SmallInt	2	False		
29	交易 IC 耗时	OpICMiliSecond	SmallInt	2	False		
30	识别车牌	RegVehPlate	VarChar	16	False		
31	识别车牌耗时	RegVehPlateSpend	SmallInt	2	False		
32	识别车型	RegVehType	SmallInt	2	False		
33	识别车型耗时	RegVehTypeSpend	SmallInt	2	False		
34	进入车道时间	IntoTime	DateTime	8	False		
35	驶离车道时间	OutofTime	DateTime	8	False		
36	过车速度	VehSpeed	SmallInt	2	True		
37	交易方式	TradeMode	SmallInt	2	True		
38	OBU 轴型	OBUAxisType	Integer	4	False		
39	非现金卡轴型	CPUAxisType	Integer	4	False		
40	称重轴型	AxisType	Integer	4	False		
41	称重重量	VehicleWeight	Integer	4	False		
42	备用 1	Spare1	Integer	4	False		
43	备用 2	Spare2	Integer	4	False		
44	备用 3	Spare3	Varchar	50	False		
45	备用 4	Spare4	Varchar	50	False		

对附表 2-1 说明如下：

(1)监测流水号：路网编码(4 位) + 路段编码(2 位) + 收费站编码(2 位) + 收费车道编码(2 位) + 操作时间(8 位) + 流水类型标识(1 位) + 顺序号(1 位)均以十六进制表示；路网编码，路段编码，收费站编码和车道编码的规则参考 0019 文件；操作时间为 Unix 时间，监测流水的流水类型标识默认填1,顺序号自定义。字母以大写填写。

(2)路网编号:沿用现有交易流水中的路网编号规则。

(3)路段编码:沿用现有交易流水中的路段编码规则。没有路段编号的,填写分中心编码。

(4)站编码:沿用现有交易流水中的站编码规则。

(5)广场编码:沿用现有的广场编码规则。

(6)车道编号:沿用现有交易流水中的车道编号规则。

(7)工班日期:信息表产生时的工班日期。

(8)自然日期:信息表产生时的自然日期。

(9)生成时间:信息表生成的时间。

(10)失败原因。

(11)帧信息错误代码:B0到B5返回错误时填写,帧号(2位)+天线返回的错误代码(2)位,均使用十六进制填写,字母使用大写。

(12)异常交易时长:指在本异常交易过程中,首次收到天线信息反馈时间到最后收到天线信息反馈时间,如产生多次交互应进行时间累加。如B2帧-B3帧、或B2帧-B3帧-B4帧、或B2帧-B5帧、或B2帧-B3帧-B2帧-B3帧,单位ms。

(13)OBU合同序列号OBUSN:OBU的EF01系统信息文件的合同序列号。

(14)OBU物理地址OBUMAC:OBU的EF02(ETC应用交易记录文件)中的OBUMAC地址。

(15)OBU版本号:OBU的EF01系统信息文件的合同版本。

(16)OBU状态OBUState:天线返回的OBU状态。

(17)OBU车牌号OBUPlate:OBU的EF01应用车辆信息文件的车牌号。

(18)OBU车牌颜色OBUPlateColor:OBU的EF01应用车辆信息文件的车牌颜色。

(19)OBU车型:OBU的EF01文件中记录的车型,客车为1~5,货车为11~15。

(20)非现金卡卡片版本号:非现金卡的0015文件中记录的卡片版本号。

(21)非现金卡片路网编号:对长三角五省一市、河南等非BCD码编码方式的卡片网络编号,按规则将转换后的结果进行填写。

(22)非现金卡表面编号:沿用现有的交易流水中的非现金卡表面编号规则。

(23)入口车型:非现金卡0019文件中记录的车型。

(24)入/出口状态:非现金卡0019文件中记录的入/出口状态。

(25)入口车牌号:非现金卡0019文件中记录的车牌号。

(26)入口车牌颜色:非现金卡0019文件中记录的车牌颜色,如无则不填。

(27)交易RSU耗时:由于目前天线暂时不支持反馈详细的交易RSU耗时,故可不填。

(28)交易OBU耗时:由于目前天线暂时不支持反馈详细的交易OBU耗时,故可不填。

(29)交易IC耗时:由于目前天线暂时不支持反馈详细的交易IC耗时,故可不填。

(30)识别车牌:车牌识别所获取的车牌结果。

(31)识别车牌耗时:车辆经过触发光栅,触发车牌识别到获取车牌结果的时间差。

(32)识别车型:车型识别所获取的车型识别结果,若目前暂无车型识别设备输出结果可

暂不填写。

(33)识别车型耗时:车辆经过触发光栅,触发车型识别到获取车型识别结果的时间差,若目前暂无车型识别设备输出结果可暂不填写。

(34)进入车道时间:车辆通过车道上游第一个光栅的时间。

(35)驶离车道时间:驶离车道时间存在两类:①车辆通过车道落杆光栅的时间;②车辆交易失败时通过倒车驶离车道,即倒车行为触发上游第一个光栅获知车辆驶离车道时间。

(36)过车速度:车辆进入车道到离开车道的平均速度,即结合进入车道时间和离开车道时间,以及车道两光栅的距离值,所计算出的通行速度。

(37)交易方式:记录车辆是通过哪种方式交易放行的:1-天线;2-本车道人工刷卡;3-移动辅助终端;4-特殊放行;5-车队放行。

(38)OBU 轴型:发行时写入的轴型信息。

(39)非现金卡轴型:发行时写入的轴型信息。

(40)称重轴型:车辆通过秤台,由秤台返回的轴型。

(41)称重重量:车辆通过秤台,由秤台返回的重量。

(42)备用 1。

(43)备用 2。

(44)备用 3。

(45)备用 4。

说明:由于营改增后,国家将会启用最新的编码规则,但是考虑到非全部省份的车道系统上均具有可填充该编码的内容(如上述附表 2-1 中的 2 ~ 6 序号内容,其由省份采用后台映射或转换达成营改增车道编码规则所要求的内容),为此营改增的车道编码设计在后台通过映射或装换的方式进行转换处理,暂不在车道系统上进行处理实现。

交易失败类型定义见附表 2-2。

交易失败类型及定义　　附表 2-2

取值	类　型	定　义
1	余额不足	ETC 卡内余额不足
2	防拆失效	检测标签因拆卸而导致失效
3	OBU 黑名单	OBU 被识别在 OBU 黑名单内
4	ETC 卡黑名单	ETC 卡被识别在 ETC 卡黑名单内
5	PSAM 黑名单	PSAM 被识别在 PSAM 黑名单内
6	OBU 有效期过期	OBU 被识别有效期过期
7	ETC 卡有效期过期	ETC 卡被识别有效期过期
8	OBU 尚未启用	OBU 被识别未做启用
9	ETC 卡尚未启用	ETC 卡被识别未做启用
10	从进入路网到离开路网超时(未拦截无需记录,即按正常交易看待)	识别车辆进入路网到离开路网超过给定限制时间(若车辆未被拦截,则按正常交易看待)
11	闯关	识别车辆存在闯关行为

续上表

取值	类　型	定　义
12	无入口信息	识别 ETC 卡内无入口信息
13	无标签	检测不到当前车辆标签信号
14	标签无卡	识别到标签无卡(如未插卡)
15	ETC 卡发行方无效	识别 ETC 卡发行方无效
16	OBU 发行方无效	识别 OBU 发行方无效
17	查询不到费率	无法查询费率或计算出通行费额
18	OBU 与卡车辆信息不符	识别 OBU 与卡车辆信息不符
19	OBU 与卡发行方不符	识别 OBU 与卡发行方不符
20	出入口车辆车型不符(未拦截无需记录)	识别出入口车辆车型不符(未拦截无需记录)
21	车牌黑名单	识别车辆车牌信息在车牌黑名单内
22	U 转车拦截(未拦截无需记录)	识别车辆为 U 转车(未拦截无需记录)
23	大客车限时通行(未拦截无需记录)	识别大客车存在限时通行(未拦截无需记录)
24	交易未完成	识别车辆在未产生其他失败原因的情况下,就在交易过程中离开,导致交易未能完成
25 ~ 100	保留	
101	ESAM 读文件出错	读 OBU 文件产生出错
102	ESAM 写文件出错	写 OBU 文件产生出错
103	PSAM 操作异常	在车道交易过程,会跟 PSAM 进行多次交互,但是在某次交互时对应 PSAM 交互指令执行失败
104	PSAM 卡复位异常	在对 PSAM 操作之前,先对 PSAM 进行上电操作(即复位),让其进入到工作状态,但是该项操作执行失败
105	PSAM 已锁卡	指某些异常操作使 PSAM 卡锁卡,锁卡后 PSAM 卡将不能正常工作
106	ETC 卡已锁卡	指在车道交易中,因某些异常操作(如文件认证连续 3 次错误)导致 ETC 卡锁卡而无法正常使用
107	读 ETC 卡文件出错	读 ETC 卡文件产生出错
108	写 ETC 卡文件出错	写 ETC 卡文件产生出错
109	消费初始化出错	产生消费初始化出错
110	复合消费出错	在车道交易时执行“复合消费”这个指令时产生异常
111	读取 ESAM 卡 EF04 出错	读取 OBU 的 EF04 文件出错
112	清除 ETC 卡标识文件出错	清除 ETC 卡标识文件出错
113	复位天线失败	天线初始化执行出错
114	MAC1 无效	MAC1 无效失败
115	MAC2 无效	MAC2 无效失败
115 以上	保留	

2　交易正常(TB_ETCTradeList_Nor)

交易正常信息表数据定义见附表2-3。

交易正常信息表数据定义　　附表2-3

序号	字段名	别名	数据类型	字节宽度	强制	主键	备注
1	监测流水号	LaneSupervisorNo	VarChar	30	True	PK	
2	路网编号	NetID	SmallInt	2	True		
3	路段编码	RoadID	Smallint	2	True		
4	站编码	StationID	Integer	4	True		
5	广场编码	SquareID	SmallInt	2	True		
6	车道编号	LaneID	Smallint	2	True		
7	工班日期	Squaddate	DateTime	8	True		
8	自然日期	GenDate	DateTime	8	True		
9	交易流水号	LaneSerialNo	String	30	True	PK	
10	交易时间	Optime	DateTime	8	True		
11	交易时长	OpMiliSecond	SmallInt	2	True		
12	OBU 合同序列号	OBUID	Varchar	20	False		
13	OBU 物理地址	OBUMAC	VarChar	16	False		
14	OBU 版本号	OBUVersion	Integer	4	False		
15	OBU 车牌号	OBUPlate	Varchar	12	False		
16	OBU 车牌颜色	OBUPlateColor	SmallInt	2	False		
17	OBU 车型	OBUVehClass	TinyInt	1	False		
18	非现金卡卡片版本号	CPUVersion	Integer	4	False		
19	非现金卡片路网编号	CPUIssuer	SmallInt	2	False		
20	非现金卡表面编号	CPUCardSnNo	Varchar	16	False		
21	入口车型	EnVehicleClass	TinyInt	1	False		
22	入口车牌号	EnPlate	Varchar	12	False		
23	入口车牌颜色	EnPlateColor	SmallInt	2	False		
24	交易 RSU 耗时	OpRSUMiliSecond	SmallInt	2	False		
25	交易 OBU 耗时	OpOBUMiliSecond	SmallInt	2	False		
26	交易 IC 耗时	OpICMiliSecond	SmallInt	2	False		
27	识别车牌	RegVehPlate	VarChar	16	False		
28	识别车牌耗时	RegVehPlateSpend	SmallInt	2	False		
29	识别车型	RegVehType	SmallInt	2	False		
30	识别车型耗时	RegVehTypeSpend	SmallInt	2	False		
31	进入车道时间	IntoTime	DateTime	8	False		

续上表

序号	字 段 名	别 名	数 据 类 型	字节宽度	强制	主键	备注
32	驶离车道时间	OutofTime	DateTime	8	False		
33	过车速度	VehSpeed	SmallInt	2	True		
34	尝试交易次数	TryTransCount	SmallInt	2	True		
35	交易方式	TradeMode	SmallInt	2	True		
36	OBU 轴型	OBUAxisType	Integer	4	False		
37	非现金卡轴型	CPUAxisType	Integer	4	False		
38	称重轴型	AxisType	Integer	4	False		
39	称重重量	VehicleWeight	Integer	4	False		
40	备用 1	Spare1	Integer	4	False		
41	备用 2	Spare2	Integer	4	False		
42	备用 3	Spare3	Varchar	50	False		
43	备用 4	Spare4	Varchar	50	False		

对附表 2-3 说明如下：

(1)监测流水号：路网编码(4 位) + 路段编码(2 位) + 收费站编码(2 位) + 车道编码(2 位) + 操作时间(8 位) + 流水类型标识(1 位) + 顺序号(1 位)均以十六进制表示；路网编码，路段编码，收费站编码和车道编码的规则参考 0019 文件；操作时间为 Unix 时间，监测流水号的流水类型标识默认填 1，顺序号自定义。字母以大写填写。建议统一全国的监测流水号。

(2)路网编号：沿用现有交易流水中的路网编号规则。

(3)路段编码：沿用现有交易流水中的路段编码规则。没有路段编号的，填写分中心编码。

(4)站编码：沿用现有交易流水中的站编码规则。

(5)广场编码：沿用现有的广场编码规则。

(6)车道编号：沿用现有交易流水中的车道编号规则。

(7)逻辑日期：流水产生时的工班日期。

(8)自然日期：流水产生时的自然日期。

(9)交易流水号：沿用车道交易流水中的交易流水号，以便可以将该信息表与交易流水进行关联。

(10)交易时长：交易处理时间，最终完成交易的 B2 帧-B3 帧-B4 帧-B5 帧的时长，单位毫秒。

(11)OBU 合同序列号 OBUID：OBU 的 EF01 系统信息文件的合同序列号，按 16 进制填写。

(12)OBU 物理地址 OBUMAC：OBU 的 EF02（ETC 应用交易记录文件）中的 OBUMAC 地址。

(13)OBU 版本号：OBU 的 EF01 系统信息文件的合同版本。

(14)OBU 状态 OBUState:天线返回的 OBU 状态。

(15)OBU 车牌号 OBUPlate:OBU 的 EF01 应用车辆信息文件的车牌号。

(16)OBU 车牌颜色 OBUPlateColor:OBU 的 EF01 应用车辆信息文件的车牌颜色。

(17)OBU 车型:OBU 的 EF01 文件中记录的车型,客车为 1 ~5,货车为 11 ~15。

(18)非现金卡卡片版本号:非现金卡的 0015 文件中记录的版本号。

(19)非现金卡片路网编号:对长三角五省一市、河南等非 BCD 码编码方式的卡片网络编号,按规则将转换后的结果填写。

(20)非现金卡表面编号:沿用现有的交易流水中的非现金卡表面编号规则。

(21)入口车型:非现金卡 0019 文件中记录的车型。

(22)入口车牌号:非现金卡 0019 文件中记录的车牌号码。

(23)入口车牌颜色:非现金卡 0019 文件中记录的车牌颜色,如无则不填。

(24)交易 RSU 耗时:由于目前天线暂时不支持反馈详细的交易 RSU 耗时,故可不填。

(25)交易 OBU 耗时:由于目前天线暂时不支持反馈详细的交易 OBU 耗时,故可不填。

(26)交易 IC 耗时:由于目前天线暂时不支持反馈详细的交易 IC 卡耗时,故可不填。

(27)识别车牌:车牌识别所获取的车牌结果。

(28)识别车牌耗时:车辆经过触发光栅,触发车牌识别到获取车牌结果的时间差。

(29)识别车型:车型识别所获取的车型识别结果,若目前暂无车型识别设备输出结果可暂不填写。

(30)识别车型耗时:车辆经过触发光栅,触发车型识别到获取车型识别结果的时间差,若目前暂无车型识别设备输出结果可暂不填写。

(31)进入车道时间:车辆通过车道上游第一个光栅的时间。

(32)驶离车道时间:驶离车道时间存在两类:①车辆通过车道落杆光栅的时间;②车辆交易失败时通过倒车驶离车道,即倒车行为触发上游第一个光栅获知车辆驶离车道时间。

(33)过车速度:车辆进入车道到离开车道的平均速度,即结合进入车道时间和离开车道时间,以及车道两光栅的距离值,所计算出的通行速度。

(34)尝试交易次数:车辆通过天线完成交易,记录车辆尝试天线交易的次数。

(35)交易方式:记录车辆是通过哪种方式交易放行的:1-天线;2-本车道人工刷卡;3-移动辅助终端;4-特殊放行;5-车队放行。

(36)OBU 轴型:发行时写入的轴型信息。

(37)非现金卡轴型:发行时写入的轴型信息。

(38)称重轴型:车辆通过秤台,由秤台返回的轴型。

(39)称重质量:车辆通过秤台,由秤台返回的质量。

(40)备用 1。

(41)备用 2。

(42)备用 3。

(43)备用 4。

附录三　货车 ETC 暂行发行规定

1　轴组的轴组型定义

1:单轴单胎。
2:单轴双胎。
3:双联轴单胎。
4:双联轴单双胎。
5:双联轴双胎。
6:三联轴单胎。
7:三联轴双胎。
8:三联轴单单双胎。
9:三联轴单双双胎。
0:其他轴型/异型轴。

2　电子标签 ESAM 内货车信息存储定义

ETC 应用车辆信息文件定义如附表 3-1。

国标 ETC 应用车辆信息文件定义　　附表 3-1

字节	类型	长度(字节)	内　容
1～12	an	12	车牌号,全牌照(汉字+字母+数字)信息,采用字符型存储,汉字采用 GB2312 码,如:"京"编码为"BEA9";牌照信息不足 12 字节,后补 0
13、14	an	2	车牌颜色 高字节:00H。 低字节:00H-蓝色;01H-黄色;02H-黑色;03-白色;04H-渐变绿色;05H-黄绿双拼色;06H-蓝白渐变色;09H-未确定
15	cn	1	车型,编码方式见:《电子收费　专用短程通信　第 3 部分:应用层》(GB/T 20851.3—2019)
16	cn	1	车辆用户类型,编码方式见《电子收费　专用短程通信　第 3 部分:应用层》(GB/T 20851.3—2019)
17～20	cn	4	车辆尺寸[长(2 字节)×宽(1 字节)×高(1 字节)],单位:dm
21	cn	1	车轮数
22	cn	1	车轴数
23、24	cn	2	轴距,单位:dm
25～27	cn	3	车辆载重/座位数,其中,载重的单位为 kg

续上表

字节	类型	长度(字节)	内　　容
28～43	an	16	车辆特征描述
44～59	an	16	车辆发动机号
60～79	an	20	保留字段

启用该文件的保留字段前3个字节,用作货车信息定义,如附表3-2所示。

ESAM内货车信息存储定义 附表3-2

字节	类型	长度(字节)	内　　容
60、61	cn	2	货车轴型信息[轴型157(十进制):0×00　0×9D]最多支持5轴组
62	cn	1	特殊货车信息:1:皮卡车(0×01)2:牵引车(0×02),3:特殊结构货车(0×03),默认值为(0×FF)。 十六进制表示

注1. 普通货车的特殊货车信息字段为默认值0×FF。

2. 根据ESAM车型的定义判断车辆是否为货车,同时以货车轴型信息作为辅助判断,要求货车的轴型信息在发行时必须填充数据,不可全为0。

3. 对于挂车、集装箱车等暂时不发牌照的特殊货车,专门预留1个字节以备特殊货车发牌定义。

3　CPU卡0015文件货车信息存储定义

按照国标要求,卡片发行基本数据文件结构0015文件定义如附表3-3所示。0015文件中缺少货车所需的轴型信息。为保证与信息文件不存在冲突,减少传输字节数,使用0015文件中的44～46字节(行业应用保留),需注意:0015文件长度由43字节变为50字节。货车数据定义如附表3-4所示。

国标0015文件定义 附表3-3

文件标识符	0015		
文件类型	二进制文件		
文件主体空间	50字节		
操作权限	自由读,DAMK_DF01线路保护写(明文+MAC)		
字节	数据元	长度(字节)	说明
1～8	发卡方标识	8	发卡方唯一标识,编码方式见《收费公路联网电子不停车收费技术要求》(交通运输部2011年第13号公告)第二部分“1关键信息编码”
9	卡片类型	1	编码方式见《收费公路联网收费技术要求》表4.3
10	卡片版本号	1	高4位:行业统一定义; 低4位:由各省根据需要自定义
11～12	卡片网络编号	2	编码方式见《收费公路联网电子不停车收费技术要求》第二部分“1关键信息编码”,如上海:用3101

续上表

字节	数据元	长度(字节)	说明
13～20	用户卡内部编号	8	编码方式见《收费公路联网电子不停车收费技术要求》(交通运输部2011年第13号公告)第二部分“1 关键信息编码”
21～24	启用时间	4	格式:CCYYMMDD
25～28	到期时间	4	格式:CCYYMMDD
29～40	车牌号码	12	全牌照(汉字+字母+数字)信息,采用字符型存储,汉字编码参考《信息交换用汉字编码字符集　基本集》(GB 2312—1980),如:“京”编码为“BEA9”;牌照信息不足12字节,后补0×00
41	用户类型	1	见《电子收费　专用短程通信　第4部分:设备应用》(GB/T 20851.4—2019)
42	车牌颜色	1	0×00-蓝色;0×01-黄色;0×02-黑色;0×03-白色;0×04-渐变绿色;0×05-黄绿双拼色;0×06-蓝白渐变色;0×09-未确定
43	车型	1	车型,编码方式见《收费公路网收费技术要求》
44～46	预留	3	行业应用保留
47～50	预留	4	省内自定义应用

0015 内货车信息定义　　附表 3-4

字　节	类　型	长度(字节)	内　容
44、45	cn	2	货车轴型信息[轴型157(十进制):0×00 0×9D] 最多支持5轴组
46	cn	1	特殊货车信息 1:皮卡车(0×01) 2:牵引车(0×02) 3:特殊结构货车(0×03),默认值为(0×FF) 十六进制表示

注:普通货车的特殊货车信息字段为默认值0×FF。

4　CPU卡0019文件内货车计重信息存储定义

其定义见附表3-5。

0019 文件内货车计重信息存储定义　　附表 3-5

按照国标要求	0019		
文件类型	变长记录文件		
文件主体空间	576字节		
操作权限	自由读,写时应用维护子密钥DAMK_DF01线路保护(明文+MAC),或UPDATE CAPP DATA CACHE方式写		
字节	数据元	长度(字节)	说明
1	复合应用类型标识符	1	为了使卡片在全国范围内通用,需要统一该标识,指定为固定值0×AA
2	记录长度	1	0×29

续上表

字节	数据元	长度(字节)	说明
3	应用锁定标志	1	0×00:未锁定;0×01:已锁定;其他值不启用
4~5	入/出口收费路网号	2	见《收费公路联网收费技术要求》表4.3
6~7	入/出口收费站号	2	见《收费公路联网收费技术要求》表4.3
8	入/出口收费车道号	1	见《收费公路联网收费技术要求》表4.3
9~12	入/出口时间	4	UNIX 时间
13	车型	1	见《收费公路联网收费技术要求》表4.3
14	入出口状态	1	见《收费公路联网收费技术要求》表4.3
15~23	预留	9	由省内自定义应用
24~26	收费员工号	3	二进制方式存放入口员工号后六位
27	入/出口班次	1	MTC 车道收费班次
28~39	车牌号码	12	见《收费公路联网收费技术要求》表4.3
40	车牌颜色	1	车牌颜色,0×00 蓝色; 0×010 黄色;0×02 黑色; 0×03 白色;0×04 渐变绿色;0×05 黄绿双拼色;0×06 蓝白渐变色;0×09 未确定
41~43	预留	4	收费公路 ETC 预留
预留字节			
预留应用记录1~9略			

0019 文件中缺少货车的计重信息。使用0019 文件中的41~43 字节(收费公路 ETC 预留)。数据定义如附表3-6 所示。

0019 内货车信息定义　　附表3-6

字　节	类　型	长度(字节)	内　容
41	cn	1	货车行驶通过计重系统时的轴数数据
42、43	cn	2	货车行驶通过计重系统时的称重数据,单位10kg

5　发行场景

5.1　后装发行

发行服务机构宜为货车用户提供安装激活服务场景,包括物流场站、服务区等,也可提供上门安装激活服务。

(1)发行服务机构应在物流场站、服务区等货车流量较大区域设立网点,货车司机可选择至指定网点进行现场申办操作,由发行服务机构业务员现场为客户提供安装及发行服务。

(2)发行服务机构应联合建设线上申请渠道,实现申请流程线上化,用户在线提交资料,由发行机构或其合作方审核无误后,将发行完成的 ETC 设备交由合作快递机构为货车用户提供邮寄上门安装服务。

(3)考虑到货车分布情况,为了满足货车用户现场发行的需求,由渠道合作方向发行服务机构发起申请为渠道合作方在服务区、物流场站、货车停车场等货车较为集中的区域推广合作渠道授权开展业务代理，由发行服务方提供配套的移动发行服务支持，满足代理网点现场发行的业务需求。

5.2 前装发行

发行服务机构可与具有提供符合国家标准前装 OBU 设备能力的主机厂进行业务合作，联合为货车车辆提供前装式 OBU 发行服务：

(1) OBU 设备与 ETC 卡第一次发行。发行服务机构将为合作厂商提供的整机 OBU（带 ESAM 的板级）进行第一次发行，然后把 OBU 以及一发完成的 ETC 卡（与 OBU 配套）邮寄到合作主机厂。

(2) OBU 设备与 ETC 卡安装。在车辆出厂前，合作主机厂把 OBU 天线与 OBU 插卡部分安装完毕，同时将除车牌号以外的车辆信息写入 OBU，为 ETC 卡二次发行做准备。

(3) OBU 设备与 ETC 卡第二次发行。申请 OBU 资料审核通过后，合作主机厂通过审核用户在线上提交的资料信息，将通过结果信息提交发行服务机构，并对第一次发的 ETC 卡进行电子标签的发行与激活。除此之外，发行服务机构还可通过合作主机厂线上平台辅助用户对 OBU 和 ETC 卡进行互联网第二次发行。

6 OBU 安装规范

6.1 安装要求

安装位置应该满足以下两个基本要求：

(1) 安装高度不低于 1.2m，不高于 2.5m；

(2) 安装角度 N（附图 3-1）应在 30°～90°（电子标签表面与水平面的夹角）。

6.2 安装位置选择

以车辆前风窗玻璃为参考平面，司机位置为左边作为参考方位，把玻璃平面水平方向分为左、中、右，垂直方向分为上、中、下三部分，具体分布如附图 3-2 所示。

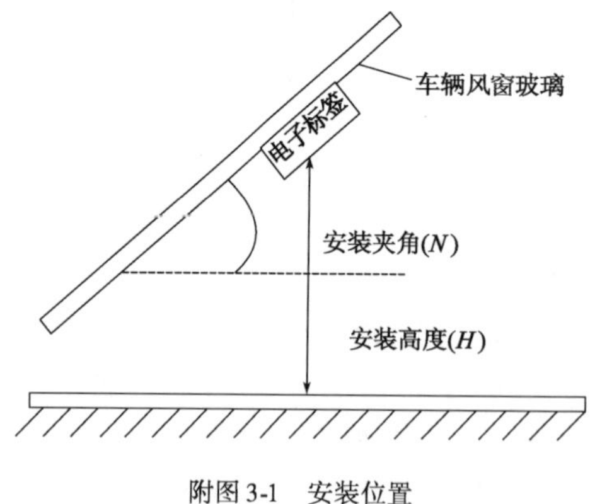

附图 3-1 安装位置

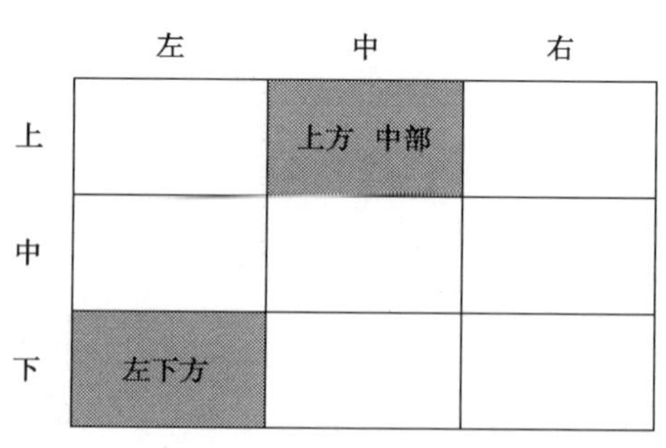

附图 3-2 风窗玻璃平面划分

6.2.1 后装 OBU

后装 OBU 安装要求如附表 3-7 所示。

后装 OBU 安装要求　附表 3-7

车　型	安装区域	接收/唤醒灵敏度
货车一	前风窗玻璃上方，中部	高度：大约 1.8m。 接收灵敏度：> -60dbm。 唤醒灵敏度：-50 ~ -46dbm
货车二	前风窗玻璃左下方，避开静态刮水器，便于驾驶员插拔卡	高度：大约 2.1m。 接收灵敏度：> -63dbm。 唤醒灵敏度：-53 ~ -49dbm
货车三		
货车四		
货车五		

6.2.2　前装 OBU

6.2.2.1　一体式 OBU

一体式 OBU 安装要求如附表 3-8 所示。

一体式 OBU 安装要求　附表 3-8

车　型	安装区域	接收/唤醒灵敏度
货车一	前风窗玻璃上方，中部	高度：大约 1.8m。 接收灵敏度：> -60dbm。 唤醒灵敏度：-50 ~ -46dbm
货车二	前风窗玻璃左下方，避开静态刮水器，便于驾驶员插拔卡	高度：大约 2.1m。 接收灵敏度：> -63dbm。 唤醒灵敏度：-53 ~ -49dbm
货车三		
货车四		
货车五		

6.2.2.2　分体式 OBU

分体式 OBU 安装要求如附表 3-9 所示。

分体式 OBU 安装要求　附表 3-9

车　型	安装区域	接收/唤醒灵敏度
货车一	标签部分：前风窗玻璃上方，中部。 插卡部分：中控区面板或司机可伸手接触到的区域。 标签部分与插卡部分有线连接	高度：大约 1.8m。 接收灵敏度：> -60dbm。 唤醒灵敏度：-50 ~ -46dbm
货车二	标签部分：前风窗玻璃左下方，避开静态雨刷位置。 插卡部分：中控区面板或驾驶员可伸手接触到的区域。 标签部分与插卡部分有线连接	高度：大约 2.1m。 接收灵敏度：> -63dbm。 唤醒灵敏度：-53 ~ -49dbm
货车三		
货车四		
货车五		

参考文献

[1] 全国衡器标准化技术委员会. 衡器术语:GB/T 14250—2008[S]. 北京:中国标准出版社,2009.

[2] 全国衡器标准化技术委员会(SAC/TC 97). 动态公路车辆自动衡器 第1部分:通用技术规范:GB/T 21296.1—2020[S]. 北京:中国标准出版社,2020.

[3] 全国衡器标准化技术委员会(SAC/TC 97). 动态公路车辆自动衡器 第2部分:整车式:GB/T 21296.2—2020[S]. 北京:中国标准出版社,2020.

[4] 全国衡器标准化技术委员会(SAC/TC 97). 动态公路车辆自动衡器 第3部分:轴重式[S]. 北京:中国标准出版社,2020.

[5] 全国衡器标准化技术委员会(SAC/TC 97). 动态公路车辆自动衡器 第4部分:弯板式[S]. 北京:中国标准出版社,2020.

[6] 全国衡器标准化技术委员会(SAC/TC 97). 动态公路车辆自动衡器 第5部分:石英晶体式[S]. 北京:中国标准出版社,2020.

[7] 全国工业过程测量和控制标准化技术委员会. 称重传感器:GB/T 7551—2008[S]. 北京:中国标准出版社,2009.

[8] 国家质量监督检验检疫总局,中国国家标准化管理委员会. 固定式电子衡器:GB/T 7723—2017[S]. 北京:中国标准出版社,2018.

[9] 中国轻工业联合会. 电子称重仪表:GB/T 7724—2008[S]. 北京:中国标准出版社,2009.

[10] 全国衡器标准化技术委员会. 电子衡器安全要求:GB 14249.1—1993[S]. 北京:中国标准出版社,2004.

[11] 全国智能运输系统标准化技术委员会(SAC/TC 268). 电子收费 专用短程通信 第1部分:物理层:GB/T 20851.1—2019[S]. 北京:中国标准出版社,2019.

[12] 全国智能运输系统标准化技术委员会(SAC/TC 268). 电子收费 专用短程通信 第2部分:数据链路层:GB/T 20851.2—2019[S]. 北京:中国标准出版社,2019.

[13] 全国智能运输系统标准化技术委员会(SAC/TC 268). 电子收费 专用短程通信 第3部分:应用层:GB/T 20851.3—2019[S]. 北京:中国标准出版社,2019.

[14] 全国智能运输系统标准化技术委员会(SAC/TC 268). 电子收费 专用短程通信 第4部分:设备应用:GB/T 20851.4—2019[S]. 北京:中国标准出版社,2019.

[15] 全国智能运输系统标准化技术委员会(SAC/TC 268). 电子收费 专用短程通信 第5部分:物理层主要参数测试方法:GB/T 20851.5—2019[S]. 北京:中国标准出版社,2019.

[16] 全国交通工程设施(公路)标准化技术委员会. 公路收费车道控制机:GB/T 24968—2010[S]. 北京:中国标准出版社,2010.

[17] 全国智能运输系统标准化技术委员会(SAC/TC268). 电子收费 集成电路(IC)卡读写器技术要求:GB/T 31441—2015[S]. 北京:中国标准出版社,2015.

[18] 交通运输部. 汽车号牌视频自动识别系统:JT/T 604—2011[S]. 北京:人民交通出版社,2012.

[19] 全国交通工程设施(公路)标准化技术委员会(SAC/TC 223). 收费公路用费额显示器:GB/T 27879—2011[S]. 北京:中国标准出版社,2012.

[20] 全国信息技术标准化技术委员会. 信息交互用汉字编码字符集 基本集:GB 2312—1980[S]. 北京:中国标准出版社,1981.

[21] 全国交通工程设施(公路)标准化技术委员会(SAC/TC 223). 收费用电动栏杆:GB/T 24973—2010[S]. 北京:中国标准出版社,2010.

[22] 全国电气安全标准化技术委员会(SAC/TC 25). 外壳防护等级(IP 代码):GB/T 4208—2017[S]. 北京:中国标准出版社,2017.

[23] 全国智能运输系统标准化技术委员会. 电子收费 车道配套设施技术要求:GB/T 28968—2012[S]. 北京:中国标准出版社,2013.

[24] 全国交通工程设施(公路)标准化技术委员会(SAC/TC 223). 收费专用键盘:GB/T 24724—2009[S]. 北京:中国标准出版社,2010.

[25] 全国交通工程设施(公路)标准化技术委员会(SAC/TC 223). 道路交通标志和标线 第1部分:总则:GB 5768. 1—2009[S]. 北京:中国标准出版社,2009.

[26] 全国交通工程设施(公路)标准化技术委员会(SAC/TC 223). 道路交通标志和标线 第2部分:道路交通标志:GB 5768. 2—2009[S]. 北京:中国标准出版社,2009.

[27] 全国交通工程设施(公路)标准化技术委员会(SAC/TC 223). 道路交通标志和标线 第3部分:道路交通标线:GB 5768. 3—2009[S]. 北京:中国标准出版社,2009.

[28] 全国交通工程设施(公路)标准化技术委员会. 道路交通反光膜:GB/T 18833—2012[S]. 北京:中国标准出版社,2013.

[29] 交通部公路科学研究院,等. 公路交通标志和标线设置手册[M]. 北京:人民交通出版社,2009.

[30] 交通运输部. 公路工程技术标准:JTG B01—2014[S]. 北京:人民交通出版社股份有限公司,2015.

[31] 全国交通工程设施(公路)标准化技术委员会(SAC/TC 223). 路面标线涂料:JT/T 280—2004[S]. 北京:人民交通出版社,2004.

[32] 全国交通工程设施(公路)标准化技术委员会. 道路交通标线质量要求和检测方法:GB/T 16311—2009[S]. 北京:中国标准出版社,2010.

[33] 收费公路联网收费技术要求(交通部2007年底35号公告)[EB]. 北京:人民交通出版社,2007.

[34] 交通运输部. 汽车外廓尺寸检测仪:JT/T 1012—2015[S]. 北京:人民交通出版社股份有限公司,2015.

[35] 全国无线电干扰标准化技术委员会(SAC/TC 79). 车辆、船和内燃机 无线电骚扰特性 用于保护 车载接收机的限值和测量方法:GB/T 18655—2018[S]. 北京:中国标准出版社,2018.

[36] 全国汽车标准化技术委员会. 道路车辆 由传导和耦合引起的电骚扰 第1部分:定义和一般描述:GB/T 21437.1—2008[S]. 北京:中国标准出版社,2008.

[37] 全国汽车标准化技术委员会. 道路车辆 由传导和耦合引起的电骚扰 第2部分:沿电源线的电瞬态传导:GB/T 21437.2—2008[S]. 北京:中国标准出版社,2008.

[38] 全国汽车标准化技术委员会(SAC/TC 114). 道路车辆 由传导和耦合引起的电骚扰 第3部分:除电源线外的导线通过容性和感性耦合的电瞬态发射:GB/T 21437.3—2012[S]. 北京:中国标准出版社,2013.

[39] 全国汽车标准化技术委员会(SAC/TC 114). 道路车辆 电气/电子部件对静电放电抗扰性的试验方法:GB/T 19551—2019[S]. 北京:中国标准出版社,2019.

[40] 全国汽车标准化技术委员会(SAC/TC 114). 道路车辆 电气/电子部件对窄带辐射电磁能的抗扰性试验方法 第1部分:一般规定:GB/T 33014.1—2016[S]. 北京:中国标准出版社,2017.

[41] 全国汽车标准化技术委员会(SAC/TC 114). 道路车辆 电气/电子部件对窄带辐射电磁能的抗扰性试验方法 第2部分:电波暗室法:GB/T 33014.2—2016[S]. 北京:中国标准出版社,2017.

[42] 全国汽车标准化技术委员会(SAC/TC 114). 道路车辆 电气/电子部件对窄带辐射电磁能的抗扰性试验方法 第3部分:横电磁波(TEM)小室法:GB/T 33014.3—2016[S]. 北京:中国标准出版社,2017.

[43] 道路车辆 窄带辐射电磁能量的电干扰元部件试验方法 第8部分磁场抗扰性:ISO 11452.8—2015[S].

[44] 道路车辆 电气电子部件对窄带辐射电磁能的抗扰性试验方法 第9部分 便携式发射机模拟法:ISO 11452.9—2012[S].

[45] 全国汽车标准化技术委员会(SAC/TC 114). 道路车辆 电气及电子设备的环境条件和试验 第2部分:电气负荷:GB/T 28046.2—2019[S]. 北京:中国标准出版社,2019.

[46] 交通部. 高速公路交通工程及沿线设施设计通用规范:JTG D80—2006[S]. 北京:人民交通出版社,2006.